MÉMOIRES
SECRETS

Pour servir a l'Histoire de la République des Lettres en France, depuis MDCCLXII, jusqu'a nos jours.

ANNÉE M. DCC. LXXXIV.

13 Novembre 1784. Extrait d'une lettre de Constantinople, du 12 octobre. Une de mes principales remarques depuis que je suis ici, c'est que l'athéisme y a fait de grands progrès, en proportion autant qu'ailleurs, sur-tout depuis que le projet d'adopter la tactique européenne a multiplié les étrangers à Constantinople. Ainsi, les Turcs en acquérant nos connoissances militaires, perdront leur religion, & même toute leur religion : lequel vaut le mieux ?

13 Novembre. M. Merc, maître des requêtes,

A 2

vient de périr par accident chez son confrere M. *Laurent de Villedeuil*; il étoit connu dans la littérature par une traduction de *Machiavel* & un discours préliminaire, où il venge ce grand politique de la mauvaise réputation qu'on lui a donnée. Ses amis assurent qu'il y a des choses dignes de la profondeur des vues de *Montesquieu*. Quoi qu'il en soit, c'étoit un homme d'esprit & de mérite, mais sans fortune; ce qui le faisoit souvent gauchir dans ses fonctions de magistrature.

M. *Menc* étoit d'une ancienne & bonne famille de Provence; il étoit membre du parlement d'Aix, & quitta lors de la révolution pour passer au conseil, & achetant à crédit une charge de maître des requêtes. L'intrigue & la souplesse lui avoient valu les bonnes graces de M. le garde-des-sceaux. Ce chef de la justice cherchoit à le soutenir en lui procurant des places ou des fonctions utiles. C'est ainsi qu'il l'avoit mis dans le nouveau bureau des Quinze-vingts; il étoit en outre d'une nouvelle commission pour la recherche, la collection, la réunion & l'interprétation de toutes les ordonnances de nos Rois.

13 *Novembre*. Relation de la séance publique tenue aujourd'hui par l'académie royale des sciences, pour sa rentrée d'après la S. Martin.

Le public en entrant a d'abord observé avec satisfaction un ballon suspendu à la voûte de la salle; il a jugé qu'il seroit question de ces machines dont il est si fort enthousiaste. Ce ballon a même servi de joujou pour le désennuyer jusques au moment de l'ouverture de la séance; on le descendoit de temps en temps,

MÉMOIRES
SECRETS
POUR SERVIR A L'HISTOIRE
DE LA
RÉPUBLIQUE DES LETTRES
EN FRANCE,
DEPUIS MDCCLXII JUSQU'A NOS JOURS;
OU
JOURNAL
D'UN OBSERVATEUR,

CONTENANT les Analyses des Pieces de Théâtre qui ont paru durant cet intervalle ; les Relations des Assemblées Littéraires ; les notices des Livres nouveaux, clandestins, prohibés ; les Pieces fugitives, rares ou manuscrites, en prose ou en vers ; les Vaudevilles sur la Cour ; les Anecdotes & Bons Mots ; les Eloges des Savants, des Artistes, des Hommes de Lettres morts, &c. &c. &c.

TOME VINGT-SEPTIEME.

. . . . *huc propius me,*
. . . . . . *vos ordine adite,*
Hor. L. II. Sat. 3. ⱴ. 81 & 82.

A LONDRES,
CHEZ JOHN ADAMSON.

M. DCC. LXXXVI.

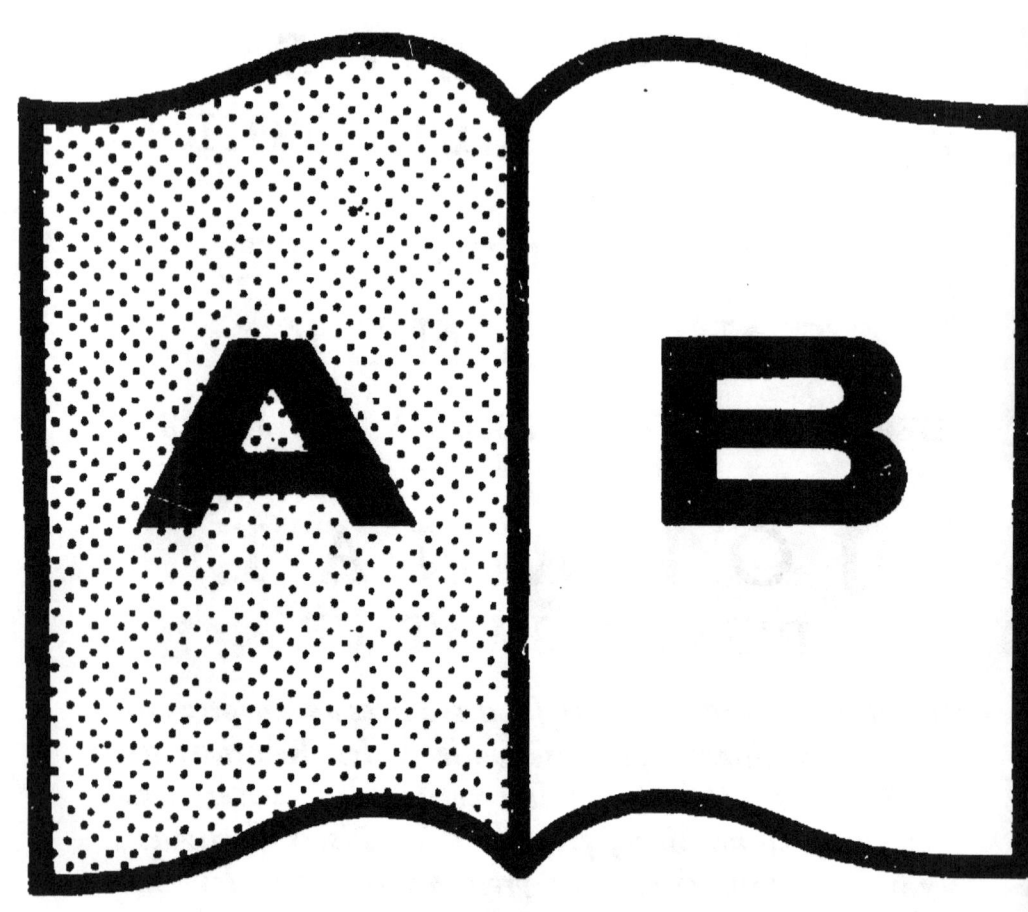

Contraste insuffisant

NF Z 43-120-14

afin de le bourrer d'air inflammable, & c'étoient des brouhaha, des cris de joie qui ne finissoient pas. A chaque fois cependant il se répandoit une odeur infecte, qui obligeoit d'ouvrir les fenêtres.

Messieurs étant en place, il n'y a eu aucune annonce de prix, soit décerné, soit à décerner; le secrétaire est entré tout de suite en matiere, & la durée de la séance a été entiérement remplie & au-delà par la lecture de quatre éloges & de quatre mémoires.

Dans les premiers, M. le marquis de *Condorcet* a soutenu la réputation qu'il s'est déjà si justement acquise en ce genre. MM. *Morand*, *Bezout*, *Macquer* & le comte *Tressan*, de onze confreres auxquels il avoit à payer le tribut, ont été ceux qui se sont trouvés en rang pour passer.

L'éloge de M. *Morand* a été court. C'étoit un médecin, fils du fameux chirurgien du même nom. Les morceaux qui ont frappé dans ce discours, sont lorsque le panégyriste a peint son héros, amateur de toutes les sciences, les effleurant toutes; ce qui l'a empêché de se distinguer dans aucune à certain point; embrassant la médecine pour avoir un état, sans vouloir la pratiquer, comme propre à lui donner occasion d'acquérir les vastes connoissances dont il étoit avide. L'endroit où, à l'occasion des mémoires assez étendus de M. *Morand* sur le charbon de terre, le marquis de *Condorcet* disserte en homme d'état sur la disette du bois à Paris & en France, & veut en assigner la cause, n'a pas été du goût de bien des politiques. Ses raisonnements ont paru mal-adroits & tirés de trop loin. Tout le monde n'a pas été aussi fort content de sa digression sur la société royale de Médecine, pour laquelle on lui reproche une complaisance secrete. Il n'a pu cependant ne pas rendre justice à l'attachement de M. *Morand* envers la faculté, attachement qui ne lui a pas permis de rester chez cette rivale, dès qu'elle a voulu s'élever contre sa mere. Enfin, la peinture d'un directeur de compagnie par où il termine, a réuni tous les suffrages ; il a représenté M. *Morand* comme un modele en ce genre, joignant la fermeté à la douceur, & sachant se faire aimer de tous ses confreres, sans jamais courber la regle au caprice de personne.

L'éloge de M. *Bezout* n'a pas été plus long. Il fournissoit peu. Cependant l'auteur a eu l'art d'y faire venir des digressions qui ont attaché dans ce sujet aride. Celle, par exemple, où il excuse les difficultés souvent fondées en raison de la part des parents qui s'opposent au goût peu réfléchi & nuisible de leurs enfants pour la carriere des lettres ou des sciences, a paru présentée sous un aspect nouveau & piquant ; mais le morceau vraiment applaudi & qui a emporté tous les suffrages, c'est le détail dans lequel, à l'occasion du choix fait de M. *Bezout* par le ministre pour examinateur des gardes-marine & des éleves de l'artillerie ; il développe les diverses parties, non-seulement du talent, mais du génie qu'exige un pareil emploi : M. *Bezout*, malgré ses frayeurs de la petite-vérole qu'il n'avoit point eues, allant interroger auprès de leur lit deux jeunes gens attaqués de cette maladie, pour qu'un pareil retard ne nuisît pas trop à leur avancement ; & les jugeant dignes du sacrifice qu'il leur faisoit, est une anecdote à conserver, & que le panégyriste a rendu plus intéressante encore par l'onction qu'il a mise dans son récit.

M. *Macquer* étoit un chymiste qui a beaucoup écrit en ce genre; ce qui a donné lieu au Marquis de *Condorcet* d'entrer dans une infinité de détails sur cette science si amusante & si à la mode aujourd'hui. La peinture de l'union qui régnoit entre un héros & un frere, homme de lettres, auquel il a survécu dans les larmes & la douleur, a serré le cœur de tous les spectateurs sensibles. Celle de M. *Macquer*, avec toutes les qualités les plus sociables, n'aimant que son intérieur, & y rentrant toujours avec plaisir & le plus qu'il pouvoit, est un tableau non moins touchant & plus philosophique. Enfin, ce savant recelant en lui-même une cause de mort dont il éprouvoit journellement les effets sans la connoître, calculant les approches du terme fatal, en prévenant sa femme & ordonnant que son corps fût ouvert, afin de pouvoir être utile peut-être à l'humanité, même après son trépas, a mis le comble à l'attendrissement & à l'admiration de l'assemblée.

M. le marquis de *Condorcet* a changé absolument de ton pour son dernier éloge; il s'agissoit d'un homme de grande qualité, d'un guerrier lieutenant-général des armées du roi; il a embouché, en quelque sorte, la trompette, & a débuté par un éloge pompeux des ancêtres de son héros. Outre ce morceau qui distingue ce panégyrique des autres déjà prononcés plusieurs fois à la gloire du défunt, le secrétaire a trouvé le moyen de s'en ménager plusieurs qui n'avoient pas été employés. Ce qu'on peut lui reprocher, c'est d'avoir plus parlé du courtisan & de l'homme de lettres, que du savant ; il n'a pas dissimulé que son héros avoit peu de titres à cette derniere qualité. Quelques dissertations sur l'électricité au moment où elle devient l'objet des recherches de tous les physiciens, comme aujourd'hui les différentes substances àcriformes, furent le prétexte plutôt que le motif fondé de son admission à l'académie des sciences. A en croire M. de *Condorcet*, le comte de *Tressan*, quoique neveu & éleve de deux évêques, n'en étoit pas plus religieux. C'est ce que lui reprocha le jésuite *Menou*, lors de la fondation de l'académie de Nancy, à laquelle ne contribua pas peu M. de *Tressan*. Il y prononça différents discours, & le jésuite, confesseur du roi *Stanislas*, l'accusa de s'y être montré excessivement hardi dans ses opinions. Le roi de Pologne lui en fit des reproches. « SIRE, lui » répondit l'accusé, je supplie votre majesté de » se ressouvenir qu'il y avoit trois mille moines » à la procession de la ligue, & pas un philo- » sophe. » M. de *Condorcet*, dont la plume est naturellement amere & satirique, n'omet jamais de pareils traits, & avec d'autant plus de raison, qu'ils enchantent toujours l'auditoire.

Une chose fort remarquable dans ces quatre éloges, c'est qu'il n'est question dans aucun que le héros ait fait une fin chrétienne : point d'extrême-onction, de viatique, de confesseur même ; on en infere avec assez de vraisemblance qu'ils ont tous été philosophes jusques au bout.

M. *Démarest* a lu le premier mémoire *sur la cause de la distinction & de la séparation des couches de la terre, & sur les conséquences qui* en résultent. Les moyens qu'emploie la nature sont simples & uniformes. On n'a pas deviné son secret, quand on assigne de grandes causes à la plupart des effets qu'elle produit. C'est ce que prétend M. *Demarest* dans son mémoire. Il n'y offre qu'une très-légere esquisse des observations qu'il a faites depuis vingt ans sur cette partie de l'histoire naturelle ; il s'est contenté d'y présenter ses vues générales, & il a très-bien fait. Cette matiere aride n'étoit guere propre à intéresser le très-grand nombre des auditeurs.

Le second mémoire d'astronomie est de M. de *Cassini* : son but est *la vérification des nouvelles découvertes faites en Angleterre sur les étoiles doubles*. C'est avec des lunettes qui grossissent des milliers de fois l'objet plus que les autres, qu'on a fait ces observations. Il a été sur-tout question de la planete de *Harschel*. Tout ce mémoire fort sec & fort ennuyeux, a été peu écouté.

L'attention a été singuliérement réveillée par le mémoire de M. *Sabatier* sur un grand nombre de morsures qu'avoit faites à une même personne un chien enragé, traitées avec succès. C'est qu'il intéressoit puissamment tous les auditeurs. La cautérisation est le moyen employé par M. *Sabatier* : avant lui on le regardoit purement comme auxiliaire, & il a éprouvé qu'il étoit curatif, & peut-être le meilleur qu'on pût employer.

L'auteur commence par établir l'état affreux du malade, qui portoit sur lui soixante-quinze morsures ou égratignures. Nul doute que l'animal dont il avoit été si horriblement déchiré, ne fût enragé, puisqu'un jardinier mordu peu avant une feule fois par le même chien, étoit mort peu après d'une hydrophobie bien avérée.

M. *Sabatier* entre enfuite dans tous les détails de fon procédé très-violent, dont le fuccès avoit en moins de cinquante jours paffé fes efpérances.

Du refte, nul remede adminiftré au malade, fauf quelques gouttes d'*alkali volatil* qu'il avoit défirées; mais l'académicien les lui avoit accordées par complaifance pure, & ne regarde point ce fpiritueux comme anti-hydrophobique. Ce mémoire a été fort applaudi.

Le public s'impatientoit beaucoup de ne rien entendre fur le ballon offert à fes yeux, lorfque M. *Meufnier* a fini la féance par un *extrait de l'expofé des recherches & expériences faites jufques à ce jour par ordre de l'académie pour la perfection des machines aéroftatiques*. De tout fon récit, il réfulte que la compagnie a jugé comme le plus effentiel de trouver une enveloppe abfolument imperméable à l'air inflammable; c'eft à quoi elle travaille, & ce qu'elle efpere avoir obtenu dans le ballon fufpendu, dû à l'invention du fieur *Fortin*, artifte très-intelligent. Ainfi elle n'eft encore qu'au premier pas.

13 *Novembre*. Extrait d'une lettre de Loches du 2 Novembre..... La manie des aéroftats a pénétré jufques dans notre petite ville. Le 14 octobre dernier nous avons joui du fpectacle d'un ballon lancé dans les airs; il étoit d'une figure *hexagonale*; un cône tronqué formoit fa bafe, un prifme fon milieu, & fon fommet étoit terminé en pyramide. Une de fes faces repréfentoit les

armes de la ville; sur une autre on lisoit le quatrain suivant :

Superbe aérostat, dont la noble structure
De l'esprit des humains annonce la grandeur;
Tout émerveille en toi; l'art aide la nature;
Le ciel est ton pays, un homme est ton auteur.

Ce globe s'éleva environ à mille toises; mais la circonstance la plus extraordinaire, c'est que plusieurs de nos amateurs assurent avoir vu, à l'aide de leurs lunettes, une infinité d'hirondelles se reposer sur lui.

14 Novembre. Par-tout le goût de la belle typographie semble se ranimer. En Italie, l'imprimerie royale de Parme, dont M. *Bodani* est directeur, & celui de la Propagande à Rome, cherchent à le disputer aux *Aldes*, aux *Gioliti*, aux *Torrentini*, ces anciens imprimeurs si renommés dans ce berceau de la littérature en Europe. On a exécuté dans l'imprimerie de la Propagande, avec de très-beaux caracteres & sur de très-grand papier, un essai typographique en quarante-six idiomes, pour célébrer *Gustave III*, roi de Suede, lorsqu'il y a voyagé. L'éloge de ce prince original est en un quatrain latin, que voici :

Amplius haud memores Alarici, Roma, furorem;
Res sato versas nunc meliore vides;
Nam te GUSTAVI recreat præsentia; gaude
Quod te nunc tanti principis ornet amor!

Ces vers traduits d'abord en Suédois, le sont

A 6

ensuite dans les autres langues de l'ancien continent. Voici comme un amateur les a rendus depuis ici très-librement en françois :

Trop de cruels tyrans, ô déplorable Rome !
Ont jadis dans ton sein déployé leurs fureurs ;
Ouvre les yeux, seche tes pleurs ;
Dans un monarque vois un homme.

15 *Novembre*. Afin de pouvoir mieux comparer la lettre ministérielle aux Evêques, & la plaisanterie dont le clergé l'a fait suivre, il faut les rapprocher l'une de l'autre. Voici d'abord la premiere :

De Versailles, le 16 octobre 1784.

« Le roi ayant fixé, monsieur, son attention particuliere sur l'importance de vos fonctions, ainsi que sur les avantages multipliés que recueille son service, comme celui de la religion, de vos bons exemples & de vos soins journaliers, sa majesté m'ordonne de vous marquer qu'elle désire que vous résidiez beaucoup, & que vous ne sortiez jamais de votre diocese sans en avoir obtenu sa permission. Vous avez donné, monsieur, trop de preuves de votre zele au roi, pour que sa majesté ne soit pas persuadée que vous entrerez dans ses vues avec un empressement égal à leur justice. L'intention de sa majesté est donc que toutes les fois que vous serez dans le cas de vous absenter de votre diocese, vous m'en préveniez, ainsi que du temps à-peu-près que vous croirez que vos affaires pourront vous en tenir éloigné. Je me ferai un devoir, comme un plaisir, de mettre sur le champ votre demande sous les yeux de sa majesté, & de vous faire part de ce qu'il lui plaira de décider.

J'ai l'honneur d'être, avec un parfait attachement, votre, &c. »

Réponse de M. l'évêque d'..... à la lettre de M. le baron de Breteuil, du 16 octobre 1784.

« J'ai reçu, M. le baron, la lettre que vous m'avez fait l'honneur de m'écrire en date du 16 octobre. La premiere phrase de cette lettre est un peu longue; mais avec de la patience on en vient à bout, & après l'avoir lue, on est bien édifié des grands principes qu'elle renferme; ainsi que vous me le prescrivez, monsieur, je résiderai beaucoup, en ne sortant jamais de mon diocese. Il a trois lieues de long sur deux de large. Je ne franchirai pas ses bornes, sans en avoir obtenu votre permission ; je réponds de la soumission de mes confreres, comme de la mienne. Le clergé de France, le premier corps de l'état, va devenir un college, dont M. le baron sera le régent. J'ai soixante ans, je croyois mon éducation finie; mais je vois bien que sous un maître aussi habile on peut toujours apprendre quelque chose de nouveau. Je vous prie, M. le baron, de me continuer vos leçons. Elles m'enseigneront à sacrifier l'amitié, la reconnoissance, la nature même; le service du roi recueillera des avantages particuliers, multipliés de mon ministere; les prémices du vôtre annoncent une récolte abondante....

P. S. Si ma santé m'oblige de vous demander la permission de sortir de mon diocese, je prendrai d'avance la précaution d'écrire à mon médecin pour savoir à-peu-près le temps que durera ma maladie, & j'aurai l'honneur de vous en informer. »

On voit par-là que cette facétie portant tout au plus contre le premier commis, auteur de la lettre circulaire assez mal tournée en effet, ne peut en ridiculiser l'objet, trop bien entendu du côté de la politique & du côté de la religion.

15 *Novembre.* Il se tient depuis quelque temps un comité chez M. le garde-des-sceaux, composé de quatre magistrats, quatre membres de l'académie des belles-lettres, & quatre bénédictins. Son objet est de rassembler en corps toutes les ordonnances de nos rois pour en former un code de jurisprudence du royaume. On n'en est encore qu'à la premiere race, & l'on compte qu'il en paroîtra un premier volume l'année prochaine. Quand la vieille ordonnance est bien constatée, bien déchiffrée, ces messieurs joignent des notes au texte, dans lesquelles ils font voir ce qui est tombé en désuétude & ce qui est en vigueur ; ce qu'il y avoit de bon, & ce qu'ils y trouvent de défectueux. On ne connoît encore que quelques membres de cette assemblée : M. de *Saint-Genis*, auditeur de la chambre des comptes, qui, depuis long-temps, s'étoit occupé lui seul d'un travail de cette espece, & avoit rassemblé en ce genre un recueil des plus étendus ; M. *Pastoret*, conseiller à la cour des aides, homme de lettres qui a remporté un prix à l'académie des inscriptions, & s'est occupé déjà de cette savante matiere ; enfin, M. *Menc*, maître des requêtes, qui vient de mourir.

Il ne faut pas confondre ce comité avec un autre plus étendu, dont on a rendu compte, purement littéraire, & dont le but est d'enrichir, de compléter & d'éclaircir l'histoire de France.

16 Novembre. On fait aujourd'hui que M. *François de Neufchâteau*, distingué dans la république des lettres & au barreau, dont on ne parloit plus depuis quelque temps, est procureur-général au conseil supérieur du Cap. Il a signalé son ministere par des conclusions qui ont été suivies & provoqué un arrêt du 8 janvier dernier, célebre parmi les marins. Il défend sur les vaisseaux le baptême du tropique, scene profane & puérile, qui dégénere trop souvent en injure réelle ou en exécution tyrannique ; parodie burlesque, d'ailleurs de la plus essentielle des cérémonies du christianisme. C'est un procès élevé au sujet d'une pareille momerie pratiquée sur la *Claudia*, navire de la Rochelle, le 14 janvier 1783, qui a donné lieu à M. *François de Neufchâteau* de faire parler la raison, l'humanité, la religion, la philosophie, s'accordant toutes à demander la proscription de cet usage bizarre, tyrannique & cruel quelquefois.

16 Novembre. La *Cléopâtre* de M. *Marmontel* a reparu sur l'affiche depuis quelques jours & a été jouée hier. Elle n'avoit été retardée que parce que l'auteur en vouloit donner les prémices à la cour. Les trois premiers actes y ont beaucoup réussi ; mais les deux derniers ont paru mauvais & en cela la ville a été d'accord avec elle. Du reste, la piece étoit parfaitement oubliée depuis trente-quatre ans, & l'on n'a pu juger si elle avoit beaucoup gagné ou si elle n'avoit pas perdu. On ne se ressouvenoit que de l'*Aspic*, y faisant son rôle & opérant le dénouement. Ce reptile, ouvrage du fameux *Vaucanson*, étoit imité & composé avec tant d'art & d'intelligence qu'on le voyoit s'élancer en sifflant sur la reine, & la piquer de son dard; ce qui fit dire malignement à un spectateur à qui l'on demandoit son jugement, *qu'il étoit de l'avis de l'aspic*. Le poëte qui n'avoit pas oublié ce bon mot, a voulu éviter qu'on le rappellât, & fait *Cléopâtre* se tuer hors de la vue du spectateur. Quoi qu'il en soit, il y a de grandes beautés dans cet ouvrage, dont le défaut essentiel est du sujet inadmissible au théâtre. On ne peut s'habituer à voir un grand homme, au même instant joindre tant de sublime à tant de bassesse, ou plutôt démentant continuellement ses discours par les actions, parler en héros & agir en lâche. Le rôle d'*Octavie*, femme d'*Antoine*, absolument nouveau, que M. *Marmontel* a créé dans l'espoir d'augmenter l'intérêt, ne sert qu'à l'affoiblir, en ce qu'il met dans un plus grand jour l'avilissement du personnage principal, abandonnant une épouse pleine de beauté, de douceur & de vertu, pour une femme à laquelle il n'a d'autre obligation que celle de lui avoir fait perdre toute son énergie & toute sa gloire. Ce rôle même d'*Octavie* n'est pas aussi touchant qu'il devroit l'être, parce que sa tendresse pour son époux l'a fait se porter à trop de complaisance & d'abjection envers sa rivale. En général, on observe dans cette tragédie que l'auteur excellent pour rendre les détails, les tableaux, les peintures fortes qu'il a puisés dans les historiens Romains & autres, pèche absolument par l'invention, lorsqu'il lui faut marcher seul, & qu'il a eu tort de reparoître dans la carriere à un âge où il est temps, au contraire, pour les plus beaux génies de s'en retirer.

Du reste, suivant une anecdote bonne à conserver, les courtisans prétendent que la reine n'a point été fâchée du peu de succès de M. de *Mar-*

montel à Versailles. Elle s'est ressouvenue de l'acharnement qu'il mit dans le temps contre le chevalier Gluck, le maître de sa majesté & son protégé; & par zèle de venger celui-ci, en riant & par plaisanterie, elle cabaloit en quelque sorte contre sa *Cléopâtre*.

16 *Novembre*. Depuis quelques jours le bruit couroit de la mort de M. le marquis de *Pompignan*. Elle est certaine. On sait aujourd'hui qu'elle est arrivée le premier de ce mois; ce qui laisse une place vacante à l'académie françoise.

16 *Novembre*. Les Srs. *Dorfeuil* & *Gaillard*, qui réunissent aujourd'hui la direction des deux troupes foraines de l'*ambigu comique* & des *variétés amusantes*, ont accédé aux propositions de M. le duc de *chartres*, dont l'objet est toujours d'attirer de plus en plus les curieux dans son palais par toute sorte de jeux, de divertissements & d'actes publics. En conséquence ils y font construire une salle provisoire de l'emplacement appelé autrefois *le jardin de son altesse royale*. On la dit provisoire, parce qu'elle ne doit durer que le même temps que les nouvelles boutiques, qui est celui de l'interruption des travaux. Alors on verra à fournir un autre local. La salle dont il s'agit, doit être construite moyennant 75000 livres, & on leur en doit remettre les clefs à la main au 1 janvier 1785.

17 *Novembre*. On a donné hier à la comédie Italienne la première représentation d'une comédie parade en un acte, en prose & en vaudevilles, suivie d'un divertissement analogue, même de couplets. Le titre *des docteurs modernes* avoit attiré beaucoup de monde. On savoit qu'il s'agissoit du *Mesmérisme*, c'est-à-dire, qu'on s'attendoit à voir

cette doctrine, ses chefs & adhérents bafoués sur la scene ; ce qui a eu lieu en effet. Cette bagatelle a été assez bien reçue. Cependant on reproche à l'auteur, qu'on veut être M. *Radet*, d'avoir évaporé tout son sel & toute sa gaieté dans le commencement, & de n'en avoir pas assez réservé pour la fin. Au reste, il s'est passé à cette représentation une anecdote singuliere.

Les *Docteurs modernes* ont été précédés de la *Brouette du Vinaigrier*, drame fort goûté du public. On a été surpris au milieu du second acte d'entendre partir du centre du parterre un coup de sifflet très-fort & très-prolongé. Tout le monde a été indigné & les voisins du spectateur mal-veillant lui en ont fait des reproches ; ce qui a occasionné une sorte de tumulte, l'a fait connoître & il a été arrêté & conduit au corps-de-garde. Il s'est trouvé que c'étoit un homme du peuple, qui n'avoit jamais vu le spectacle, à qui quelque Mesmériste avoit donné de l'argent & un sifflet pour qu'il fît usage du dernier au milieu de la piece des *Docteurs modernes*. Son peu d'usage, son ignorance si l'on jouoit deux pieces, ou si l'on n'en jouoit qu'une seule, l'avoient fait se méprendre & siffler trop tôt. Sa bonne foi lui a servie d'excuse, & il a été relâché. Vraisemblablement il ne connoissoit pas même le nom de celui qui l'avoit mis en œuvre, ou au moins il n'a pas encore percé dans le public.

18 *Novembre*. Extrait d'une lettre de Rennes, du 13 Novembre........Quoique les états se tiennent dans cette ville, où ils se sont ouverts le 8 de ce mois contre l'usage & son droit, notre évêque ne les préside pas & reste absent. C'est M. l'évêque de Dol, comme plus ancien,

qui le remplace, par ordre du roi. Cette disparition de M. l'évêque de Rennes est d'autant plus singuliere, qu'elle arrive précisément au moment où tous les prélats ont reçu l'injonction de sortir de la capitale & d'aller résider dans leur diocese. On dit que le nôtre a la défense contraire, jusqu'à ce que les états soient finis. C'est un problême de savoir si c'est volontairement ou non. Bien des gens estiment qu'il s'est fait adresser cette lettre de cachet pour se soustraire aux reproches de l'assemblée, à laquelle il avoit donné sa parole d'honneur de n'y point reparoître qu'il n'eût fait retirer les arrêts du conseil qui déplaisoient.

Nos états du reste sont assez tranquilles à présent. M. de *Calonne* & M. le baron de *Breteuil* paroissent avoir à cœur de contenter la province, c'est d'autant plus généreux de leur part, qu'ils ne trouveroient pas grande résistance. La noblesse est présidée par M. de *Tremerga*, qui n'est rien moins que fait pour occuper cette place, & en général tous nos chefs sont reconnu fort souples.

Pour amuser les états sans doute, on a répandu au commencement de leur ouverture un pamphlet sans titre contre l'évêque de Rennes. Comme je sais qu'il en est parti des ballots pour Paris, il vous en tombera sûrement un exemplaire sous la main, & je ne vous en dirai pas davantage.....

Je vous ferai passer deux arrêts de notre parlement, qui vous parviendroient plus difficilement, parce qu'ils sont très-mortifiants pour les fermiers-généraux & pour le conseil qui les soutient, & a été obligé de les abandonner ou du moins de pallier leurs torts dans son arrêt du 16 octobre.

Par le premier arrêt du 12 octobre, la cour en vacations ordonne que cent trois barils de tabac en poudre, & la totalité des rôles de tabac filé dit *cantine*, à l'usage des troupes, saisis au bureau général & à l'entrepôt des fermes à Rennes & à Saint-Servan, seront brûlés au bout de la promenade du cours de Rennes, & enjoint à à l'agent des fermes de remettre, dans le jour, aux débitants de tabac en cette ville, les moulins leur appartenants, &c.

Le second du 15 octobre, confirme les saisies de tabac en poudre, qui ont été faites par les différents juges de la province de Bretagne ; fait défenses à tous agents & entrepreneurs des fermes unies de France, de distribuer du tabac en poudre venu en baril, & leur ordonne de remettre, dans le jour de la notification du présent arrêt, aux débitants de tabac, les moulins qui pourroient leur avoir été ci-devant enlevés, afin qu'ils puissent pulvériser les tabacs en carottes pour l'usage du public.

18 *Novembre*. Madame la duchesse de Villeroy, chez laquelle loge le sieur *Radet*, est très-attachée à la doctine du *Magnétisme animal*: elle lui a fait des reproches d'avoir osé en mettre en scene les apôtres : pour complaire à cette dame, il renie aujourd'hui son ouvrage dans le journal de Paris, & la piece demeure sur le compte du sieur *Rosiere*. Voici du reste ce qui s'est passé avant-hier à cette occasion.

Au dénouement, on voit les malades rangés autour du *baquet de santé*, pour subir l'opération du magnétisme. Quand on est au moment où l'influence agit fortement, tous les malades se levent, & on les envoie dans la *salle des crises*.

Après la piece, le sieur *Rosiere* a adressé ce joli couplet au public :

> Du vaudeville enfant gâté,
> Messieurs, avec sévérité
> Ne jugez pas les entreprises ;
> Pour savoir votre sentiment,
> L'auteur est là qui vous attend
> Dans la salle des crises.

Le public ayant demandé l'auteur avec beaucoup d'applaudissements, le sieur *Rosiere* est revenu seul, & a répondu au public : *Messieurs j'ai eu l'honneur de vous annoncer que l'auteur étoit dans la salle des crises : vos bontés l'en ont fait partir, & nous ne savons point ce qu'il est devenu* : ce qui a fait recommencer les applaudissements.

19 *Novembre*. Malgré tout le ridicule que Voltaire a voulu imprimer sur M. de *Pompignan*, ses odes sacrées, sa tragédie de *Didon*, & sa traduction des tragédies d'*Eschyle*, feront toujours regretter en lui la perte d'un de nos meilleurs littérateurs d'un poëte formé sur les grands modeles, qui avoit beaucoup de goût, & nous rappelloit le siecle dernier, dont l'éclat s'affoiblit & se perd tous les jours.

19 *Novembre*. Extrait d'une lettre de Bordeaux, du 16 Novembre... J'ai découvert depuis que je suis dans cette ville, une nouvelle branche de commerce qu'il est important de faire connoître. Passant dans une rue du fauxbourg Saint-Seurin, je vis dans l'attelier d'un forgeron beaucoup de têtes de fer concaves, & qui s'ouvroient & se fermoient à clef. Je demandai quelle étoit

la destination de ces sortes de masques ? L'ouvrier me répondit que c'étoit pour les Negres des Isles. Voici l'usage de cette joli invention. Lorsque ces esclaves sont à l'ouvrage & qu'ils parlent mal-à-propos, ou commettent quelque autre crime de ce genre, on leur met la tête dans cette boîte, à laquelle est soudée en dedans une forte lame de fer, large d'un pouce, & longue de deux, qu'on leur fait entrer dans la bouche & qui s'applique sur la langue, de sorte qu'ils ne peuvent la remuer, ni fermer la bouche, ni l'ouvrir. Excellent moyen pour n'être pas touché de leurs plaintes ni de leur larmes: car vous saurez qu'un Negre gémit & pleure tout comme un homme.

20 *Novembre*. Extrait d'une lettre de Saint-Maxence, du 15 novembre. J'ai été émerveillé d'un nouveau pont qui se trouve ici sans que personne en ait parlé. A la hardiesse de celui de Neuilly, ajoutez des colonnes accouplées qui tiennent lieu de piles, & dont l'élégance pare la solidité : imaginez un trottoir intérieur, d'une invention nouvelle, adossé à l'extrémité du pont, de maniere que les chevaux qui traîneront les bateaux, passeront sous la voûte sans s'arrêter. En voyant le moyen si simple d'avoir réduit à rien la manœuvre la plus difficile des bateliers, on ne peut s'empêcher d'admirer le génie, qui sait ainsi anéantir les entraves physiques de la navigation.

Du reste, ne soyez pas scandalisé si je mets le nouveau pont au dessus de celui de Neuilly, cela ne fait point tort à la réputation de son auteur qui est le même : cela veut dire seulement que M. *Peronnet* s'est surpassé : on pourroit justement l'appeller *le Vauban des ponts & chaussées*.

20 *Novembre*. C'est le 9 au soir décidément que M. le comte d'*Oels*, revenu de Saint-Assise, est parti en dernier lieu de cette capitale. On raconte qu'en prenant congé de M. le duc de *Nivernois*, il lui a dit : *j'avois passé la plus grande partie de ma vie à désirer voir Paris; j'en vais passer le reste à le regretter.*

21 *Novembre*. Extrait d'une lettre de Rennes, du 17 Novembre...... Le 31 du mois dernier, les plans de la navigation intérieure de la Bretagne, dressés d'après les mémoires du comte de *Piré*, pour joindre la Vilaine à la Mayenne & à la Rancé, ayant été présentés au roi par les députés commissaires des états de Bretagne, il doit en être grandement question dans l'assemblée, & ce sera un des principaux objets du travail.

21 *Novembre*. Tandis qu'on laisse sans encouragement la belle institution de l'abbé de l'Epée, l'empereur qui en fut frappé dans le temps, n'a pas négligé de la former dans ses états, & il en a rempli depuis peu le projet. On apprend que ce prince a fait choisir trois maisons à Léopoldstadt pour y recevoir & instruire trente sourds & muets. La premiere leur servira de logement; la seconde, d'école; la troisieme, où se trouve un jardin, est destinée à leur récréation. Au frontispice de la premiere, on lit cette inscription : *Surdorum, mutorumque institutioni & victui.* Joseph. Aug. 1784.

Le 29 du mois dernier, ces éleves disgraciés de la nature ont rendu pour la premiere fois, dans une assemblée publique, un compte très-satisfaisant de leurs progrès durant le cours de l'année.

21 *Novembre.* Le *Désœuvré* ou *l'Espion du Boulevard du Temple*, a, comme on l'y avoit invité, étendu sa sphere, & depuis quelque temps il paroît une brochure dans le même genre sur les grands spectacles. Elle est si rare qu'on ne peut encore en parler que sur parole. Il faut espérer que les héroïnes & les coryphées de l'opéra & des deux comédies trouveront quelque défenseur, meilleur que l'auteur du pamphlet intitulé, *le Désœuvré mis en œuvre, ou le revers de médaille*, pour servir d'opposition à *l'Espion du Boulevard du Temple*, & de préservatif à la tentation; pamphlet très-plat, qui ne pouvoit pas avoir même le mérite de défendre l'innocence. Quelle innocence en effet, que celle qui se trouve au milieu de tout ce qu'il y a de plus vil, de plus crapuleux, de plus infame, où la vertu la plus pure se souilleroit nécessairement.

22 *Novembre.* Il est mort il y a peu de temps, une courtisane du vieux sérail, nommée Mlle. de *Beauvoisin*. Obligée de donner à jouer pour se tirer d'affaire, elle avoit par ses charmes usés, eu l'art en dernier lieu de captiver M. *Baudard de Sainte-James*, trésorier des dépenses du département de la marine. Ce magnifique seigneur, ayant plus d'argent que de goût, avoit fait des dépenses énormes pour elle : on estime qu'il faut qu'il lui ait donné en bijoux seuls & autres effets, environ quinze à dix-huit cents mille francs, outre vingt mille écus de fixe par an. Sa vente est aujourd'hui l'objet de la curiosité, non-seulement des filles élégantes, mais encore des femmes de qualité. On y compte deux cents bagues plus superbes les unes que les autres : on y voit des diamants sur papier, comme chez les lapidaires, c'est-à-dire,

c'est-à dire non montés; ses belles robes se montent à quatre-vingts; on parle de draps de trente-deux aunes, tels que la reine n'en a point. Enfin depuis la vente de la fameuse *Deschamps*, on n'en connoît point en ce genre qui ait fait autant de bruit.

22 *Novembre*. Extrait d'une lettre de Strasbourg, du 12 novembre.... Une des choses qui m'a fait le plus de plaisir dans cette ville depuis que je la parcours, c'est un jardin botanique semblable à celui du roi à Paris. C'est un des mieux tenus & des plus riches que l'on connoisse. M. *Gerard*, préteur de Strasbourg, qui, comme vous savez, a été le premier ministre du roi auprès des Etats-Unis, a déposé dans ce jardin une collection des plantes les plus curieuses de l'Amérique septentrionale, qu'il a rapportées lui-même des environs de Philadelphie; ces végétaux acclimatés sous un ciel ami du leur, & propice à leur culture, réussissent à merveille.

Ce jardin doit beaucoup aux soins d'un médecin fameux de cette université, nommé *Spielman*, chymiste encore plus célebre, mort en septembre de l'année derniere. Lorsqu'on lui confia la direction du jardin botanique de Strasbourg, il n'y avoit ni serres, ni école, aucuns fonds n'étoient destinés à son entretien; il lui a procuré tout cela, & il peut en passer, sinon pour le créateur, au moins pour le restaurateur. Une des anecdotes singulieres qu'on m'a racontées de la vie de ce savant & que je ne puis omettre, c'est qu'en 1756, il fut nommé à la chaire de professeur de poésie; ce qui ne vous laissera pas une grande idée du goût de cette ville & des éleves qu'il a pu former en ce genre.....

23 *Novembre.* Comme la piece des *Docteurs modernes*, quelque médiocre qu'elle soit, porte sur le ridicule du jour, elle fait grand bruit, & sera certainement suivie avec fureur. Il court dans les maisons un petit écrit imprimé à ce sujet. C'est une espece de consultation au public, dans laquelle on demande s'il est permis de jouer ainsi sur la scene, non-seulement des médecins connus, mais tous leurs disciples, choisis entre ce qu'il y a de plus illustre, de plus éclairé & de plus estimé dans le royaume. On attribue cette feuille, qu'on dit bien tournée, à M. d'*Eprémesnil*, grand enthousiaste du magnétisme. On assure qu'il attend le retour de quelques confreres aussi fanatiques que lui en ce genre, pour dénoncer la parade des *Docteurs modernes* aux chambres assemblées, & en demander la proscription.

23 *Novembre.* Le bureau académique d'écriture est une des institutions qui feront époque dans l'administration de M. le lieutenant-général de police actuel. Il a été établi par lettres-patentes du roi du 23 janvier 1779, régistrées au parlement le 12 mars audit an. Il est composé de vingt-quatre membres, & doit avoir vingt-quatre agrégés ; vingt-quatre associés écrivains & graveurs ; en outre des correspondants écrivains, dont le nombre n'est pas déterminé. Ce bureau s'assemble quatre fois par mois pour traiter de la perfection des écritures ; du déchiffrement des anciennes écritures ; des calculs relatifs au commerce, à la banque & à la finance ; de la vérification des écritures, & de la grammaire françoise relativement à l'orthographe. Il a une séance publique de rentrée au mois de novembre. Celle de cette année qui a eu lieu

le 18 novembre, a présenté un spectacle plus nouveau & plus curieux qu'aucune séance des autres académies.

Un M. Haüy, interprete du roi, & professeur pour les écritures anciennes, agrégé du bureau, a fait paroître un éleve, âgé de dix-sept ans, nommé *le Sueur*, aveugle depuis l'âge de six semaines, auquel par un procédé particulier en moins de six mois il a appris à lire, à calculer, à distinguer des cartes de géographie, à solfier, à noter la musique, & même à imprimer des livres à l'usage de ses semblables, & sur le champ il lui a fait donner devant l'assemblée des preuves de ce qu'il avançoit. Il est à observer que cet infortuné, obligé d'aller mendier des secours qu'il partage avec sa famille, ne peut sacrifier à l'étude que quelques instants par jour. Cette scene aussi mémorable que touchante, a déjà été gravée. On voit une estampe représentant le jeune aveugle lisant à l'aide de ses doigts.

M. *Haüy*, de son propre mouvement, & avec le désintéressement le plus noble, s'est offert à la société philanthropique pour consacrer ses talents à l'instruction des enfants aveugles-nés, dont elle prend soin, & il est à souhaiter que, digne rival de M. l'abbé de l'Epée, mais ayant moins de facultés, il trouve plus d'encouragement. Au reste, c'est à l'aveugle de Puisaux, instruisant son fils avec des caracteres en relief; à *Sanderson*, aveugle enseignant les mathématiques au milieu d'un cercle de clair-voyants, & tout récemment à M. de *Kempellen*, auteur du joueur d'échecs qu'on a vu ici, & le maître de mademoiselle *Paradis*; enfin à M. *Weissemburg*, de

Manheim, privé de la vue dès l'âge de sept ans, & suppléant à la perte de cet organe par la perfection donnée à son tact, que M. Haüy avoue modestement qu'il est redevable de l'imagination d'une tentative qui a si bien réussi.

23 *Novembre*. On se rassure de plus en plus aujourd'hui sur la santé de M. *Charles*. Il annonce qu'il ouvrira son cours de physique expérimentale le jeudi 2 décembre; ce qui prouve que son malheureux accident n'a pas eu de plus longues suites. Bien des gens même assurent, malgré toute la probabilité du contraire, & la rumeur générale soutenue à cet égard, qu'il n'a jamais eu lieu.

24 *Novembre*. Le pamphlet contre l'évêque de Rennes qu'on a annoncé, a percé en effet dans cette capitale. Il n'a point de titre. C'est un recueil de lettres, où l'on assimile M. de *Girac* à *Figaro*, & à l'occasion de la piece du sieur de *Beaumarchais*, on fait venir ce prélat sur la scene. Tout cela est fort mal agencé & tiré de très-loin. L'envie de médire s'y montre trop à découvert. On y a inséré jusques à la généalogie des *Bareau*, manuscrit dont nous avons parlé il y a plusieurs années. Quoi qu'il en soit, comme la méchanceté, bien ou mal assaisonnée, produit toujours de l'effet, les Bretons recherchent avidement celle-ci, & le pamphlet en est très-couru, très-fêté.

Il paroît que l'auteur en veut aussi à M. *Poujaud de Montjourdain*, administrateur des domaines de Bretagne, & à ce titre seul le place dans sa brochure. Il y rapporte une anecdote de procédé dur & de mauvaise foi, par laquelle il voudroit indisposer contre ce financier M. le contrôleur-général, qui, dans ce moment-ci, bien loin de vexer les Bretons, cherche à se rendre de son mieux agréable à leur province.

24 *Novembre*. Le petit imprimé dont on a parlé, a pour titre : *Réflexions préliminaires à l'occasion de la piece des Docteurs Modernes*. Comme il est fort court, qu'il ne se vend point, & n'a été envoyé qu'aux adeptes ou partisans du mesmérisme, qu'il est d'ailleurs très-important, puisqu'il semble destiné à servir de base à la dénonciation de M. *d'Eprémesnil*, on va le consigner ici dans toute son intégrité.

« Voici un pouvoir terrible & d'un nouveau genre qui s'éleve dans l'état.

» M. *Mesmer* a des ennemis puissants, il en a même qui sont revêtus d'une grande autorité. Il a fait une découverte, il propose une doctrine, il a beaucoup d'éleves plus distingués les uns que les autres par leur rang, leurs lumieres, leur existence personnelle.

» Ses ennemis n'osent pas attenter à sa vie. Le temps des auto-da-fé passe par-tout ailleurs. Il n'a jamais existé en France. Forcés de ménager sa personne, ils l'attaquent dans son honneur. On l'a joué sur le théâtre italien de la maniere la plus indécente & la plus calomnieuse, lui directement, & indirectement ses éleves, ses malades. En attendant que M. *Mesmer* le demande aux loix, on ose demander aujourd'hui aux peres de famille, aux citoyens honnêtes, en un mot, au public impartial, s'il est bien convenable que dans un état policé, une autorité quelconque s'arroge le droit de disposer sur le théâtre de l'honneur d'un individu ?

» *Aristophane* jouoit *Socrate*, & l'a conduit

à la ciguë. Est-ce là l'intention des ennemis de M. *Mesmer* ? Ils se trompent. L'honorable cortege dont M. *Mesmer* est entouré, portera, quand il en sera temps, au pied du trône & dans le secret de la justice, un témoignage de son savoir & de sa vertu.

» Si les ennemis de M. de *la Chalotais* avoient imaginé la ressource des théâtres, ils auroient pu mener loin ce grand homme & la magistrature françoise. Le lecteur est prié de peser ce petit nombre de réflexions dans l'intérieur de son foyer.

» L'auteur de cet écrit se nommera un jour. Connu par son respect pour la puissance du roi, l'autorité des loix & la vérité, il a toujours fait profession de ne craindre ni les railleries, ni les intrigues, ni l'abus du pouvoir. »

24 *Novembre*. *Dubarri* le *roué* revient sur l'eau, & cherche à tirer parti aujourd'hui, non de sa belle-sœur, mais de sa femme. On sait qu'il a épousé une jeune & jolie personne de sa province, bien née d'ailleurs. Il l'a menée à Paris avec lui depuis quelque temps. Il a commencé par chercher à la dégoûter de lui, & à la familiariser avec le vice, en lui donnant le spectacle de ses propres débauches, & en faisant venir sans cesse sous ses yeux toutes sortes de coquines. Enfin, il l'a introduite chez M. le contrôleur-général, & c'est elle qui fait aujourd'hui les honneurs de la table de M. de *Calonne*.

On veut que madame la vicomtesse de *Laval*, furieuse de cette préférence, se soit retirée, & vive actuellement avec M. *Michault d'Harvelay*.

25 *Novembre*. On a commencé hier la vente des tableaux de M. le comte de *Vaudreuil*, grand-fauconnier de France. Cette superbe collection est au nombre de plus de cent. Il n'y a de l'école françoise que quelques *Casanove*, & & les huit tableaux de M. *Vernet* pour la galerie de la Ferté, qui n'ont jamais été exposés au salon. On a parlé dans le temps de ces chef-d'œuvres commandés par M. de *la Borde*, & dont il avoit eu la malhonnêteté d'enlever la jouissance momentanée aux yeux du public.

On est très-surpris que M. de *Vaudreuil* se défasse de tant de richesses pittoresques, & l'on ne peut trop en donner la raison. La plus vraisemblable, c'est qu'il avoit en vue la place de M. d'*Angiviller*; que pour mieux y parvenir, il avoit été bien-aise de se donner la réputation d'un connoisseur, & que cette petite charlatanerie ne lui ayant pas réussi, il s'est trouvé gêné, & a été obligé d'user de cette ressource pour faire honneur à ses affaires.

25 *Novembre*. Vers à madame de *** qui avoit éprouvé des revers de fortune, & étoit tourmentée d'une maladie cruelle, à l'époque du jour de sainte Catherine, sa patrone.

O *Catherine*, autrefois si brillante,
D'appas remplie & d'esprit pétillante,
Qu'on fêtoit tant! plus de cour, ni de fleurs;
Même de vers; personne ne te chante.
Ce jour s'alonge au milieu des douleurs,
Et ton tribut, hélas! ce sont mes pleurs.
Cet abandon que ma muse déteste,
(Voyons pourtant, calculons tes malheurs)

Sembleroit-il à tes yeux si funeste !
Qu'as-tu perdu ! des amis vains, trompeurs,
De tout état, tout rang, toutes couleurs,
Epouvantail du mérite modeste,
Flagorneurs bas, ou méchants persiffleurs ;
Tu n'en avois qu'un vrai.... Mais il te reste.

25 *Novembre.* Extrait d'une lettre de Rennes, du 20 novembre. Nos états, depuis leur ouverture, se passent assez bien jusques à présent avec la cour & le ministere : mais il y a des tracasseries particulieres dont il faut empêcher les suites. Je ne vous ferai point un journal fastidieux de nos séances, & m'en tiendrai aux faits principaux.

Après le discours du comte de *Montmorin*, le nouveau commandant de la province, plein de graces & d'aménité, le don gratuit de deux millions a été accordé par acclamation. Ensuite les états ont exposé leurs doléances, & ont demandé si les commissaires du roi étoient autorisés à redresser leurs griefs ? M. de *Montmorin* a dit que sa majesté étoit disposée très-favorablement, qu'ils pouvoient députer en cour, & qu'ils seroient très-bien venus ; en sorte que nous ne doutons pas que le droit d'élire nos députés ne nous soit rendu, & que nous n'ayons satisfaction sur les octrois municipaux : on nous offre même des choses que nous ne demandons point, tels que la confection des chemins publics, &c.

Les partisans de l'évêque de Rennes, sur-tout dans l'ordre du clergé, ont élevé à son sujet une question qui auroit pu aller loin, si l'on n'y eût mis un terme. Ils se sont plaints de ne point voir leur préfident-né & celui des états. Ils ont rendu compte des bruits qui couroient que ce prélat étoit retenu par ordre fupérieur, & ont fait valoir l'article de nos privileges qui s'oppofe aux lettres de cachet contre aucun membre avant ou pendant la tenue. En conféquence, il a été député vers le commandant pour favoir fi ces bruits étoient fondés. M. de *Montmorin* a répondu fort fagement qu'il l'ignoroit. Arrêté enfuite qu'il feroit écrit à M. l'évêque de Rennes, & qu'on lui demanderoit fi fon abfence étoit forcée ou volontaire. M. de *Girac* n'ofant fe compromettre vis-à-vis de la cour, a répondu trop ambigument pour que la chofe fût bien éclaircie ; mais comme au fond on n'étoit pas fâché de ne le point voir, on a interprété favorablement fa lettre, & l'on a pas été plus loin.

Un autre incident s'eft élevé encore à fon occafion. M. le comte de *la Violais*, l'ancien préfident de la nobleffe, fort zélé pour la province, a rendu compte de tout ce qu'il a fait en fa faveur durant fon féjour à Paris, où d'office il avoit veillé à fes intérêts. Il n'a pas diffimulé qu'il avoit éprouvé beaucoup de contrariétés, & il les a attribuées à des menées de M. l'Evêque de Rennes. M. de *Châtillon*, un des membres de la nobleffe, s'eft levé, & lui a demandé s'il étoit bien fûr de ce qu'il difoit, & s'il en avoit la preuve. Il a répondu que non; que c'étoient de fimples foupçons affez bien fondés, qu'il communiquoit à fon ordre. Sur quoi M. de *Châtillon* l'a pouffé vivement, au point que le comte lui en a témoigné fa furprife, & lui a rappellé l'ancienne amitié qui les lioit. Son adverfaire a répliqué qu'il y en avoit pu avoir autrefois ; mais qu'il n'en exiſtoit plus aujourd'hui, pas même d'eſtime. Un pareil propos devenoit une inſulte, qui demandoit une réparation. Les deux champions ont mis les armes à la main ; on les a ſéparés : mais il paroît difficile d'empêcher les ſuites de cette rixe après les états finis.

Les partiſans de l'évêque de Rennes ont voulu faire naître d'autres incidents pour troubler les états ; mais ils n'ont pas encore réuſſi, même à l'égard du tabac dont ils vouloient qu'on ſe mêlât, & l'on a par prudence laiſſé cette affaire entre les mains du parlement.

On n'auroit jamais cru que ſous M. de *Calonne*, contrôleur-général, les Bretons euſſent été ſi bien traités, & ſe fuſſent conduits avec tant de modération.

26 *Novembre*. M. le comte d'*Oels*, en revenant de France eſt paſſé au fort de Khel, & s'y eſt arrêté. C'eſt là qu'eſt établie l'imprimerie de la ſociété littéraire typographique. Le ſieur de *Beaumarchais* s'y étoit rendu vraiſemblablement à deſſein. Il invita l'illuſtre étranger qui avoit quitté l'*incognito*, à viſiter ces fameuſes preſſes, formées des caracteres de *Baskerville*, gémiſſant depuis plus de quatre ans pour donner au public l'édition de *Voltaire*. Quoique le nom de ce grand homme ne dût pas être infiniment agréable au prince *Henri*, depuis la publication de ſes mémoires, monument d'ingratitude & diatribe ſanglante contre le roi ſon frere, le ſieur de *Beaumarchais* eut l'impudence de propoſer à ſon alteſſe royale de manipuler elle-même. Elle s'y prête volontiers, & croit imprimer une feuille

de *Voltaire*; elle veut voir si elle a réussi, & trouve le long madrigal suivant, avec ce titre :

Essai d'une presse de l'imprimerie de la société littéraire typographique, fait en présence de son altesse royale monseigneur le prince HENRI *de* PRUSSE, *à son passage à Khel, le 16 novembre 1784.*

Auguste ami des arts, arbitre des guerriers,
Que Mars & les neuf Sœurs couvrent de leurs lauriers,
Au chantre de *Henri* quel honneur tu viens faire.
Héros ! qui méritas un chantre tel que lui,
Toi, l'honorable ami de notre grand *Voltaire*,
En visitant son sanctuaire,
HENRI ! tu mets le comble à sa gloire aujourd'hui.
C'est quand l'aigle divin sur son autel se pose,
Qu'il ne manque plus rien à son apothéose.
Mais son autel, HENRI, n'est-il donc pas le tien ?
Vois comme aux temps futurs avec nous on arrive ;
De l'immortalité nous composons l'archive ;
De FRÉDÉRIC le grand, frere, émule & soutien,
Tes hauts faits, tes vertus, leçons de tous les âges,
Rempliront à leur tour nos plus brillantes pages.

Au style amphigourique de cette piece, à sa prolixité, on juge aisément quel en est l'auteur. C'est cet homme qui, depuis sept mois, occupe seul le théâtre des François. On voit qu'il ne réussit pas mieux dans la louange que dans le sentiment. Ces vers sont dignes de l'auteur des couplets de la centénaire. Il faut les conserver pour leur ridicule rare.

26 Novembre. C'est M. *Robert* qui, quoique peintre de genre, a été nommé garde du *Musæum* qui s'établit dans la galerie des Tuileries; il est désigné pour cette place depuis long-temps; voilà le moment auquel il va commencer à en exercer les fonctions. Les maçons sont absolument sortis de ce lieu; mais il y a beaucoup d'autres ouvriers qui doivent y passer, & l'on ne croit pas que le *Musæum* puisse être ouvert au public avant 1786.

Les peintres d'histoire, qui, avec raison, croyoient que cette place leur étoit due, sont très-jaloux de M. *Robert*, qui ne l'a emporté que par une protection spéciale de M. le comte d'*Angiviller*.

Tout récemment M. *Robert* a demandé un adjoint, parce qu'il prétend qu'un garde du *Musæum* ne doit jamais s'absenter. On a senti la justesse de son idée, & c'est M. *Jaurat*, ancien peintre d'histoire, très-médiocre il est vrai, qui a accepté la place. Au reste, M. *Robert* y a mis toute sorte d'honnêteté, en voulant un égal, & non un inférieur; il a même demandé que l'adjoint fût à appointements égaux.

26 Novembre. Les deux arrêts du parlement de Rennes, qui est cour des aides en même temps, rendus au sujet du tabac rapé, par la chambre des vacations, les 12 & 15 octobre dernier, sont parvenus ici imprimés: ils sont volumineux, ils contiennent dans le plus grand détail, tout ce qui s'est passé, & font voir l'excès du mal.

Par le premier, c'est au bureau de la recette générale que l'on saisit des tabacs de mauvaise qualité, ou plutôt de la qualité la plus pernicieuse, au dire des experts; c'est du tabac venant de

Morlaix, le chef-lieu où il se fabrique : ainsi c'est par le fait même des fermiers-généraux ou de leurs principaux agents, que provient la mauvaise qualité de la denrée.

Par le second, on juge que le mal est général, puisque de trente-neuf villes & bourgs de la province, où ont été faites les visites & analyse du tabac rapé, il ne s'en est trouvé aucun où la denrée n'ait été déclarée plus ou moins altérée ou pernicieuse.

C'est en conséquence de la nécessité de pourvoir promptement le public d'une meilleure denrée devenue un objet de premiere nécessité, que la cour a ordonné la restitution aux débitants des moulins qui leur avoient été précédemment enlevés.

C'est cette restitution contraire à une déclaration & à des lettres-patentes enrégistrées par le parlement, dont le conseil lui fait un crime; mais la nécessité est la premiere loi: d'ailleurs il est prouvé que le fermier a abusé du privilege que ces loix lui avoient accordé; & l'on a apposé dans les deux arrêts la clause respectueuse, *sous le bon plaisir du roi* ; enfin il a été arrêté que Sa Majesté seroit très-humblement & très-instamment suppliée, pour l'intérêt de l'humanité, de retirer sa déclaration & ses lettres-patentes.

27 Novembre. Extrait d'une lettre de Rambouillet, du 20 novembre..... Le roi est satisfait de plus en plus de son acquisition; il s'occupe des améliorations & embellissements de ce château, il suit & dirige lui-même le travail. Il y a une très-belle piece d'eau réguliere, que Sa Majesté veut conserver; mais elle a projeté de former au tour un certain nombre de petits cabinets de verdure, tous variés, dont chacun doit être composé d'arbres fruitiers de la même espece. J'en ai vu le plan dressé & levé par Sa Majesté très-promptement ; elle l'a confié pour l'exécution à M. Robert, le peintre, qui vient d'être nommé *dessinateur des jardins du roi*. Cette place qu'avoit eu le fameux *le Nôtre*, avoit été supprimée depuis sa mort.

27 Novembre. *La fameuse Inconstance*, comédie nouvelle en un acte & en vers, jouée hier aux Italiens pour la premiere fois, est encore une production de M. *Radet*. Cette piece, dont le fond est peu saillant, ne mérite pas qu'on en parle plus au long : si l'on vouloit s'y arrêter, on en pourroit critiquer jusqu'au titre qui n'est pas juste.

27 Novembre. M. *Moutard*, imprimeur de la reine & son libraire, hier dans une lettre aux journalistes de Paris, a désavoué un livre qui se débite sous son nom, chez l'étranger, qui a pour titre *Mémoires historiques & politiques des pays-bas Autrichiens* : il déclare qu'il n'a été accordé en France aucune permission pour cet ouvrage. On regarde ce désaveu comme une tournure imaginée pour faire connoître une production dont personne ne parloit. Cette petite charlatanerie excite aujourd'hui la curiosité des amateurs. Elle est d'autant plus adroite, qu'il est défendu aux censeurs de laisser nommer même dans les feuilles périodiques, les livres sans privileges, & qu'ils n'ont pu se refuser à la justification du sieur *Moutard*.

28 Novembre. Les calembours sont en vogue plus que jamais ; on en jugera par ceux qu'on fait dans la meilleure compagnie au sujet & à la veille d'une guerre sanglante, prête à s'allumer; & ce sont des gens graves & de beaucoup d'esprit, non pas qui les font, mais qui les répetent. On dit, par exemple, que la toile va être à bon marché, attendu que l'empereur fait *filer* en Flandre 80,000 hommes. On dit que le sieur *Philippe*, acteur de la comédie Italienne, est la cause de la guerre, parce qu'il bouche l'*Escaut* (l'*Escot*), actrice du même théâtre, avec laquelle il couche. Ce jeu de mots a déjà été employé dans un couplet qu'on a rapporté, mais dans un sens différent & moins grossier. Tels sont les jeux de nos sociétés à beaux esprits.

28 Novembre. Le sieur d'*Orfeuil*, l'un des nouveaux directeurs de la troupe foraine qui s'établit au Palais-Royal, est un homme très-entreprenant, qui avoit formé un projet pour englober toutes les troupes de province, & en avoir la régie générale. Son plan étoit agréé, & il alloit sortir un arrêt du conseil qui l'adoptoit, lorsque le prince de *Beauveau*, s'intéressant à la comédie de Marseille, comme gouverneur & lieutenant-général des pays & comté de Provence, s'y opposa & empêcha l'effet.

Les vues du sieur d'*Orfeuil* ne sont pas moins étendues aujourd'hui; il veut ériger sa troupe tôt ou tard en troupe rivale de la comédie françoise, & autorisé par le duc de *Chartres*, il fait enrôler dans les provinces tous les sujets qui s'y distinguent.

Les comédiens françois, alarmés du vaste projet de cet ambitieux, ont cru prudent d'en prévenir les effets dès le principe, & ont députe vers M. le baron de *Breteuil*, comme ministre de Paris, pour lui témoigner leurs alarmes. C'est

Mlle. *Contat* qui portoit la parole; on assure que cette démarche n'a eu aucun succès, & à moins que les gentilshommes de la chambre n'interviennent, la seconde troupe françoise pourroit bien avoir lieu & se former insensiblement.

28 *Novembre*. M. le chevalier de *Boufflers* ne s'occupe pas toujours de calambours, de polissonneries ou de chansons grivoises; on en peut juger par ce quatrain, destiné à être mis au bas du portrait du prince HENRI:

>Dans cette image auguste & chere,
>Tout héros verra son rival,
>Tout sage verra son égal,
>Et tout homme verra son frere.

29 *Novembre*. On assure qu'on va timbrer tous les ouvrages en musique & autres objets de gravure, & que le produit de ce léger impôt, sera affecté à l'académie royale de musique. M. *Gretry* a été choisi pour censeur des ouvrages de ce genre, qui, jusqu'à présent, étoient débités sans permission,

29 *Novembre*. Extrait d'une lettre de Caraman, du 20 Novembre...... L'établissement de M. le comte de *Caraman*, lieutenant-général pour le roi en Languedoc & commandant en second de la ville de Metz & des Trois-Evêchés, notre seigneur, réussit très-bien depuis 1781 qu'il est formé dans cette ville & peut servir de modele à ceux du même genre qu'une bienfaisance éclairée désireroit créer. C'est une caisse d'avances en faveur de l'agriculture, dont le fonds est de dix mille francs.

Tous ceux qui en ont besoin, & dans l'un des cas fixé par le fondateur, peuvent y avoir recours avec confiance, en se conformant aux formalités prescrites.

L'intérêt à payer pour ce prêt, qui ne peut pas durer à chaque fois plus de deux ou trois années, est de trois pour cent seulement.

Cet intérêt doit être versé dans la caisse, afin de servir à augmenter le capital.

Du reste, M. de *Caraman* a pris toutes les précautions nécessaires à la sureté & à la bonne gestion de la caisse.

Au décès de M. de *Caraman*, ses héritiers seront maîtres de retirer ledit capital de 10,000 l. & alors la caisse ne seroit plus composée que des intérêts de cette somme accumulés depuis l'origine de la caisse.

29 Novembre. Le sieur *Pilâtre de Rozier*, est un intrigant qui, au préjudice des premiers inventeurs, ne s'est point rebuté des humiliations qu'il avoit éprouvées, & a capté la bienveillance du contrôleur-général, au point de se faire charger par ce ministre, de la construction d'un ballon qu'il appelle improprement une *Montgolfiere*, depuis qu'il y adapté un globe qui sera rempli d'air inflammable, & que le réchaud avec le feu n'en sera que le second agent. On ne sait pas ce qui résultera de ces deux moyens combinés ensemble, dont l'effet pourroit être funeste.

Quoi qu'il en soit, le sieur *Pilâtre* fait voir ce ballon dans une des salles des Tuileries, moyennant de l'argent, & il fait accroire qu'il traversera la mer sur cette diligence aérienne.

29 Novembre. Le gouvernement semble ne plus craindre d'avouer la disette très-prochaine du bois, cette production de premiere néceſſité, il a permis par arrêt du conſeil du vingt-deux octobre, à toutes perſonnes ſans exception, de fabriquer du charbon de tourbe, ſuivant les procédés qu'elles auront inventés, en ſe conformant chacun en droit foi à la police des lieux. Et comme le bon ton & la mode ſont ſur-tout ce qui dirige les Pariſiens, les plus grandes maiſons ſe font un point d'honneur d'employer ce combuſtible, & de donner ainſi l'exemple, malgré ſon odeur infecte & ſa vapeur, qu'on accuſe de porter à la tête, d'attaquer la poitrine, & de gâter les meubles. On répond qu'on s'y fera, que des nations entieres s'en ſervent.

30 *Novembre*. Les auteurs de la parade des *Docteurs modernes*, qu'on croit être MM. *Radet & Roſiere*, ont eu peur de la petite feuille attribuée à M. d'*Eprémeſnil*, & en conséquence, ont cherché à prévenir l'impreſſion qu'elle pourroit faire, en répandant par la voie du Journal de Paris, une réponſe apologétique. Ils y proteſtent n'avoir jamais eu en vue de mettre ſur le théâtre une ſatire perſonnelle, de jouer MM. *Meſmer* & *Deſlon*, & moins encore l'honorable compagnie de diſciples qu'ils ont. Ils ont peint une claſſe d'hommes, & non un ou deux hommes; ce qui a été permis de tout temps à la comédie. Un rapport public, fait au nom du gouvernement par les ſavants les plus éclairés de la nation, a déclaré que la doctrine du *Magnétiſme animal étoit illuſoire*, & *que ſa pratique étoit dangereuſe*; ils ont cru qu'il étoit permis de rire un peu d'une *illuſion*, & utile d'attaquer une nouveauté regardée comme *dangereuſe*.

Malgré cette ſécurité apparente & la déclaration de leur intention louable, ces messieurs n'osent se nommer, signent seulement *les auteurs des Docteurs modernes*.

C'est ce qu'on voit au N°. 333 du Journal de Paris.

30 *Novembre*. L'opéra de *Dardanus* tient le second rang parmi les compositions de *Rameau*, le premier, sans contredit, de nos musiciens nationaux: ceux qui ont vécu avec lui, assurent même qu'il le préféreroit à *Castor & Pollux*: en outre le poëme de *la Bruere* étoit fort estimé: tout cela n'a point détourné M. *Guillard* de refaire ce dernier, & M. *Sacchini* d'y adapter une nouvelle musique. La premiere représentation de cet ouvrage a eu lieu aujourd'hui avec la grande affluence que devoit naturellement attirer la réputation de Italien. Il a eu la douleur de ne point jouir de ce concours, & la goutte le retenoit au lit.

Le premier acte a été unanimement applaudi & avec transport: les trois autres n'ont pas eu le même succès; on n'y a trouvé que peu de chant, du froid, de la tristesse presque continue, & les danses seules ont excité de grands battements de mains.

Mlle. *Maillard* qui faisoit le principal personnage de femme, qui avoit chanté & joué supérieurement aux répétitions, n'a nullement répondu aux éloges qu'on en avoit fait: on prétend que l'idée où elle étoit d'une cabale formée contre elle par Mad. *Saint-Huberty* qui la jalouse à l'excès, l'a intimidée au point de lui faire manquer tout son rôle.

Le peu de partisans qui restent à notre ancienne musique, n'ont pas manqué de se prévaloit du foible succès de l'auteur de la nouvelle pour crier au blasphême; mais, sans parler de ces amateurs opiniâtres de l'antique, les défenseurs même les plus outrés de M. *Sacchini*, ne peuvent disconvenir que cette production ne soit inférieure aux deux premieres qu'il a fait exécuter sur le théâtre lyrique, *Renaud* & *Chimene*.

La reine devoit venir coucher hier au château des Tuileries, pour assister aujourd'hui à la nouveauté; mais le roi en a détourné sa majesté; il lui a fait sentir que dans le moment où tout annonçoit une rupture prochaine avec l'empereur son frere, il croyoit convenable qu'elle ne parût pas à une fête publique.

Monsieur & M. le comte d'*Artois*, au contraire, qu'on annonce comme voulant aller à l'armée & donner l'exemple à la nation, ont paru à l'opéra, & y ont reçu les applaudissements mérités.

1 *Décembre* 1784. M. le duc de *Penthievre*, après avoir obtenu du parlement ce qu'il désiroit le plus, que son procès avec le comte d'*Arcq*, ne fût pas plaidé, & s'instrusît seulement par écrit, a produit sa défense sous le titre de *Salvations*, accompagnées d'un *Mémoire à consulter*, qui vraisemblablement ont été donnés aux seuls juges avec beaucoup de circonspection & de mystere; car rien n'en a percé dans le public: on ne connoît ces pieces que par la réponse du demandeur.

Suivant cette réponse sous le titre de *Mémoire à consulter*, répandu, au contraire, avec profusion, M. le duc de *Penthievre* éludoit les demandes du comte d'*Arcq*, en niant qu'il fût fils naturel du comte de *Toulouse*; dans une consultation qui étaie ce *factum*, en date du 19 août

1784, le conseil du demandeur trouvoit les moyens employés dans les *Salvations*, insuffisants pour détruire la preuve résultante des titres & de la possession du comte d'*Arcq*.

En conséquence, celui-ci avoit eu recours à la voie de l'interrogatoire sur faits & articles, qui lui étoit ouverte par une loi positive & qui n'excepte personne, & avoit présenté requête à cet effet. M. le duc de *Penthievre* a fait les démarches les plus vives pour éviter cet interrogatoire, & a demandé à être jugé sans délai; mais le procès n'étant point en état, le parlement, les chambres assemblées le 7 septembre dernier, a ordonné qu'attendu que cette requête avoit pour objet d'être autorisé à porter le nom de *Bourbon*, il se pourvoiroit pardevers le roi.

M. le comte d'*Arcq*, empressé de faire connoître cette injonction de la cour, espece de reconnoissance provisoire & indirecte de sa qualité de fils naturel du comte de *Toulouse*, qui depuis plus d'un demi-siecle est de notoriété publique, se hâte de publier à la rentrée du parlement, un nouveau Mémoire, où il prend pour prétexte d'interroger de nouveau les jurisconsultes, qui, en effet, lui répondent par une consultation du 16 novembre.

Dans ce Mémoire, où le comte d'*Arcq* rappelle toute son histoire, on apprend une nouvelle anecdote à l'occasion de sa mere, qui n'est pas davantage celle énoncée dans son extrait baptistaire. Il prétend que la dignité de son nom & de son rang, exigeoit le plus grand secret.

1 *Décembre*. M. d'*Entrecasteaux* a enfin été jugé par contumace à Aix, le 16 du mois dernier. Le

parlement est resté les chambres assemblées depuis six heures du matin jusqu'à onze heures du soir. Il a été condamné à avoir le poing coupé, à être rompu vif, brûlé & ses cendres jetées au vent; sa robe de magistrature lui devoit préalablement, être arrachée & déchirée si les conclusions eussent été suivies en entier: contre l'usage, l'arrêt a été imprimé & affiché. L'exécution a eu lieu le lendemain à quatre heures du soir.

Ce qu'il y a de singulier, c'est que le valet de chambre, qui passoit généralement pour son complice, n'est condamné qu'à un plus amplement informé de cinq ans, pendant lequel temps il gardera prison seulement.

Une femme de chambre a été élargie à l'instant, avec pareil plus amplement informé.

Le criminel est toujours à Lisbonne. On assure qu'il a avoué son crime à la reine, qui lui a promis de ne point le livrer. Il doit rester enfermé dans quelque château-fort, ou couvent.

2 *Décembre*. Les commissaires du roi envoyés à Bordeaux pour examiner les plaintes portées au parlement contre les corvées, après avoir éprouvé bien des humiliations dans la province, sont revenu rendre compte de leurs recherches, & il paroît qu'il n'a pas été tout-à-fait favorable à M. l'intendant, puisqu'il n'est point encore renvoyé à son département. Il avoit cependant présenté à la cour un mémoire apologétique assez spécieux, si les faits qu'il y expose étoient exactement vrais. Ce mémoire est imprimé aujourd'hui sous un titre étranger; il porte: *Lettre d'un subdélégué de la généralité de Guienne, à M. le duc de* ✻✻✻. On ne peut douter que cet ouvrage ne soit celui de M. *Dupré de Saint-*

Maur, par *l'avertissement de l'éditeur*, qui dit : « Je ne puis me persuader que je risque aucu- » nement de compromettre le magistrat qui, » sous un nom emprunté, paroît s'être moins » occupé de sa propre défense, que de celle du » gouvernement. » Par ce mémoire très-violent contre le parlement, & récriminatoire de ses fameuses remontrances dont on a rendu compte, l'auteur prétend dévoiler les motifs d'intérêt & d'animosité qui ont excité les réclamations de cette cour contre une loi sagement établie pour le régime des corvées, suivant laquelle elles se payoient en argent dans une proportion conforme aux impôts, & ceux qui s'étoient soustraits jusques-là, s'y trouvoient assujettis. Une instruction signée du roi, envoyée par M. de *Clugny*, devenu contrôleur-général, à son successeur en 1776, avoit d'abord été le guide de sa conduite. Depuis, cette instruction a été modifiée & convertie en une ordonnance du conseil, du 3 mars 1783, par M. *Joly de Fleury*. Le parlement n'a osé attaquer cette loi ; mais, il a supposé des abus, dont on voit le détail dans la lettre du premier président aux lieutenants-généraux des sénéchaussées de la province, du 31 mars 1784, rapportée à la suite de celle du subdélégué. Du reste, dans un *nota* en *postscriptum*, M. l'intendant ne peut s'empêcher de convenir que le système adopté aujourd'hui par le gouvernement sur la manutention des corvées, ne soit susceptible d'inconvénients ; & il y indique sommairement des remedes.

Ce qui fortifie encore les soupçons contre la bonté du nouveau régime, c'est que dans l'avertissement, on annonce une égale fermentation élevée dans le parlement de Languedoc contre l'administration des corvées.

2 *Décembre*. On parle d'une caricature, imaginée à l'occasion de la guerre. L'empereur, qui en est le principal héros, est au milieu, son épée à moitié tirée ; la Hollande en face, dans l'attitude d'une femme qui se défend ; le lion Belgique est à côté d'elle qui grince les dents, & semble rugir ; la France plus loin braque ses canons ; le roi de Prusse est derriere l'empereur, il le guette, & on le juge disposé à la surprise. Au bas on a écrit ces mots : *Ture lu tu tu rengaines*.

2 *Décembre*. Il n'y avoit autrefois à Bordeaux que de petites affiches très-seches & très-ennuyeuses concernant le commerce, paroissant une ou deux fois par semaine. Deux jeunes gens de cette ville ont imaginé de les convertir en un journal absolument calqué sur celui de Paris, qui se distribue chaque matin sous le titre de *Journal de Guienne*. Il est dédié au maréchal de Mouchy, & a commencé le premier septembre. Il n'est point mal fait, & pourra même, à bien des égards, être plus curieux que celui de Paris, parce que, quoique soumis à un censeur, il sera susceptible de plus de liberté. Il est aussi littéraire, & nous ne pouvons résister au désir d'en citer pour échantillon la fable suivante, petit chef d'œuvre digne de *la Fontaine* ; elle est d'un M. *Dournu*, vicaire de paroisse.

La Corneille & l'Escargot.

Monsieur de l'Escargot, soyez le bien-venu :
Comment êtes-vous donc, lui dit une Corneille,
Monté

Monté sur cet hêtre chenu,
Vous qu'on fouloit aux pieds la veille !
Mon secret, répond-il, n'est pas une merveille ;
C'est en rampant que j'y suis parvenu.

3 *Décembre.* A la derniere assemblée publique de l'académie des inscriptions & belles-lettres, on vit que l'abbé *Arnaud*, l'un de ses membres les plus assidus, manquoit. On dit qu'un chancre horrible le tourmentoit ; on ne sait si c'est une suite de ses débauches ; mais cet homme d'église, un des plus vigoureux champions dans les combats amoureux, vient de succomber. Plus intrigant que littérateur, de rien il étoit parvenu à être abbé commendataire de Grandchamp, l'un des quarante de l'académie Françoise & de celle des inscriptions & belles-lettres, lecteur & bibliothécaire de *Monsieur*, historiographe des ordres de saint Lazare & de Jerusalem. Il prétendoit avoir de grandes connoissances en musique, c'est la matiere sur laquelle il a commencé d'écrire. Du reste, il n'a guere fait que des opuscules.

3 *Décembre.* Dimanche dernier, un jeune homme très-bien mis s'est présenté au lever du roi ; il a fendu la foule des courtisans, s'est jeté aux pieds de sa majesté, & lui a dit : « Sire, » j'implore votre commisération & votre puis- » sance pour me délivrer du démon dont je suis » possédé ; c'est ce coquin de *Mesmer* qui m'a » ensorcelé.... » Tout le monde est resté stupéfait. Le roi seul s'est retourné en riant vers la chapelle, c'est-à-dire vers l'évêque de Senlis & autres aumôniers & chapelains qui étoient là, & leur a dit : « Messieurs, c'est votre affaire ; cette

» bonne œuvre vous regarde. »On craignoit que cet événement ne l'eût effrayé; mais on a bientôt été rassuré par la maniere dont il l'a pris. On s'est emparé du quidam, il s'est trouvé être le fils de M. *Millet*, receveur-général des finances, frere de deux femmes mariées à la cour, entre autres de madame la comtesse de *Moustier*. On l'a jugé fou, & renvoyé à ses parents.

4 *Décembre*. Madame la baronne de *Burman* étoit d'origine fille d'une courtiere de diamants dans la place Dauphine. Elle avoit épousé un petit bijoutier nommé *le Coq*, qui a fait banqueroute, & est mort en Espagne. Devenu femme galante, elle a donné dans les yeux d'un riche Hollandois, de l'ordre équestre, qui l'a épousée, puis s'en est repenti, a voulu faire casser son mariage, & n'ayant pu réussir, a laissé sa femme se livrer à tout son libertinage. Elle est aujourd'hui maîtresse en titre du baron d'*Ogny*, intendant-général des postes; elle a sur-tout en sous-ordre le sieur *Julien* de la comédie italienne, dont la femme a quelquefois porté des plaintes au baron; mais il en est tellement engoué qu'il ne croit rien, & ne peut se passer de cette dame. Il vient d'en marier la fille au comte de *Peysac*, avec des avantages considérables & la plus grande pompe. Cet éclat a beaucoup scandalisé Paris, & donné lieu de rechercher toute l'histoire de sa mere. Elle n'en sera pas moins présentée, n'ira pas moins à Versailles, ne jouira pas moins de tous les honneurs & de toutes les distinctions des femmes de la cour. Le contrat de mariage a été signé par leurs majestés le 21 novembre.

4 *Décembre*. La pédérastie, aujourd'hui le beau vice à la mode, comme la tribaderie parmi les

femmes, a été portée depuis quelque temps à un si haut point de scandale à la cour, que sa majesté vouloit qu'on sévît contre quelques seigneurs pris en flagrant délit. On parle d'une espece de sérail qu'ils avoient établi à Versailles, où se rendoient les bardaches à leur usage. On a représenté au roi que l'éclat d'un châtiment juridique seroit très-dangereux, déshonoreroit d'ailleurs beaucoup de grandes maisons, enfin exciteroit sans doute de plus en plus le goût & la curiosité de ce péché. Le roi en conséquence de ces représentations, s'est contenté d'en exiler quelques-uns. On citoit sur-tout le marquis de Cre***, maître-d'hôtel de Madame; on l'accusoit d'avoir débauché un heiduque de la reine. Comme il est absent depuis deux mois & dans ses terres en Flandre, ce bruit s'est accrédité au point qu'on assure que M. *d'Angiviller*, son ami, lui a écrit qu'il feroit bien de revenir pour détruire, en se montrant, les rumeurs fâcheuses qui se répandoient à son sujet. Cependant il n'est pas encore arrivé.

A ce même sujet, l'on cite un fameux prédicateur de Paris, le pere *Césaire*, carme déchaussé, cousin du pere *Elysée*; on dit qu'on a voulu le perdre dans la Franche-Comté sa patrie, où il est actuellement, & qu'il est accusé de sodomie au parlement de cette province. Il faut attendre des éclaircissements sur cet étrange procès.

4 *Décembre.* Extrait d'une lettre d'Auch, du 25 novembre. Tous les troubles élevés ici au sujet de notre nouvel intendant, M. de *la Chapelle*, dont le régime des corvées avoit été la cause, sont cessés. Nous avons reçu un arrêt du

conseil du 18 octobre, qui ordonne que les officiers municipaux seront tenus d'exécuter dans tous les cas les ordonnances du sieur intendant & commissaire départi ; il les dispense d'une peine portée contre eux par une ordonnance de cet intendant, mais pour cette fois & sans tirer à conséquence. Sa majesté, du reste, se réserve de faire connoître ses intentions sur l'objet des représentations desdits officiers municipaux, ainsi que sur tout ce qui concerne le régime des corvées. Il ordonne en outre que les termes & imputations contenus dans leur mémoire imprimé contre les ingénieurs des ponts & chaussées, seront supprimés comme injurieux & calomnieux.

Le 5 de ce mois M. l'intendant, avant de leur lire cet arrêt mortifiant, l'a adouci par un discours mielleux : il y a fait un pompeux éloge du ministre des finances, dont *la gloire retentit dans toute l'Europe*, & a annoncé que M. de *Calonne* s'occupoit d'un réglement général sur les corvées.

Le maire d'Auch a répondu d'une maniere noble, quoique soumise & respectueuse pour les ordres du roi...

5 *Décembre*. *Chanson* pour le jour de saint François, à une demoiselle que son amant jaloux avoit soustraite à toute son ancienne société.

Air : *De tous les capucins du monde.*

Je voudrois ce soir pour ta fête
Trouver chansonnette en ma tête
Digne de me faire écouter :
Mais, oh ! la maudite barriere !

Quoi ! l'on ne peut plus te chanter
    Qu'à travers la chattiere.

Tu m'inspirerois mieux, sans doute,
Que ma muse mise en déroute
Par les Cerberes de ton fort.
N'importe ! chantons, on peut faire
D'excellentes choses encor
    A travers la chattiere.

De ton sermonneur ridicule,
D'*Orgon* le merveilleux émule,
Pourquoi ne pas rire en effet ?
Et de loin imitant *Moliere*,
Lui conter joliment son fait
    A travers la chattiere.

Toujours s'accroît par la défense
Le doux plaisir de la vengeance,
Et l'esprit en devient plus fin.
De l'amour la jeune écoliere
Ainsi trouve à duper enfin
    A travers la chattiere.

De ton censeur suivant l'exemple,
Sans remords tu pourrois, ce semble,
Lui rendre une bonne leçon.
Crois-moi, tu n'hésiterois guere
Si tu savois combien c'est bon
    A travers la chattiere.

Au reste, qu'il me le pardonne,
Pour son bonheur je le chansonne
S'il profite de mon éveil.
Quoique dure soit la maniere,
Il sort par fois un bon conseil
A travers la chattiere.

5 *Décembre*. Il paroît constant que le pere *Hervier*, prédicateur devenu fameux depuis qu'il s'est mêlé de magnétiser, est interdit par M. l'archevêque de Paris. Il faut cependant beaucoup rabattre de tous les mauvais propos répandus contre ce religieux. On lit dans le journal de Guienne un désaveu formel du comte de *Verthamont*, chez lequel logeoit le pere *Hervier* à Bordeaux, d'une prétendue lettre insérée, sous le nom de ce malade dans la gazette d'Utrecht, suivant laquelle il l'auroit chassé de chez lui. M. de *Verthamont* déclare, au contraire, qu'il s'est très-bien trouvé des soins du révérend pere, qu'il lui a beaucoup d'obligation, &c.

5 *Décembre*. Le principal changement fait par M. *Guillard* au poëme de *Dardanus*, c'est d'avoir fondu ensemble le quatrieme & le cinquieme acte, pour en arranger un d'une longueur démesurée & chargé d'incidents, qui fatiguent le spectateur, bien loin de lui faire paroître l'action plus vive & plus rapide : il a d'ailleurs été très-circonspect dans les autres changemens. Il a si bien senti les reproches qu'on pouvoit lui adresser, qu'il a composé un long avertissement, afin de les prévenir & de s'en justifier. Il y déclare qu'il a consulté avec beaucoup de soin les différentes éditions de cet

opéra, joué pour la premiere fois en 1739, & remis au théâtre en 1744, 1760 & 1768, afin de substituer seulement l'auteur à lui-même, & d'y mettre du sien le moins possible. On juge qu'il en a encore trop mis, ainsi que trop retranché : tort qu'il partage du moins avec le musicien, auquel il voudroit le renvoyer tout entier. Celui-ci en effet auroit dû imiter le chevalier *Gluck* qui, voulant refaire la musique d'*Armide*, a eu soin de conserver les anciennes paroles, & de lutter ainsi corps-à-corps, en quelque sorte, avec *Lully*. Au lieu que M. *Sacchini* semble avoir voulu éluder les points de comparaison avec *Rameau*. Les connoisseurs du reste s'en tiennent, en admirant quelques morceaux, à réprouver l'entreprise, comme ne répondant pas à sa hardiesse.

Les danses en sont la ressource, comme de bien d'autres opéra. Indépendamment d'un passepied d'un genre neuf, & supérieurement exécuté par Mlle. *Guimard* & le sieur *Vestris*, plusieurs autres parties des ballets ont été fort goûtées. Les Dlles. *Saulnier*, *Zacharie* & *l'Anglois* y ont sur-tout brillé. La premiere a la majesté de Mlle. *Heynel* & des graces moins séveres ; la seconde, plus de correction & de naturel, avec non moins de volupté que Mlle. *Guimard* ; enfin, la derniere, absolument nouvelle au théâtre pour la danse haute, à la vigueur & l'aisance de toutes celles qui l'ont précédée, joint déjà plus de noblesse.

Les directeurs actuels du théâtre, voyant le peu de succès de *Dardanus*, se défendent de l'avoir reçu & laissé jouer, sur la haute protection dont la reine honore aujourd'hui M. *Sacchini*.

6 Décembre. Le conseil, depuis la paix, est sur-tout occupé du soin de concilier l'accroissement des cultures des colonies d'Amérique, avec l'extension du commerce général du royaume. Il avoit déjà reconnu nécessaire de tempérer successivement la rigueur primitive des lettres-patentes du mois d'octobre 1727, dont les dispositions écartent absolument l'étranger du commerce des colonies. Il a observé que les circonstances actuelles sollicitoient de nouveaux adoucissements. En conséquence il a rendu un arrêt le 30 août 1784, concernant le commerce étranger dans les isles françoises de l'Amérique, où, en les accordant, il a multiplié encore les ports d'entrepôt au vent & sous le vent, afin de prévenir les abus d'une contrebande destructive, ou de la réprimer avec d'autant plus de sévérité, que les infracteurs en deviendroient plus inexcusables.

6 Décembre. Extrait d'une lettre de Nancy, du 25 novembre. L'affaire du chapitre de Remiremont, à laquelle vous vous intéressez, est finie depuis plus d'un an. Elle a été solemnellement jugée, le 25 octobre 1783, au conseil des dépêches, le roi y étant; les dames opposantes ont été déboutées, & l'élection de madame de *Ferrette* à la dignité de *secrete* a été confirmée; ce qui a donné gain de cause aux dames nieces contre les dames tantes, & tire les premieres de la servitude où celles-ci vouloient les tenir: en un mot, la jeunesse l'a emporté sur la vieillesse; victoire pas toujours conforme à la raison, mais au moins dans l'ordre naturel. Au reste, l'illustration de ce chapitre, la nature des questions qu'on agitoit sur sa constitution, la qualité des parties, l'importance, soit pour l'honorifique, soit pour le temporel, de la dignité qui donnoit lieu à la contestation, & la maniere volumineuse autant que piquante dont les intérêts des parties ont été défendus, tout excitoit la curiosité, & donnoit de relief à ce grand procès.

7 Décembre. C'est aujourd'hui l'évêque de Rennes qu'on prend à tâche, & qu'on assassine de pamphlets. Quoiqu'un nouveau intitulé: *Dialogue entre un abbé & un ami des Bretons, ou petit Catéchisme des Bretons*, paroisse contenir des vues plus patriotiques, on ne peut guere douter que le principal but de l'auteur n'ait été réellement de tourmenter ce prélat. Quoi qu'il en soit, on prétend que ce petit entretien eut effectivement lieu le 12 août dernier. Il roule sur les deux points: *la députation & les octrois municipaux*, qui exciterent tant de troubles aux états derniers; on y déduit très au clair ces deux objets, en sorte qu'ils sont mis à la portée de l'intelligence de chaque membre, qu'il en peut raisonner pertinemment, & sentir la nécessité d'obtenir satisfaction.

Outre l'évêque de Rennes qui revient dans ce pamphlet, on y parle encore du sieur *Parjaud de Montjourdain*, sur le compte duquel on révele plusieurs anecdotes peu sûres, & calomnieuses vraisemblablement. Il y est question aussi d'un autre maltôtier, qui n'est pas nommé.

Ce pamphlet, au reste, est écrit sans prétention au style ou à l'esprit: il est très-court & intéressant dans le moment des états, où l'on agite les matieres que traite l'auteur.

7 Décembre. Il paroît que le gouvernement,

intimidé, en quelque sorte, par l'ordre des patriciens qui semble avoir pris sous sa protection le sieur *Mesmer*, dont beaucoup sont enthousiastes de sa doctrine, n'a osé agir ouvertement contre cette espece de secte, & a pris le parti, au lieu de l'expulser par autorité, de faire tomber sa doctrine, en la couvrant de ridicule. On ne doute pas aujourd'hui que la piece des *Docteurs modernes* n'ait été composée sous ses auspices, & l'on veut qu'elle soit l'ouvrage, au moins en grande partie, de plusieurs médecins ayant le sarcasme à la main, & qui auront guidé leurs prête-noms. On en juge par beaucoup de termes techniques qu'un poëte doit ignorer.

Quoi qu'il en soit, en attendant que la dénonciation ait lieu, quelques plaisants parmi les soutiens du docteur *Mesmer*, ont imaginé de repousser la plaisanterie par la plaisanterie. C'est sans doute l'origine d'une facétie qui se répand depuis deux jours, intitulée: *Extrait des regiſtres de la faculté de médecine de Paris, du premier décembre 1784*. On y parodie les actes de ce corps; on y fait parler le doyen comme alarmé des progrès de la doctrine du *magnétisme animal*, prêt à s'élever sur les débris de la sienne, & l'on cherche les moyens d'en prévenir la ruine. On y tourne en ridicule les rapports combinés de la faculté & de la société; l'ancien doyen *Philips*, auteur du petit poëme de la *Mesmériade*: on y bafoue, & les auteurs des pieces contre le *mesmérisme*, & même les acteurs & les actrices qui les ont jouées. L'abbé *Aubert*, un des journalistes le plus acharné à décrier cette doctrine, est traité avec un mépris souverain. On y exalte au contraire les bons ouvrages faits en sa faveur ; on nous les faits connoître, tels que les *Doutes d'un Provincial*, par M. *Servan*, avocat-général au parlement de Grenoble; les *Observations de M. de Bonnefoy*; les *Lettres de M. le comte de Puységur*; les *Considérations sur le magnétisme animal*, par M. *Bergasse*.

Tel est le fond de ce pamphlet, qui n'est pas sans sel, c'est-à-dire, sans beaucoup de méchanceté.

7 Décembre. Le ballon du sieur *Pilâtre de Rozier*, c'est-à-dire, construit sous ses yeux par MM. *Romain* & *Hemann*, a été emballé ces jours-ci & a dû partir pour Calais, d'où cet intrépide argonaute aérien prétend se rendre en Angleterre. Il est digne rival du sieur *Blanchard*, qui, de son côté, se propose de se rendre à Douvres, & de passer de-là sur le continent. Il faut voir qui des deux tiendra parole, & réussira le mieux. En attendant, le premier décembre le charlatan *Pilâtre* a ouvert son musée dans les nouveaux bâtiments du Palais-Royal avec beaucoup d'appareil, &, entr'autres choses, avec une illumination en feux de couleur. Deux illustres personnages ont bien voulu se prêter au spectacle, & l'on a vu dans l'assemblée M. de *Suffren* couronner le buste de M. de *Buffon*.

Madame *Saint-Huberty* devoit chanter une espece d'hymne d'inauguration en l'honneur de l'historien de la nature, mais les dames n'ayant pas voulu admettre cette actrice dans leur cercle, elle s'est piquée, & n'a point chanté. C'est un musicien de Notre-Dame qui l'a remplacée avec beaucoup de goût. Quant au poëme, il étoit médiocre.

8 Décembre. Les calembours ne tarissent point

sur le compte de M. le duc de *Chartres*, à l'occasion des nouvelles boutiques qu'il fait construire; on dit qu'il est devenu *prévôt des marchands*; on dit qu'il ne loge plus au Palais-Royal, mais au *Palais Marchand*: au surplus, le coup d'œil de ces barraques arrangées uniformément est assez joli, mais donne de plus en plus à ce lieu l'air d'une foire, peu noble pour la demeure d'un grand prince.

Une autre amusette attire aujourd'hui les badauds dans le jardin, lorsque le temps le permet. Il faut se rappeller que dans le *prospectus* du plan moderne de son palais, M. le duc de *Chartres*, afin d'adoucir les regrets des amateurs, promettoit de leur rendre la jouissance même de ce méridien qui attiroit tant de monde à l'heure de midi. Il a tenu parole, & a enchéri; car, outre le méridien, il a fait pratiquer dans la ligne véritable, une petite chambre qu'on remplit de poudre, ce qui forme explosion dès que le soleil y frappe, & avertit, non-seulement les promeneurs, mais tout le quartier, que le soleil est au milieu de son cours.

8 *Décembre*. On se rappelle ce billet plaisant: « le martyr *Beaumarchais* est venu voir la » vierge *Target*, » qui a été l'époque de la liaison de ces deux personnages. Depuis, ils sont restés ce qu'on appelle *amis* dans le monde, c'est-à-dire qu'ils se voient fréquemment, qu'ils boivent & mangent ensemble. Ils n'en sont pas moins très-opposés de caractere, de mœurs, de façon de penser, d'agir. Me. *Target* ne sait pas moins à quoi s'en tenir sur le compte de cet ami prétendu, il n'en a pas plus d'estime pour lui. C'est ce que prouve un mot piquant,

lequel lui est échappé derniérement chez le sieur de *Beaumarchais* même, où il dînoit. Il étoit question de la pompe à feu ; l'amphitrion qui est un des actionnaires, exaltoit beaucoup cette entreprise ; il disoit que ce projet national feroit infiniment d'honneur à ses auteurs, qu'il en parloit toujours avec enthousiasme : « Vraiment, je le » crois bien, » lui répond Me. *Target* : « *c'est* » *votre baptême*. » Le sieur *de Beaumarchais* qui sent la morsure, rompt la conversation, parle d'autre chose, & cherche à étouffer ce sarcasme sanglant qui n'a pas été perdu pour tout le monde.

8 Décembre. M. le baron de *Breteuil* continue à s'occuper beaucoup de la partie de son département qui concerne les lettres de cachet. On vante une lettre qu'il a écrite sur ce sujet aux intendants des provinces de son département, pleine de sages instructions, bien digne de servir de modele aux autres secrétaires d'état, en pareille circonstance.

9 Décembre. On ne cesse d'imaginer de nouvelles inscriptions pour la pompe à feu, sans qu'aucune ait encore paru satisfaisante. Voici la derniere connue, d'un M. de *Bansiere* :

Imperat hic, LODOIX *Vulcano, civibus undas*
Mittere ; vix loquitur, flumen ubique ruit.

« Le roi ordonne à Vulcain de fournir de » l'eau à ses sujets ; à peine le monarque a-t-il » parlé, que la Seine se répand par-tout. »

9 Décembre. Mlle *Beaumesnil*, après avoir brillé au théâtre comme actrice, voudroit obtenir un rang parmi les compositeurs en musique, on a vu qu'elle avoit déjà composé un petit acte d'opéra; hier elle a osé se produire au concert spirituel. Elle a fait exécuter un nouvel *oratorio*, intitulé: *les Israélites poursuivis par Pharaon*, sujet propre à fournir matiere à une grande, forte et savante armonie. Cet ouvrage a produit assez de sensation, pour qu'on le fasse entendre une seconde fois au public.

9 Décembre. Une anecdote du séjour du comte d'*Oels* à Paris, qui n'a pas causé autant de bruit qu'elle auroit dû, & ne se répand que peu-à-peu, n'en mérite pas moins d'être conservée, & l'on va la consigner ici. Le prince ayant demandé à un enfant s'il n'étoit pas venu dans un œuf, l'écolier lui adressa le quatrain suivant:

>Ma naissance n'eut rien de neuf,
>J'ai suivi la commune regle;
>C'est vous qui vîntes dans un œuf,
>Car vous êtes un aigle.

10 *Décembre. La lettre de M. le baron de Breteuil aux intendants des provinces de son département, au sujet des lettres de cachet & ordres de détention*, est datée du 15 octobre dernier. Il les invite d'abord à vérifier l'état de tous les prisonniers renfermés extrajudiciairement dans leur département respectif, à discuter les causes de leur détention, & à ne pas tarder de lui marquer les noms de ceux qu'ils estiment devoir être élargis. En convenant qu'il y a des exceptions à faire souvent, il leur prescrit les regles d'après lesquelles ils peuvent & doivent

se déterminer, soit pour demander l'élargissement des prisonniers, soit pour continuer leur captivité, soit pour se décider à l'avenir sur les fautes, crimes ou circonstances qui exigeront des lettres de cachet.

Le ministre divise en trois classes les personnes à renfermer de cette maniere. 1. Celles dont l'esprit est aliéné. 2. Celles qui, sans avoir troublé l'ordre public par des délits, sans avoir rien fait qui ait pu les exposer à la sévérité des peines prononcées par la loi, se sont livrées à l'excès du libertinage, de la débauche & de la dissipation. 3. Enfin celles qui ont commis des actes de violence, des excès, des délits ou ces crimes qui intéressent l'ordre & la sureté publique, & que la justice, si elle en eût pris connoissance, eût punies par des peines afflictives & déshonorantes pour les familles.

Tels sont les cas différents où M. le baron de *Breteuil* estime qu'on peut demander des lettres de cachet; mais il prescrit en même temps les regles qu'il faut observer dans l'examen & le jugement de ces cas. Tout ce qu'il dit à ce sujet, est très-sage, & il entre dans des détails qui ne permettent pas aux commissaires départis de se tromper, du moins moralement parlant. Cette lettre fort longue, respire dans tout son contenu, autant l'amour de l'humanité que l'amour de la justice & de l'ordre; elle est écrite avec beaucoup de méthode & de clarté. Le style en est simple & noble, l'on peut la regarder comme un petit traité sur une matiere si importante & si peu approfondie jusqu'à présent; qui sembloit n'être soumise qu'aux caprices du despotisme ou aux passions des dispensateurs des ordres illégaux du roi.

11 *Décembre*. Le sieur *Compere Laubier*, négociant d'Oléron, a présenté, il a quelque temps, au maréchal de *Castries*, ministre de la marine, un plan dont l'objet est d'indiquer aux navigateurs, par le moyen de balises, les parties de la côte, de cette isle où, dans un cas de naufrage, on peut sauver les équipages, les cargaisons & quelquefois les navires. M. de *Castries* en a ressenti toute l'utilité, il en a ordonné l'exécution sur le terrain, ainsi que la gravure & l'impression du plan, représentant les positions des balises, dans les différentes anses. Mais on ne dit point quelle récompense a reçu l'auteur patriotique, ou même s'il a été question de le récompenser.

11 *Décembre*. Le docteur *Jussieu* avoit été nommé dans le principe, c'est-à-dire le 5 avril dernier, l'un des commissaires de la société royale de médecine, pour examiner la doctine, les procédés & les effets du magnétisme animal pratiqué par M. *Deslon*. Il paroît que, pensant différemment, il s'est bientôt détaché de ses confreres, & pour justifier cette démarche, il a fait imprimer séparément son examen sous le titre de *Rapport de l'un des commissaires chargés par le roi de l'examen du magnétisme animal*. Il l'a daté de Paris le 12 septembre 1784.

Il reproche à ses confreres d'avoir porté un jugement simple sur quelques faits isolés, & de n'avoir point donné un exposé méthodique de faits nombreux & variés, propres à éclaircir la question, à éclairer le gouvernement & le public, & à déterminer l'opinion de l'un & de l'autre.

Quant à lui, il range les faits dont il a été témoin dans quatre classes : 1. Les faits généraux

& positifs, dont on peut rigoureusement déterminer la vraie cause: 2. Les faits négatifs qui constatent seulement la non-action du fluide contesté: 3. Les faits, soit positifs, soit négatifs, attribués à la seule imagination: 4. Les faits positifs qui paroissent exiger un autre agent.

Ce dernier ordre seul indique l'opinion de M. de *Jussieu*, qui admet quelquefois un agent, dans son ouvrage écrit avec beaucoup de méthode, de clarté & de noblesse. Il donne en même temps aux Mesméristes d'excellents avis sur la maniere de soutenir, de faire valoir & de démontrer leur doctrine; mais il réprouve le charlatanisme & le mystere dont ils l'enveloppent. Il leur apprend que tout médecin peut suivre les méthodes qu'il croit avantageuses pour le traitement des maladies, mais sous la condition de publier ses moyens, lorsqu'ils sont nouveaux, ou opposés à la pratique ordinaire. Il convient au reste qu'il faut proscrire tout traitement dont les procédés ne seront pas connus par une prompte publication. Ainsi en derniere analyse, il ne nie, il ne proscrit pas le magnétisme, mais il décrie la maniere secrete dont on l'emploie, & les abus du procédé & de la manipulation.

12 *Décembre*. Un abonné du Journal de Paris, dans une lettre datée de Caronge en Normandie, le 23 novembre 1784, propose un prix pour la meilleure nourrice choisie parmi celles qui auront fait au moins cinq nourritures pour Paris. Chacun des cinq nourrissons aura dû être allaité au moins dix mois, & rapporté à Paris en bon état, & la nourrice ne pourra prétendre au prix que dans le cas où elle se

présentera en état, & dans la disposition de prendre un sixieme enfant. Le résultat de ces conditions, calcul fait, & que la nourrice qui remportera le prix, aura donné au moins trois enfants à l'état.

Le prix consistera en une petite médaille d'or du prix de trente-six francs, sur laquelle on gravera ces mots: *Prix d'allaitement donné à la nommée..... de la paroisse de..... pour la récompenser des soins qu'elle a pris de cinq nourrissons de Paris, qu'elle a allaités & rendus en bon état à leurs parents.*

L'auteur désireroit pouvoir fonder vingt prix pareils, qui est le nombre à-peu-près des Provinces fournissant des nourrices à Paris. Il estime que cette dépense ne passeroit pas quinze cents livres par an.

En attendant que ce projet se réalise en grand, il envoie soixante & douze livres aux journalistes de Paris. C'est Mad. d'*Hamecourt*, directrice du bureau des recommanderesses qu'il prie de se charger de l'acquisition des effets & de la distribution.

Voilà le moment où le sieur de *Beaumarchais* doit se montrer & concourir au projet dont il a fourni la premiere idée.

12 *Décembre.* La prétention de M. le duc de *Penthievre*, est d'être assimilé à tout aux princes du sang, suivant la volonté de *Louis* XIV, dans son édit enrégistré en lit de justice, en faveur des princes légitimés. Le parlement qui ne reconnoît point cet édit, refuse à ce prince les honneurs qu'il exige : en conséquence il ne s'y trouve jamais. La même difficulté auroit recommencé, si le parlement eût accordé au comte

d'*Arcq* la demande qu'il formoit, que le duc de *Penthievre*, dans le procès qu'il a intenté contre son altesse sérénissime, fût interrogé sur faits & articles; le duc de *Penthievre* eût désiré que deux conseillers de la cour se transportassent dans son palais pour y recevoir ses réponses.

Le parlement n'a pas voulu le mortifier en lui refusant cette prérogative, il n'a pas non plus osé dénier tout-à-fait justice au réclamant : il pris la tournure d'éluder sa demande, en ordonnant, comme on a vu, que le comte d'*Arcq* seroit tenu de se retirer pardevers le roi. Il se flatte que ce personnage décrié n'obtiendra rien à Versailles, & mourra avant que le procès finisse.

13 *Décembre*. Le second pamphlet dont on a parlé en faveur du Mémérisme, a été distribué à la comédie italienne, le dimanche 5 décembre. On a jeté des paquets du cintre, avant que le spectacle commençât. On jouoit ce jour là *les Docteurs modernes*, & l'on conçoit que la sensation dût en devenir plus grande. Le premier avoit été distribué de même. On continue de l'attribuer à M. d'*Eprémesnil*, ainsi que le nouveau. On attend avec impatience la rentrée des enquêtes, qui n'a lieu que le quinze de ce mois, pour savoir si la dénonciation que se proposoit le magistrat, aura lieu.

14 *Décembre*. Une espèce d'épigramme qui court le monde, intitulée *les Modes*, excite une grande fermentation parmi le beau sexe, qui dévoue son auteur, M. *Hoffman*, aux dieux infernaux; car celui-ci n'a pas craint de se nommer. C'est le poëte des petites affiches, qui les alimente

souvent de ses pieces légeres, boutades, caprices, &c. Voici l'épigramme. Il faut se rappeller le monstre imaginaire des Indes, dont on a donné la description, & qu'on a dit ressembler beaucoup aux harpies de la fable.

A Malbrough on vit succéder
Ce Figan que l'on admire ;
Figan, las de commander,
A son tour va quitter l'empire,
Qu'à la *Harpie* il va céder.
A la Hapié on va tout faire,
Rubans, lévites & bonnets ;
Mesdames, votre goût s'éclaire,
Vous quittez les colifichets
Pour des habits de caractere.

14 *Décembre*. M. de *Segur*, ministre actuel de la guerre, bien différent de ses prédécesseurs qui vouloient détruire le beau monument des invalides, ne s'occupe que de son utilité, de son embellissement & de sa décoration. On a déjà rapporté ce qui s'étoit fait à cet égard par ses ordres, & ce qui se faisoit encore aujourd'hui ; c'est une superbe horloge qu'on y va voir. Elle est du *le paute* cadet, qui soutient l'honneur de ce nom fameux, & partage aujourd'hui la gloire de son frere, dans une carriere que celui-ci a singuliérement agrandie. Le volume de cette machine n'est que d'un sixieme de celle de l'hôtel-de-ville dont on a parlé, pour laquelle il a eu ce singulier procès. Ce n'en est pas moins un chef-d'œuvre aussi par-

fait. Les connoisseurs en ce genre d'orlogerie, y admirent tout à la fois la simplicité dans les moyens, la certitude dans la théorie, & le fini dans l'exécution. Elle est à équation, c'est-à-dire qu'elle indique constamment les heures solaires : par un méchanisme unique, elle sonne les heures, les quarts & les avant-quarts : tous ces effets se produisent sans augmentation de poids, & sans aucun obstacle pour la régularité & l'uniformité du mouvement.

14 *Décembre*. L'institution patriotique formée depuis trois ans par M. l'évêque de Castres, pour l'instruction des femmes en couche dans son diocèse, continue avec le plus grand succès. Au dernier concours qui a fini le vingt-trois novembre, par la distribution des prix ; le nombre des élèves distingués entre les sages-femmes, a été tel qu'il a fallu partager presque tous les prix.

Les diocèses limitrophes de St. Pons, St. Papoul & de Carcassonne, y avoient envoyé leurs sages-femmes

M. l'archevêque de Toulouse, frappé de cet exemple, a appellé cette année pour instruire les sages-femmes de son diocèse, le sieur *Jaert* chirurgien-professeur de l'école des Castres, & ce prélat en a été si content, qu'il se propose de l'appeller tous les ans.

14 *Décembre* On a dû juger par la maniere dont la chambre des comptes s'étoit radoucie en faveur de M. *Saussaye*, ce receveur des impositions si grièvement diffamé par son commis, que son innocence commençoit à percer. Depuis, par un arrêt du 4 de mois, cette cour a déclaré les imputations du sieur *du Pasquier*, fausses &

calomnieuses, & a réhabilité entiérement cet honnête citoyen.

L'ordre des avocats est actuellement occupé de la punition d'un jeune avocat qui a signé le dernier *factum* publié contre M. Sauſſaye.

15 *Décembre*. Lors de la séance publique de l'académie françoise, tenue le jour de la Saint-Louis derniere, on n'a fait qu'annoncer la remise du prix destiné au meilleur traité élémentaire de morale. Cet article mérite qu'on y joigne quelques détails qu'on a su depuis.

L'étendue & le nombre des ouvrages qui occuperent la séance, ne permirent pas à M. *Marmontel*, en sa qualité de secretaire perpétuel, de lire un morceau qu'il avoit composé pour avertir les candidats de l'extrême difficulté du sujet, & de l'attention qu'il exigeoit : il y développoit les deux conditions à remplir, selon l'énoncé du Programme, & que l'ouvrage soit élémentaire, & soit en même temps l'extrait, & comme la substance d'un traité de morale. Il les tournoit & retournoit dans tous les sens, les présentoit sous toutes les faces, & finissoit par faire entendre aux concurrents, afin de ranimer leur émulation peut-être découragée, que ce n'est pas seulement une médaille d'or, mais une très-grande réputation qui attend l'écrivain philosophe de qui l'académie ou plutôt notre siecle aura reçu ce beau présent.

M. *Marmontel* annonçoit en outre que l'auteur d'un traité mis au concours, & que l'académie avoit jugé digne d'une mention honorable, l'avoit très-bien senti ; que ce traité dont le titre est *les Devoirs de l'homme & du citoyen*, encore imparfait, n'étoit pas de nature à obtenir le prix, & que ce n'étoit pas même l'intention de son auteur ; mais qu'il étoit le travail préliminaire, la premiere élaboration de ces idées principales qui doivent en substance former l'ouvrage élémentaire.

On devoit en même temps faire part à l'assemblée de quelques morceaux du livre. La durée de la séance trop courte, quoique très-longue, ne l'a pas permis.

M. de *la Cretelle*, avocat, se déclare aujourd'hui pour l'auteur du livre, & conséquemment renonce à concourir. Un engagement qu'il a contracté pour le *Dictionnaire de morale de la nouvelle Encyclopédie*, ne lui permet pas de s'amuser à cette bagatelle ; mais comme il n'a pas voulu perdre le léger grain d'encens qui lui venoit d'une main aussi flatteuse que celle du secretaire de l'academie, il a demandé à M. *Marmontel* la permission de livrer son discours à l'impression. Celui-ci a été fort aise aussi de faire sortir de son porte-feuille ce morceau précieux. Il est imprimé dans le *Mercure* du 11 de ce mois, & c'est un parfait modele de galimathias.

15 Décembre. La vente des tableaux de M. le comte de *Vaudreuil* s'est effectuée en deux séances, & a rendu 300,000 livres ; les principaux dont le prix est à conserver, ont monté aux sommes suivantes :

Le Pietro de *Cortonne*. . . 35,000 liv.
La femme de *Rubens*. . . 20,000
L'Adrien de *van der Velde*. . 19,000
La Vendeuse de pommes de *Gérard Douw*. 19,000
Les deux *van Huissem*. . . 16,000
Deux petits *Rembrants*. . . 15,000

Trois Vaches de *Paul Poter*. . . 15,000
Le Président *Richardot* de *van Keh*. 14,800
Enfin, un tableau du *Guerchin*. 12,000

La plupart de ces tableaux ont été achetés pour le roi.

Les huit *Vernet* que l'on mit à 68,000 livres, n'ont point rencontré d'acheteur, parce qu'ils ne conviennent qu'à un prince ou à un quelqu'un qui auroit une grande galerie en tableaux : ils sont trop grands pour un simple cabinet d'amateur.

15 *Décembre*. Extrait d'une lettre de Philadelphie, du 10 octobre.... Le dix-huit septembre. Sir *Henri Laurens* a présenté au général *Waynes*, une médaille d'or frappée en France, que le Congrès avoit voté en 1779, pour ce général. D'un côté de la médaille, l'on voyoit le fort Anglois de Stoni-point, avec cette légende : *Aggeres, Paludes, hostes victi.* A l'exergue on lit : *Stoni-point expug.* XV. jul. M.DCC.LXXIX.

Sur le revers de la médaille, est un guerrier Américain assis sur une redoute angloise, tenant son épée à la main, & ayant à ses pieds un drapeau anglois avec cette légende: *virtutis & audacia monumentum & præmium.*

D'après la lettre ci-dessus, il y a grande apparence que cette médaille est la même commandée à M. *Duvivier* de l'académie de peinture, graveur-général des monnoies de France & des médailles du roi, dont on trouve l'annonce dans le catalogue du Salon de 1779, sous ce titre : *Médaille ordonnée par les Etats-unies de l'Amérique, à l'honneur de M. le chevalier de Fleury, pour s'être distingué à la prise de Stoni-point,*

en

en 1779. La Gazette dans le temps, a fait mention de cet honneur reçu par le François.

16 *Décembre*. La secte du magnétisme établie à Paris sous le nom de *société de l'harmonie*, sous la présidence du docteur *Mesmer*, son chef & son fondateur, ne se décourage ni par les persécutions qu'elle éprouve, ni même par le ridicule qu'on verse si abondamment & si constamment sur elle. Elle ne s'en propage qu'avec plus de zele. C'est ainsi qu'elle vient de former une colonie helvétique. M. *Langhans*, docteur en médecine de Berne, est autorisé par elle à fonder une autre société pour la Suisse, au nombre de soixante membres selon la forme & les constitutions de celle de Paris.

16 *Décembre*. Les colpoteurs annonçoient depuis quelques jours avec un grand mystere, un livre fort piquant par son titre: *le livre fait par force, ou le mystificateur mystifié & corrigé par un Persiffleur persifflé*. Il perce & l'on ne peut le lire, c'est le plus parfait galimathias qui ait jamais été composé. Il est inconcevable qu'un homme ait pu avoir cette patience, & il n'y auroit en effet que le motif de contrainte & de violence qui pourroit justifier une entreprise aussi plate & aussi bête. Il contient pourtant près de 300 pages sans notes, & dont plusieurs d'un caractere très-serré. S'il y a une clef, il faut être bien fin pour la deviner; & il ne mérite nullement qu'on s'en donne la peine. *Verba & voces, prætereaque nihil*, auroit dû être sa véritable épigraphe. Par une espece de dédicace qui est à la tête, datée du 30 août, on juge que cet ouvrage est tout neuf. Il est précédé d'une estampe qui vaut mieux que son contenu en entier.

Tome XXVII.   D

On y voit le pauvre auteur qui a l'air d'un écolier assis devant son bureau, une plume à la main; deux masques lui mettent le pistolet sur la gorge, & une sorte de magistrat derriere lui, fort attentif, semble attendre sa réponse pour prononcer son arrêt. On lit au bas : *faites-nous un livre, ou nous allons vous casser la tête.*

16 *Décembre*. *Extrait d'une lettre de Rennes, du 8 décembre*. Les Etats se soutiennent avec la même tranquillité. Nos députés, à ce qu'on croit savoir, ont obtenu les deux objets qu'ils demandoient.

Les tables sont aussi rétablies. Il faut se rappeller qu'elles avoient été supprimées par un arrêt du conseil, du 29 mars 1776. Il y a cependant eu dans l'ordre de la noblesse des difficultés à cet égard. Mais l'avis pour le rétablissement a passé à la pluralité de deux cents dix-neuf voix contre cinquante-neuf. Il a été principalement motivé sur ce que cette suppression n'a point tourné au soulagement désiré.

Une autre difficulté s'étoit élevée précédemment à l'occasion de la lettre que le roi est dans l'usage d'écrire aux états mêmes pour leur témoigner sa satisfaction du don gratuit. Lorsqu'on l'a demandée à M. de *Montmorin*, il a répondu que ce ne pouvoit être qu'un oubli. On l'a supplié d'interposer ses bons offices pour en avoir une directe. On lui a déclaré que Louis XVI seroit le premier monarque qui n'eût pas rempli cette formalité. Je ne doute pas que cela ne soit fait.

17 *Décembre*. Rien de plus dangereux pour un poëte qui veut débuter dans la carriere drama-

tique, que d'essayer ses pieces sur un théâtre de société. Les spectateurs disposés favorablement, exagerent toujours les beautés qu'ils croient voir, & dissimulent les défauts : il ne peut ainsi se corriger, & son amour-propre en acquiert une confiance funeste. C'est ce qui vient d'arriver à l'auteur de l'*Avare cru bienfaisant*, comédie nouvelle en cinq actes & en vers, dont la premiere représentation a été donnée avant-hier. Les amis du poëte qui l'avoient vu jouer à la campagne, assuroient que la piece leur avoit paru délicieuse; & le public l'a trouvée détestable, pleine de défauts, à commencer par le titre qui n'est point du tout rempli, par le principal caractere qui n'est point fait. Sans entrer dans aucun détail qu'elle ne mérite pas, il suffit d'observer qu'il n'y a dans cette production ni assez d'intérêt pour la constituer drame, ni assez de gaieté ou de piquant pour l'appeller comédie; que c'est un monstre qu'on ne sait dans quelle classe ranger : le style même n'en a rien d'agréable, & nulle part ne rachete le fond.

Le pere de l'ouvrage est un M. *Desfaucherayes*, fils d'un feu procureur au parlement, nommé Brousse. Il a de la fortune, & n'est heureusement point dans le cas de travailler par nécessité. Ce qui l'a fait juger plus sévèrement, c'est qu'il est fort présomptueux, fort critique, & qu'aux premieres représentations du *Jaloux* de M. *Rochon de Chabannes*, il se déchaînoit contre la piece avec autant d'indécence que de mauvais goût.

17 Décembre. La suite périodique des *Mémoires Secrets*, &c. connus sous le nom de *Bachaumont*, ne paroît guere ici que depuis la Saint-Martin :

elle forme les volumes 22, 23 & 24 de cette collection. Ils embrassent toute l'année 1783. Ils ne sont pas moins intéressants que les précédents. On y trouve d'excellents détails concernant les assemblées parlementaires de Paris & d'autres villes, concernant la faillite momentanée de la caisse d'escompte, concernant la cour & les ministres, de petites pieces de vers rares & curieuses, ou nouvelles absolument; en un mot, on y trouve de plus en plus cette variété étonnante de faits & d'anecdotes qui doivent contribuer à en augmenter le débit, en ce qu'ils offrent de quoi contenter tous les goûts & toutes les classes de lecteurs.

(Cet article est tiré d'une gazette manuscrite très-accréditée dans Paris, dans les provinces, & même chez l'étranger.)

18 *Décembre*. M. *Servant*, ancien avocat-général au parlement de Grenoble, après avoir instruit la magistrature par des ouvrages profonds & remplis d'humanité sur la législation, principalement à l'égard des criminels, s'est amusé dans son loisir à défendre le mesmérisme, auquel il croit avoir l'obligation d'éprouver dans ses maux un soulagement qu'il avoit inutilement cherché chez la médecine. Le livre dont il s'agit est anonyme, mais tout le monde l'en dit auteur. Il est en forme de *Doutes d'un Provincial, proposés à MM. les commissaires par le roi de l'examen du magnétisme animal.* Sous ce titre modeste, M. *Servant* releve avec la plus grande étendue toutes les bévues que les mesméristes reprochent aux commissaires. Indépendamment de l'excellente logique dont est soutenu l'ouvrage, il y regne une gaieté, une

plaisanterie continue, qui en rend la lecture très-agréable. On ne peut mieux le comparer dans son genre qu'aux *dialogues de l'abbé Galliani sur les bleds*, qui eurent tant de vogue autrefois, en ce qu'ils mettoient la matière à la portée de tout le monde, même des gens les plus frivoles & des femmes. Le nouvel ouvrage est dans le même cas, & ramene beaucoup de monde du côté de *Mesmer*; car les François aiment toujours à rire, & donnent ordinairement gain de cause à celui qui sait les amuser le plus.

18 *Décembre*. M. de *la Blancherie* a si bien intrigué, qu'il vient encore de se relever de sa nouvelle interdiction : son salon de correspondance doit se rouvrir au mois de janvier prochain, & il en sera toujours le chef sous le titre imposant d'*agent général de correspondance pour les sciences & les arts*. Malheureusement M. *Pilâtre de Rozier* lui a fait grand tort ; il a furieusement envahi, durant la suspension de ce rival, dans ses domaines & dans sa recette ; il compte en ce moment pour 40,000 livres de souscriptions.

19 *Décembre*. *Le vol plus haut, ou l'Espion des principaux théâtres de la capitale, contenant une histoire abrégée des acteurs & actrices de ces mêmes théâtres, enrichie d'observations philosophiques & d'anecdotes récréatives.* Ce titre de la brochure dont on a parlé vaguement, n'est pas encore entiérement exécuté. Outre un avis de l'éditeur, une préface, une postface, & autres accessoires de remplissage de cette espece, il n'y est question que du concert spirituel & de l'opéra. Rien de plus mal fait que cette rapsodie, qui

pourroit être charmante en d'autres mains & avec un autre style. Les bonnes choses qu'on y trouve, sont des lambeaux pillés de *l'Espion Anglois*, des *Mémoires Secrets*, des *Mémoires de l'abbé Terrai*, de *la Gazette littéraire de l'Europe*, &c. Tout mal fait que soit cet ouvrage, on ne doute pas qu'il ne soit couru par les filles & les libertins, ce qui suffit pour lui donner de la vogue ; ils attendent la suite concernant la comédie françoise & la comédie italienne avec grande impatience ; mais il est bien à craindre qu'elle ne soit pas meilleure.

19 *Décembre*. Voilà le moment venu de l'élection du successeur de M. de *Pompignan*. Il y avoit beaucoup de concurrents sur les rangs. On en désignoit sept principaux : M. l'ancien évêque de Senez, marquis de *Chimene*, marquis de *Lievre*, *Sauvigny*, abbé *Maury*, *Target* avocat, & comte de *Florian*. On étoit sur-tout étonné de voir parmi les concurrents Me. *Target*, qui cependant est un des plus accrédités. On sait aujourd'hui que le jeudi 16, c'est l'abbé *Maury* qui l'a emporté. Les brigues vont recommencer pour la seconde place qui reste vuide.

20 *Décembre*. M. l'abbé *Giraud - Soulavie*, prêtre du diocese de Viviers, est un jeune physicien, auteur d'un ouvrage intitulé : *l'Histoire naturelle de la France méridionale*. Ce livre, ancien déjà, fut, à son origine, accueilli par l'académie des sciences ; il obtint son approbation ; & comme sa majesté a concédé à cette compagnie la permission de publier en son nom ses propres ouvrages & ceux qu'elle adopteroit, elle permit à l'auteur de jouir de son privilege. L'académie des inscriptions & belles-lettres, qui

avoit proposé aux savants & aux naturalistes des recherches sur les antiques limites de nos mers, honora celui-ci du titre de son correspondant. Les académies de Marseille, Dijon, Pau, la Rochelle, Châlons, Metz, Nîmes, Angers se l'associerent. Un censeur royal, nommé par l'administration, examina le livre de nouveau. On reconnut son utilité & son orthodoxie authentiquement & légalement. Le souverain, après une discussion ultérieure faite par ordre du ministre, daigna en agréer l'hommage.

Cependant un M. *Barruel*, prêtre du même diocèse, l'un des auteurs de *l'Année Littéraire*, après avoir été l'ami & le confident de son confrere l'abbé *Soulavie*, l'a attaqué comme un hérétique, un impie & un athée ; il a porté sa premiere accusation contre lui dans une espece de journal périodique répandu en Vivarais, leur patrie commune, sous le titre des *Helviennes*, destiné spécialement, ce semble, à défendre la religion contre les livres hétérodoxes. Non content de cette premiere escarmouche, il lui a livré un combat plus direct & plus en regle dans un pamphlet *ad hoc*, qu'il a nommé dérisoirement, *Genese selon M. Soulavie*, où, entr'autres choses, il lui fait un crime d'avoir observé dans les montagnes du Vivarais des couches de coquillages pétrifiées, avant les couches de plantes pétrifiées, tandis que *Moyse* dit les coquilles créées après les plantes ; & il part de-là pour le dénoncer à la Sorbonne comme un philosophe audacieux digne de la censure, pour lui prodiguer les qualifications les plus injurieuses & les plus atroces.

M. *Barruel* a si bien fait, il s'est tellement

acharné contre M. l'abbé *Soulavie*, qu'il est parvenu à l'empêcher d'avoir un canonicat de Viviers, d'avoir des lettres de grand-vicaire, de prêcher devant le roi un sermon agréé, qu'il a fait suspendre les bienfaits du clergé envers ce membre si estimé, & qu'il est parvenu, sinon à le perdre tout à-fait, au moins à le mettre dans le cas de se justifier.

La patience de M. l'abbé *Soulavie* s'est lassée enfin, & il a attaqué au criminel son calomniateur. L'affaire est actuellement en instance au châtelet, & commence à faire du bruit; elle en fera sans doute beaucoup plus lorsqu'elle sera plaidée.

20 *Décembre*. On peut se rappeller la Garre, dont il fut beaucoup question il y a quinze ans, pour mettre durant l'hiver les bâtiments & marchandises de la riviere à l'abri des glaces & des débâcles. On en avoit commencé une; elle avoit déjà coûté des dépenses énormes; mais le parlement n'y ayant pas donné son attache, ayant même fait des représentations à cet égard, les travaux sont restés suspendus depuis cette époque, & les avances ont été absolument perdues. Cependant on sent de plus en plus la nécessité d'une garre. Il s'agit aujourd'hui d'en construire une autre; l'académie d'architecture a été consultée là-dessus, & elle tient aujourd'hui une assemblée solemnelle, où la matiere doit être fort agitée. Elle s'en occupe beaucoup depuis sa rentrée.

21 *Décembre*. Un chevalier des dames, d'autant plus généreux qu'il ne se nomme pas, a

pris en main leur cause contre M. *Hoffman*, & a fait à sa piece des Modes la réponse suivante :

> *La Harpie* est un mauvais choix ;
> Passons sur ce léger caprice ;
> Mais dans ses modes quelquefois,
> Le sexe se rend mieux justice,
> En suivant de plus dignes loix.
> Mesdames, j'ai vu sur vos têtes
> Les attributs de nos guerriers ;
> On peut bien porter leurs lauriers,
> Quand on fait, comme eux, des conquêtes.

On voit que le poëte fait allusion aux plumes dont nos jolies femmes continuent à se panacher.

21 *Décembre*. M. *Sefman Calmer* étoit un juif riche, qui avoit acheté le duché de Chaulnes, étoit seigneur de la vidamie d'Amiens, & avoit eu un procès contre l'évêque de cette ville, refusant d'agréer des bénéficiers, auxquels il avoit donné sa collation comme seigneur : le prélat a perdu dans le temps.

Ce *Calmer* avoit de jolies filles, qui lui attiroient beaucoup de monde ; on croit même qu'il en a marié une à un baron catholique. Quoi qu'il en soit, lui & ses filles vivoient beaucoup avec les chrétiens : il avoit eu aussi de grandes relations chez madame la comtesse *Dubarri*, il en avoit encore à la cour, & tout récemment avoit vendu le duché de Chaulnes à M. le comte d'*Artois*. Il est mort le 7 de ce mois subitement & sans avoir fait abjuration, de maniere qu'il a été transporté à la Villette, où est le cimetiere des juifs. Les rabins, indignés contre ce mauvais disciple de la loi, avoient devancé le convoi, & lui ont refusé leurs prieres & la sépulture. Il a fallu que le commissaire chargé de ce département se transportât sur le lieu, dressât procès-verbal de leur résistance, menaçât d'avoir recours à l'autorité, & de prendre main-forte. On voit par-là que le fanatisme est de toutes les religions.

21 *Décembre.* Suivant l'usage, il court vers la fin de cette année un vaudeville sur la cour, les ministres, les événements & anecdotes du jour.

22 *Décembre.* M. le marquis de *Chatellux*, conservant pour les Américains l'estime & le zele que lui a inspiré son séjour dans ces contrées, s'occupe, durant la paix, à l'avancement des sciences & des lettres parmi les nouveaux alliés de la France. Il a interposé ses bons offices auprès du comte de *Vergennes* à cet effet. En conséquence il a obtenu pour eux une belle & précieuse collection de livres, dont le roi a bien voulu faire présent à l'université de Pensylvanie. Il a fait cet envoi accompagné d'une lettre en date du 8 mai dernier.

L'envoi arrivé, le 27 juillet, le bureau d'administration de ladite université a arrêté que le président écriroit au marquis de *Chatellux* pour lui témoigner la reconnoissance du corps entier ; ce qui a été fait. Le marquis a reçu la lettre, où l'on pourra juger du genre d'éloquence du pays par cet éloge du roi.... « Ils (les adminis-
» trateurs) contemplent avec délice le caractere
» d'un monarque, dont la puissance se déployant
» jusques aux bornes de l'occident pour y sou-

» tenir les droits de l'humanité, semble suivre
» le soleil dans sa course, & faire briller jus-
» qu'aux extrémités du monde des vertus qui
» ajouteront un nouveau lustre au trône le plus
» éclatant, & serviront d'ornement à l'histoire
» des rois.... »

M. le marquis de *Chatellux* se glorifie avec raison d'une pareille correspondance, & la montre à qui veut la lire ; il en a même fait insérer des fragments dans le *Mercure*.

22 *Décembre*. Extrait d'une lettre de Mende, du 12 décembre 1784...... La commission dont vous demandez des nouvelles, érigée par lettres-patentes du 22 juillet 1783, est finie à la satisfaction de ces contrées. Je vous ai marqué, il y a un an, que son objet étoit de parcourir les Cevennes, le Vivarais & le Gévaudan, afin d'y entendre & recevoir les plaintes contre les juges, avocats, procureurs & huissiers. Les quatre conseillers au parlement de Toulouse que je vous ai nommés alors, accompagnés de M. de *Salaze*, doyen des substituts du procureur-général & qui en faisoit les fonctions, ont eu un travail immense : vous ne sauriez vous imaginer à quel excès étoit porté le brigandage des gens de loix, & vous frémiriez en lisant ces détails. Nombre d'avocats, de notaires, de procureurs, d'huissiers ont été condamnés aux galeres ou au bannissement. La corruption étoit si générale, qu'elle avoit entaché les juges eux-mêmes. Des praticiens gradués étoient à la fois fermiers & juges des seigneuries ; leurs maisons présentoient un assemblage monstrueux de greffes, d'études de procureurs, de dépôts d'actes de notaires, des regiftres des droits domaniaux, & on les voyoit à la fois

par eux, par leurs clercs ou ayant caufe, parties, procureurs fifcaux, greffiers, procureurs poftulants, experts, juges, notaires, contrôleurs.

Une ordonnance des commiffaires réprime tous ces moyens de fraude, défend la réunion des différents offices, qualités ou fonctions en un même individu; trace des regles certaines pour les procédures, & prononce les peines les plus graves contre les infracteurs.

Voilà, comme vous voyez, une excellente befogne terminée avant que vous ayez rien fait à Paris à cet égard. On dit même ici qu'il n'y aura rien, que le roi dans fa derniere réponfe au parlement fur le mémoire de la compagnie, a trouvé tout bien, & que vous êtes dans le meilleur des mondes poffible.

22 *Décembre.* Les villes du commerce font fort mécontentes de l'arrêt du confeil qui admet les neutres dans nos colonies; elles jettent les hauts cris, & menacent de ne plus faire d'expédition. Elles envoient des députés extraordinaires pour plaider leur caufe. Ceux du Havre, de Nantes, de Bordeaux font déjà arrivés. Il y eut dernièrement après-dîner chez le maréchal de *Caftries* une longe conférence à ce fujet entre plufieurs gens du métier. Un député du Havre développa dans la plus grande étendue le tort que cette miffion caufoit au commerce. M. de *Vaivres*, intendant-général des colonies, défendit l'arrêt du confeil avec beaucoup de zele : il affura que cet arrêt avoit été rendu en connoiffance de caufe & d'après l'avis des députés du commerce.

Il eft à remarquer à cette occafion que ces députés, quoique nommés librement par les villes, une fois choisis & formant bureau, peuvent ouvrir des avis opposés au vœu de leurs commettants, & envisager en grand les intérêts du commerce en général. Voilà pourquoi dans certains cas les villes envoient des députés extraordinaires, chargés de défendre leurs intérêts respectifs.

Les raisons militantes pour l'admission des neutres, est l'impossibilité où se trouve la France de fournir les colonies de merrains, de bois de construction, de poisson & de viande salés, & autres objets de cette espece, dont on ne peut les laisser manquer.

La grande objection des commerçants, c'est que, sous prétexte de ces fournitures, on ouvre la porte à la contrebande.

On leur répond que c'est pour éviter, autant qu'il se peut, cet inconvénient, qu'on a changé les lieux d'entrepôt, qu'on les a placés sous les yeux des administrateurs de la colonie, afin qu'ils puissent mieux veiller aux abus, & sous les yeux des armateurs, commerçants & autres intéressés à se plaindre, pour qu'ils surveillent de leur côté les navires étrangers.

Enfin, M. de *Vaivres* a terminé le colloque par déclarer que, dès qu'on pourroit donner des preuves d'une contrebande tolérée, le gouverneur & l'intendant seroient révoqués sur le champ.

23 *Décembre*. Les colporteurs annoncent mystérieusement une espece d'ouvrage périodique nouveau, intitulé *le Conteur*. On ne sait d'où il vient; il n'y a sur les numéros qu'on en voit, ni lieu d'impression, ni année. Au reste, ce

n'est qu'une rapsodie de vieilleries divisées sous différents titres, *anecdotes historiques, anecdotes littéraires, anecdotes politiques & civiles, anecdotes gaillardes*. Rien de neuf absolument dans tout cela; l'auteur ne fait que mettre à contribution les gazettes, journaux & autres ouvrages de toute espece. Le seul mérite de celui-ci est d'être court & varié dans ses notices : du reste, style lourd & peu correct.

Le rapsodiste, qui ne veut pas effrayer les acheteurs, promet de clorre son recueil après trente numéros. C'est le fruit de ses lectures & annotations qu'il communique au public.

23 Décembre. Mlle. *Contat* joue si délicieusement dans *le Mariage de Figaro*, que beaucoup d'hommes en sont devenus amoureux & même des femmes, entr'autres Mlle. *Raucourt* sa camarade, renommée entre les tribades. Elle est allée lui faire sa cour, mais en a été mal reçue dès que Mlle. *Contat* a soupçonné ce dont il s'agissoit. Alors elle a pris une autre tournure. Instruite combien cette actrice étoit dérangée dans ses affaires, & témoin d'une dette de deux mille écus dont le billet présenté sous ses yeux n'avoit pu être acquité à l'échéance, elle a voulu faire sentir délicatement à Mlle. *Contat* qu'elle pourroit lui être fort utile en ce genre; elle est allée trouver le créancier, s'est fait remettre le billet & le mémoire quittancé des frais de la procédure en train, & a renvoyé anonymement le tout à la débitrice; ne doutant pas, malgré cela, que Mlle. *Contat* ne découvrît d'où venoit ce cadeau, elle s'est présentée chez elle avec confiance, mais a trouvé la porte fermée.

Il faut savoir qu'à la même époque, un agréable de la cour, le comte de *Laudron*, soupiroit pour Mlle. *Contat*, mais inutilement, parce que persuadé du pouvoir de sa figure, il ne parloit nullement de financer. L'actrice, à la vue du billet payé, s'est imaginée que c'étoit cet amant qui s'étoit mis en regle, & apportant la même délicatesse dans sa renonnoissance, elle l'a reçu dans son lit sans parler de rien, & comme si elle lui accordoit réellement le seul prix de son amour. Ce jeune étourdi, comblé des faveurs de l'actrice, s'en est glorifié dans le public, comme d'une conquête due à sa séduction. L'histoire a fait bruit. Mlle. *Raucourt* furieuse, a rompu les barrieres, & a, dans la jalousie, accablé de reproches d'ingratitude Mlle. *Contat*. L'imbroglio s'est éclairci, & il en a résulté que le jeune homme avoit recueilli les fruits de la générosité de la tribade ; ce qui, vu la circonstance, a paru plus plaisant encore. Cette historiette est l'anecdote du jour, & fait beaucoup rire.

23 *Décembre*. Le vaudeville annoncé ne contient que cinq couplets ; mais il ne laisse pas que d'embrasser beaucoup de gens dans ce court espace. Il y est question de l'*empereur*, de la *reine*, de la guerre, du comte de *Vergennes*, du maréchal de *Segur*, de M. de *Miromesnil*, du maréchal de *Castries*, de son fils, du baron de *Breteuil*, enfin de M. de *Calonne*. Quoique les couplets ne soient pas aussi bien composés qu'ils pourroient l'être, quelques-uns ne sont pas sans sel, & semble d'un auteur qui connoît bien la cour & le ministere.

24 *Décembre*. Extrait d'une lettre de Rennes,

du 20 décembre.... Vous ne sauriez vous imaginer la sensation qu'a produite dans les états l'annonce que le roi leur accordoit les deux points en contestation, concernant le nomination des députés en cour, & les octrois des villes. Quant au premier article, M. le duc de *Penthievre* s'étoit désisté depuis long-temps de sa prétention, mais le droit des états n'est plus contredit en rien.

Quoique tout cela ne soit qu'une restitution, on a été si enchanté de voir le ministere se désister de l'usurpation qu'il avoit faite, qu'on s'est porté à des folies, on a crié *vivre le roi! vivre Calonne!* Assurément MM. les procureurs-généraux du parlement, commissaires nés du roi aux états, ne se seroient pas attendus en 1766, à entendre cette exclamation aux états de 1784.

On a arrêté en outre dans l'assemblée du onze d'ériger une statut à Louis XVI, dans une des places de cette ville, ou ailleurs, en mémoire de ce grand événement. Cependant la province achete bien cher une cessation de violation de nos privileges & droits qu'on est venu au point de regarder comme une grace, les demandes du roi sont doublées.

A l'égard de l'affaire du tabac, il nous est venu deux membres de l'académie des sciences, commissaires du roi, pour visiter les tabacs saisis. Les commissaires étoient les sieurs *Cadet* & *Beaumé*, deux apothicaires. Leur mission auroit pu occasionner du bruit avec la cour, si la sagesse du parlement n'avoit prévenu le conflit d'autorité, & prévenu la violation de son greffe, en rendant arrêt qui ordonnoit que le greffe seroit ouvert auxdits commissaires. Ils ont fait leur visite, & n'ont pu s'empêcher de reconnoître que les tabacs saisis, même ceux provenants du magasin de la ferme, étoient gâtés. Le parlement a également ordonné que les greffes des jurisdictions subalternes, où étoient en dépôt pareils tabacs saisis, seroient ouverts auxdits commissaires.... Je ne sais s'ils ont fait entièrement leur tournée, mais il n'y a pas de doute que leur rapport ne soit uniforme.... & cette fois les fermiers-généraux seront pris en flagrant délit. Cependant la cour reproche toujours à notre parlement les tabacs brûlés par la chambre des vacations; elle a sur le cœur cet acte d'autorité..... Il vient de le réitérer par un arrêt du 17 de ce mois, qui vous sera envoyé.

24 *Décembre.* M. *Linguet* sentant la nécessité de faire quelque éclat, de mettre en avant quelque paradoxe bien hardi pour soutenir ses feuilles tombées absolument en discrédit, que peu de gens lisoient, & que beaucoup moins achetoient, dans son numéro 88 a pris le parti de soutenir la cause de l'empereur contre les Hollandois, & de prétendre que la conduite de ce souverain étoit non-seulement légitime, mais conforme à celle que la France a tenue tout récemment à l'égard du port de Dunkerque.

Cette feuille en effet excite une grande rumeur parmi les politiques. Ses raisonnements au surplus ne sont que des sophismes, & le résultat de son bavardage bien analysé, est une maxime devenue triviale à force d'être connue & répétée, que la seule loi des souverains est la loi du plus fort, & même en général celle de l'humanité entière.

25 *Décembre.* Extrait d'une lettre de Bordeaux, du 21 décembre.... L'auteur de la fable de la Corneille & de l'Escargot, est un vicaire de paroisse, dont vous avez pu voir déjà de petites productions dans les ouvrages périodiques. Il se nomme *Dourneau*; mais son mérite diminue beaucoup, depuis qu'on a su qu'il avoit imité ou traduit cette fable du latin d'un jésuite qui, je crois, est le pere *Desbillons*.

Le numéro 16, du journal de Bordeaux, a déjà valu une légere suspension aux auteurs. Ils avoient inséré, sans la montrer au censeur, une piece de vers érotiques, où on lisoit ces vers trop passionnés :

     Quand lasse d'être baisée,
     Tu veux baiser à ton tour ;
     Quand ta langue électrisée,
     Tes levres seches d'amour
     Cherchent ma bouche embrasée...

Heureusement l'interdiction n'a pas été longue, & les Journalistes en ont été quittes pour déclarer que la piece intitulée *mes Projets*, n'avoit pas passé sous les yeux du censeur, n'avoit été insérée que par méprise, & n'étoit pas destinée au Journal.

26 *Décembre.* Extrait d'une lettre de Bordeaux, du 21 décembre 1784.... Notre académie de peinture, sculpture & architecture n'a pu faire ouvrir cette année son salon ordinaire : la disette des morceaux d'exposition, a obligé de la renvoyer à 1785.

Elle a tenu seulement sa séance publique pour

la distribution des prix. Le sujet de celui de peinture & de sculpture, étoit vraiment patriotique; il s'agissoit de consacrer la mémoire du desséchement des marais de l'archevêché, en 1624; marais dont les exhalaisons nous avoient si souvent occasionné la peste. Cet événement eut lieu sous le cardinal de Sourdis, alors archevêque de Bordeaux.

Le petit nombre de concurrents assez forts pour traiter ce sujet, a obligé de rendre le prix commun aux éleves de peinture & de sculpture.

Les deux couronnés sont MM. Briant & Barincourt.

Le programme pour l'architecture, renfermoit un projet de premiere utilité pour cette grande ville de commerce: savoir, le plan, l'élévation & la coupe d'une halle ou marché au bled, à établir sur un terrain convenable, avec des dimentions prescrites.

Les deux prix de ce genre ont été remportés par MM. Thiac & Rochefort.

Il est à observer que M. Barincourt qui a eu le second prix de peinture & de sculpture, a remporté aussi le prix du dessin d'après nature. Il a encore gagné celui de l'anatomie appliquée aux arts de peindre & de sculpter : ainsi il a été trois fois vainqueur & dans trois genres différents.

26 Décembre. Messieurs de l'administration du college de Louis-le-Grand, ont fait cette automne une expédition mystérieuse, dont ils se gardent bien de se vanter, parce qu'elle n'a tourné qu'à leur confusion. Ayant découvert une cave dont il n'avoient point eu connoissance jusqu'à

présent, ils ont passé dans une seconde, où ils ont observé une cloison en moëllons plus fraîche que les autres murs, & sans aucune ouverture, ils se sont fait autoriser par la chambre des vacations pour démolir la cloison, & pénétrer dans la partie secrete. Quel a été leur étonnement, lorsque pour tout trésor, ils n'ont vu dans cet emplacement tout-à-fait vuide, qu'un crâne humain. Ils ont fait fouiller dans la terre, ils ont fait sonder les murs.... rien de plus. Du reste, des conjectures sans fin sur le crâne qui sembloit n'avoir pu être jeté là par un soupirail, à plus de trois pieds de profondeur de la rue. On est encore à deviner à quel usage les Jésuites avoient destiné un pareil caveau.

26 *Décembre.* Prophétie dont l'accomplissement paroît devoir être très-prochain. Tel est le titre d'un pamphlet publié depuis peu encore par les défenseurs du mesmérisme. Ils ont senti la nécessité de mettre les rieurs de leur côté, & ils ne s'y prennent point mal. Dans la nouvelle facétie on décrie assez bien & les médecins, & leur doctrine, & leur conduite, & leur charlatanerie, depuis l'origine de leur science abstruse & conjecturale jusqu'à nos jours. On y désigne le docteur *Mesmer* sous la qualification d'*homme de génie*, à qui la nature a révélé son secret. On y raconte de la même maniere allégorique & prophétique, tout ce qui s'est passé & se passera depuis sa venue en France. La faculté de médecine & la société royale qui, jusques-là divisées, se sont réunies contre l'étranger qui venoit les chasser de leurs écoles, sont singulièrement maltraitées, même l'académie des sciences. On bafoue les deux commissions ; mais on en veut sour-tout à la comé-

die des *Docteurs Modernes*, parce que les adversaires regardoient ce moyen comme le plus sûr pour faire tomber la *société de l'harmonie*. Entre les gazetiers, journalistes & folliculaires, on a choisi l'abbé *Aubert*, comme le plus acharné, pour le traîner dans la boue, & le couvrir d'ignominie. On pousse l'injustice jusqu'à lui contester le titre de littérateur, qu'il mérite éminemment, au gré des connoisseurs, lorsqu'il n'a pas de raison d'être partial, & de parler contre son sentiment intime. Il paroît que le docteur *Paulet* est, après l'abbé *Aubert*, le journaliste que l'on redoute le plus. Cependant l'on n'est pas sûr de le connoître pour un ennemi déclaré, & l'on se contente de le prévenir dans un avis de l'éditeur.

On finit par dire que les médecins & les apothicaires disparoîtront de dessus la surface de la terre; & l'on ne peut que répondre en *chorus* avec l'auteur, *ainsi soit-il!*

26 *Décembre*. Les lettres de la Guiane françoise portent que les girofliers ont donné quatre milliers de leurs fruits; que les canneliers ne réussissent pas moins bien; mais que les poivriers & les muscadiers y croissent avec peine.

27 *Décembre*. Le premier rédacteur du *Courier de l'Europe*, pendant toute sa correspondance, avoit soigneusement évité de se compromettre avec Me. *Linguet*. Soit prudence, soit crainte de sa dent, soit vénération pour les talents de l'annaliste, il n'en parloit en aucune maniere, & l'on ne se souvient pas qu'il ait même jamais prononcé son nom. Le successeur n'a pas imité cette circonspection. Il a commencé par recevoir les diatribes du sieur *Caron de Beaumarchais*

contre l'édition purgée de *Voltaire*, que se proposoit de donner Me. *Linguet* à l'usage des dévots. Celui-ci, naturellement hargneux, non-seulement n'a pas répondu, mais a baissé pavillon devant son maître, & s'est désisté de son projet avec une modestie rare.

La renommée n'a point publié ce qui s'est passé depuis entre l'annaliste & le gazetier ; mais il faut que le premier ait eu des torts bien graves pour que le second se soit porté aux voies de fait, & lui ait donné un *soufflet*, ou quelque chose d'équivalent : ce qu'il lui rappelle dans son numéro 48, du mardi 14 de ce mois, de la maniere la plus cruelle & la plus outrageante, puisqu'il lui reproche en même temps la lâcheté de n'oser lui en demander raison, & de *s'enfuir honteusement & précipitamment devant lui, lorsqu'il le rencontre*. Toutefois, avant de le condamner, il faut voir comment Me. *Linguet* repoussera ces personnalités.

27 *Décembre*. Un M. de *Lamoignon*, avocat-général, avoit été invité par l'académie françoise de venir prendre séance dans son sein ; il le refusa sous prétexte de ses occupations qui ne lui permettoient pas d'accepter cette place. La compagnie piquée arrêta que dorénavant elle n'éliroit personne qui n'eût fait des sollicitations, c'est-à-dire, une visite à chaque membre.

C'est cet arrêté qui a fait que depuis il n'y a point eu d'avocat qui ait siégé à l'académie, par une délibération contraire de l'ordre, ne voulant pas qu'aucun de ses membres se soumît à postuler une place dont tous doivent être dignes, dès qu'ils sont inscrits sur le tableau.

Me. *le Normand*, orateur dont le nom est

encore en vénération au barreau ; fut autrefois tenté d'être de l'académie françoise ; il se permit vraisemblablement des démarches ; mais l'ordre lui intima des défenses, & il s'abstint de poursuivre son projet.

Depuis peu Me. *Target* a eu le même désir : il a prévenu le bâtonnier & les anciens, ses confreres. Ceux-ci moins séveres que leurs devanciers, ont pensé différemment ; ils ont déclaré à Me. *Target* qu'il pouvoit, sans craindre aucune animadversion de l'ordre, se mettre sur les rangs & postuler. Il n'a eu que sept voix à la derniere élection ; il espere être plus heureux, & l'emporter lors de la prochaine.

27 *Décembre*. M. *Necker* a employé utilement ses loisirs. Ne perdant point de vue son objet, il a composé dans sa retraite un livre *de l'administration des finances de la France*, en trois volumes. Il a chargé M. le maréchal de *Castries* de le présenter au roi.

M. *Necker* est actuellement à Montpellier, où il est allé conduire sa femme, dont la santé est en mauvais état, & qu'un médecin de cette faculté s'est chargé de rétablir. Monsieur *Necker* a été accueilli dans cette ville de la maniere la plus flatteuse ; il vouloit y louer un hôtel, & personne n'a voulu de son argent ; chacun s'est empressé de lui offrir sa maison. On croit cependant qu'il est passé aujourd'hui à *Avignon*, & qu'il est bien aise d'apprendre-là quelle sensation son ouvrage aura produite. On veut, comme il y dit, des vérités fortes ; qu'il craigne les persécutions de ses ennemis ! tel est le langage de ses partisans. Quant à son livre, il ne se vend point encore, il est très-rare, & peu de gens savent à quoi s'en tenir.

28 *Décembre.* M. le marquis de *Bievre*, comme on l'a dit, étoit sur les rangs pour la place vacante à l'académie françoise. Il n'a pas tardé à voir que ses démarches étoient inutiles, du moins pour cette fois; il a trouvé que l'intrigant abbé *Maury* l'avoit prévenu de maniere à ne lui laisser aucun espoir: il a préféré de se désister de bonne grace par le calembour suivant: *Omnia vincit amor & nos cedamus amori* (à Maury). Il est des gens qui l'attribuent au marquis de Chimene, dans le même cas.

28 *Décembre.* On n'a appris que depuis peu la mort de M. de *la Louptiere*, dont on a rapporté quelquefois des pieces fugitives. C'étoit son genre unique: il avoit de l'esprit, de la grace & tournoit assez bien un vers, sur-tout dans ses dernieres années. On a de lui un recueil de poésies, & il étoit auteur des six premieres parties du *Journal des dames*, lors de sa naissance en 1761.

M. de *la Louptiere* étoit homme de condition, & né au château de son nom, diocese de Sens, le 16 juin 1724. Son nom de famille étoit de *Relongue*: estropié d'un bras, il n'avoit pu suivre la carriere des armes, qui lui étoit prescrite par sa naissance. Il avoit consacré son loisir aux muses, & s'étoit contenté d'être membre de l'académie de Châlons & de celle des Arcades de Rome.

28 *Décembre.* Extrait d'une lettre de Vienne, du 8 décembre..... Les Gazettes Hollandoises ont été défendues dans tous les états de S. M. impériale. Nous ne reconnoissons point là le caractere

caractere libre & franc de notre auguste maître. Ce petit moyen ne peut que donner du relief à de pareilles feuilles. C'est à qui les aura ou les lira en contrebande. C'est ainsi que, lors de la derniere guerre avec le roi de Prusse, on défendit le *Courier du bas Rhin, ou la Gazette de Cleves*; mais l'impératrice-reine vivoit alors, & cette interdiction misérable pouvoit passer sur son compte. Quoi qu'il en soit, il en résulte que ces Gazettes qu'on décrie tant, sont cependant regardées comme très - importantes par les souverains, qu'ils en font dependre leur réputation, & en effet ce sont elles qui la fixent tôt ou tard, du moins chez la postérité.

29 *Décembre* On ignore si M. Vigée a quelque mécontentement des comédiens françois qui l'ont si bien traité jusqu'à présent; mais on a été fort surpris de lui voir dégrader sa muse en la faisant passer du grand théâtre au théâtre de la comédie italienne. C'est ce qu'il vient de faire en y donnant *les Amants timides*, comédie en un acte & en vers, jouée hier. Il ne seroit pas extraordinaire, au surplus, que cette piece eût été refusée des premiers; elle auroit même pu l'être des seconds, pour peu qu'ils eussent voulu se rendre difficiles. Ce n'est qu'une très-foible esquisse de *la Surprise de l'amour de Marivaux*, si ingénieusement & si adroitement filée, que possedent les Italiens. Un dialogue facile, des vers assez bien tournés, une foule de madrigaux, quelques instants de comique, résultant plus du jeu des acteurs que du fond du sujet, ont fait tolérer cette piece, reçue du reste aussi froidement qu'elle avoit été conçue.

30 *Décembre*. Extrait d'une lettre de Boulogne sur mer, du 22 décembre 1784. Ce n'est point de Calais, c'est de ce port que le sieur *Pilâtre de Rozier* se propose de s'envoler pour l'Angleterre.

Parti de Paris dès le 22 décembre, arrivé le 21, il a parcouru la côte le 22.

Le point du départ est fixé sur les débris de l'emplacement de la fameuse Tour-d'Ordre, bâtie par *Caligula*, & d'où cet empereur partoit pour aller faire ses promenades ridicules sur les côtes de Bretagne. Cet endroit a été reconnu comme le plus favorable pour franchir avec moins de danger notre détroit. Il est élevé à pic de deux cents pieds au-dessus de la mer.

Nous avions commencé par recevoir les ustensiles de l'aéronaute & sa machine : nous jouissons enfin de sa personne.

Quant au ballon, il est doré comme un bijou ; on voit qu'il n'a pas été fabriqué aux dépens d'un particulier ; s'il n'étoit aussi immense, ce seroit le plus joli colifichet du monde. Du reste, le procédé est nouveau : c'est un mélange des deux agents, du feu & de l'air inflammable ; ce qui fait nommer cette machine, *Carlo-Mongolfiere*.

Nos Physiciens ont interrogé le sieur *Pilâtre*, qui n'est pas foncé & parle mal. Mais le défaut de savoir est compensé chez lui par une grande audace, par une activité prodigieuse, & par un esprit d'intrigue inconcevable, qui lui a fait supplanter tous ses concurrents, bien plus dignes de la confiance du gouvernement, sur-tout M. *Charles*, auquel on ne peut refuser beaucoup de connoissances ; c'est lui qui, le premier, a réduit en art cette découverte.

Quoi qu'il en soit, il faut attendre à présent le moment du vent. Du reste, s'il le permet, le départ est fixé du premier au 6 janvier 1785.

Entre les peintures qui décorent le pourtour du ballon, on lit ces deux mauvais vers en l'honneur de M. le contrôleur-général qui a fourni à la dépense :

Calonne des François soutenant l'industrie,
Inspire les talents, les arts & le génie.

Mais ce distique sera mieux payé que ne l'a été le poëme de *Milton*.

30 *Décembre*. Il paroît ici furtivement imprimées des remontrances du parlement de Bordeaux au sujet des évocations, en date du 17 novembre dernier. On les dit de la plus grande force, & le conseil en est fort scandalisé.

30 *Décembre*. Il commence à paroître un *mémoire pour M. Giraud-Soulavie, prêtre du diocèse de Viviers ; contre M. Barruel, prêtre du même diocèse, l'un des auteurs de l'Année Littéraire, & auteur du libelle intitulé*, Genèse selon M. Soulavie.

Ce mémoire signé d'un avocat peu connu, Me. *le Vacher de la Terrinière*, ne répond pas à l'importance du sujet. Il est long, embrouillé, mal écrit ; mais, malgré ces défauts, on y juge le plaignant suffisamment attaqué dans son état, dans sa foi, dans son honneur, pour qu'il ait droit d'accuser son adversaire de calomnie, &

de lui demander les réparations ordonnées par les loix.

Un *post-scriptum*, très-favorable à l'abbé *Soulavie*, annonce que, tandis qu'on imprimoit ce mémoire, M. le garde-des-sceaux a ordonné la suppression du libelle du sieur Barruel.

Au reste, le sieur Barruel, provoqué depuis plusieurs mois, se tient sur la défensive, & reste dans un profond silence. On n'en a encore arraché que quatre lignes. Il s'est condamné lui-même devant M. l'archevêque de Paris, il lui a dit que *vraisemblablement il perdroit son procès dans ce malheureux siecle, où l'impiété domine si ouvertement ; mais qu'il y étoit tout résigné, qu'il lui seroit glorieux d'avoir souffert quelque chose pour venger la majesté de la religion.*

31 *Décembre*. Dès qu'on a su hier que MM. *Piccini*, pere & fils, étoient les deux auteurs de la piece nouvelle jouée aux Italiens sous le titre de *Lucette*, comédie en trois actes & en prose mêlée d'ariettes, chacun s'est écrié sur le champ, c'est-à-dire, mauvais poëme & bonne musique. Jugement qui s'est trouvé on ne peut pas plus juste. Seulement l'excellence de l'une n'a pu compenser & couvrir cette fois la platitude de l'autre.

31 *Décembre*. On a composé sur l'injonction donnée aux évêques de sortir de la capitale, & de résider dans leur diocese respectif, une assez bonne plaisanterie. C'est une *requéte des filles de joie de Paris, à M. le baron de Breteuil*, où l'on fait sentir à ce ministre les inconvéniens de son ordre si bien conçu en apparence, & cependant très-mal vu en politique. Comme la piece

n'eſt que manuſcrite & aſſez longue, on ne peut l'avoir que difficilement.

31 *Décembre*. La mort de M. *Court de Gebelin* n'a point éteint les diviſions du muſée de Paris. Ce chef a été remplacé par M. l'abbé *Rouſſier*; mais les diſſidents n'en ſuivent pas moins les bannieres du préſident expulſé, qu'ils croient ou font ſemblant de croire le vrai. Ils ont rouvert leurs ſéances au commencement de ce mois, & font des réceptions que les fondateurs originaires regardent comme nulles. Il faut voir qui l'emportera; car deux établiſſements de cette eſpece ne peuvent durer enſemble. Nous rendrons compte de l'aſſemblée des diſſidents, illuſtrée, dit-on, par la préſence d'un prince Africain.

31 *Décembre*. M. *Sylvain Maréchal*, jeune littérateur qui donne de grandes eſpérances, nous offre en ce moment l'exemple d'une nouvelle victime que le fanatiſme vient d'immoler. Il eſt bibliothécaire du college Mazarin, & il perd ſa place pour avoir compoſé un ouvrage moral, qui, quoique revêtu de toutes les formes légales, a paru aux ennemis de la philoſophie rempli d'audace & d'impiété. Il a pour titre: *Livre échappé au déluge*. Cette anecdote mérite d'être éclaircie plus amplement.

31 *Décembre*. La tribaderie a toujours été en vogue chez les femmes, comme la pédéraſtie chez les hommes; mais on n'avoit jamais affiché ces vices avec autant de ſcandale & d'éclat qu'aujourd'hui. Quant au premier, comme il n'eſt pas puni par les loix, c'eſt moins étonnant. Auſſi nos plus jolies femmes y donnent-elles, s'en font-elles une gloire, un trophée!

Voici un couplet assez gai, tout récemment éclos à ce sujet.

AIR : *De Figaro.*

Il est des beautés cruelles,
Et l'on en voit chaque jour.
Savez-vous pourquoi nos belles
Sont si froides en amour ?
Ces dames se font entr'elles,
Par un généreux retour,
Ce qu'on nomme un doigt de cour.

P. S. La lettre circulaire de M. le baron de Breteuil nous étant tombée sous la main, comme elle devient de jour en jour plus rare par les raisons qu'on a dites, on croit devoir insérer & conserver ici en entier cette pièce intéressante; & dont la longueur d'ailleurs n'est pas excessive.

Copie sur imprimé de la lettre circulaire adressée par M. le baron de Breteuil, ministre d'état, à MM. les intendants des provinces de son département, au sujet des lettres de cachet & ordres de détention.

Versailles, le 25 octobre 1784.

Vous trouverez ci-joint, monsieur, un état des différentes personnes de votre département, actuellement renfermées en vertu d'ordres du roi, expédiées d'après vos informations & votre avis, ou les informations & avis de MM. vos prédécesseurs. Vous verrez que quelques-unes de ces détentions sont déjà fort anciennes : je ne doute point qu'il n'y en ait plusieurs qu'il est à propos de faire cesser, & je vous prie de ne pas perdre un moment pour vérifier & me marquer quelles sont celles dont la révocation vous paroîtra devoir être prononcée dès-à-présent, & quels motifs vous détermineront à penser que les autres doivent subsister.

Je conçois que la diversité des causes de détention, & les différences que le sexe, l'âge, la naissance & l'éducation mettent nécessairement entre les personnes détenues, s'oppose à ce qu'on établisse sur cette matiere des principes fixes, & qui embrassent généralement toutes les circonstances ; mais il me semble qu'on peut cependant se faire quelques regles, auxquelles on pourra du moins ramener le plus grand nombre de cas, s'il n'est pas possible de les y ramener tous.

La suite des affaires de cette espece, qui passent journellement sous mes yeux, m'a fait reconnoître que ceux que l'on renferme le plus ordinairement se divisent en trois classes.

La premiere comprend les prisonniers dont l'esprit est aliéné, & que leur imbécillité rend incapables de se conduire dans le monde, ou que leurs fureurs y rendroient dangereux. Il ne s'agit à leur égard, que de s'assurer si leur état est toujours le même ; & malheureusement il devient indispensable de continuer leur détention, tant qu'il est reconnu que leur liberté seroit, ou nuisible à la société, ou un bienfait inutile pour eux-mêmes.

Je mets dans la seconde classe ceux qui, sans

avoir troublé l'ordre public par des délits, sans avoir rien fait qui ait pu les exposer à la sévérité des peines prononcées par la loi, se sont livrées à l'excès du libertinage, de la débauche & de la dissipation. Je pense que, quand il n'y a que de l'inconduite, & qu'elle n'est accompagnée ni de délits, ni de ces bassesses caractérisées qui menent presque toujours aux délits, la détention ne doit pas durer plus d'un ou de deux ans. C'est une correction très-forte qu'un ou deux ans de privation de liberté : elle doit suffire pour inspirer de sages réflexions, & pour opérer le retour au bien dans une ame qui n'est pas tout-à-fait corrompue. Les familles, & même les peres & meres, quoiqu'en général plus disposés à l'indulgence que les autres parents, exagerent quelquefois le tort des sujets dont ils ont sollicité la détention : & si l'on se prêtoit trop facilement à la rigueur dont ils voudroient user, il arriveroit souvent que ce ne seroit plus une correction, mais une véritable peine qu'on infligeroit. C'est ce qu'il est essentiel de distinguer, & ce que je vous prie, monsieur, de ne pas perdre de vue.

Lorsqu'indépendamment du libertinage, les sujets détenus se sont rendus coupables de vols d'argent, ou de soustraction d'effets dans la maison paternelle seulement, ou lorsqu'ils ont commis quelques infidélités, ou qu'ils se sont permis des abus de confiance, ou enfin que, pour se procurer de l'argent & satisfaire leurs passions, ils se sont servi de ces moyens peu délicats, que la probité désavoue, mais que les loix ne punissent pas; la détention doit alors être plus longue. Je pense cependant qu'elle ne doit jamais être prolongée au-delà de deux ou trois ans ; & même que c'est assez d'une année, lorsqu'il sera question de jeunes gens au dessous de vingt ans, qui ont été entraînés par la fougue de l'âge, ou séduits par de mauvais conseils, & qui, par inexpérience, ont pu ne pas sentir la conséquence & toute l'étendue de leur faute.

Je comprends aussi dans cette même seconde classe, les femmes & les filles qui se conduisent mal, & les mêmes observations doivent leur être appliquées ; c'est-à-dire que, quand elles ne sont coupables que de simples foiblesses, une ou deux années de corrections sont suffisantes, & que la détention ne doit être prolongée jusqu'à deux ou trois ans, que quand il s'agit d'un libertinage poussé jusqu'au degré du scandale & de l'éclat.

La troisieme classe est de ceux qui ont commis des actes de violence, des excès, des délits ou des crimes qui intéressent l'ordre & la sureté publique, & que la justice, si elle en eût pris connoissance, eût puni par des peines afflictives, & déshonorantes pour les familles. Je conçois qu'il n'est guere possible de rien préjuger sur la durée de la détention de cette espece de prisonniers ; cela doit dépendre des circonstances plus ou moins graves du délit, du caractere plus ou moins violent du coupable, du repentir qu'il peut avoir témoigné, des dispositions qu'il annonce, & de ce qu'on doit raisonnablement présumer de l'usage qu'il feroit de sa liberté, si elle lui étoit rendue. Il faut seulement considérer que, s'il est vrai que les prisonniers détenus pour crimes doivent en général s'estimer trop heureux d'avoir échappé aux peines qu'ils ont méritées ; il est constant aussi qu'une détention perpétuelle, & même une longue détention, est la plus rigoureuse de toutes les peines pour ceux d'entr'eux dont les sentiments ne sont pas totalement anéantis ou dégradés.

Du reste, ce n'est pas seulement par rapport aux prisonniers renfermés pour crimes ou délits, c'est pour tous les prisonniers, quels que soient les motifs de leur détention, qu'il convient d'avoir égard à la conduite qu'ils tiennent depuis qu'ils sont détenus, & indépendamment des autres considérations qui peuvent concourir à retarder ou accélérer leur liberté, il est juste de la faire dépendre sur-tout de la maniere dont ils se comportent, du plus ou du moins de changement qui se fait en eux, & de ce qu'on aura à craindre ou à espérer d'eux lorsqu'ils redeviendront libres.

Il est même à souhaiter que sur cet article, vous ne vous en rapportiez pas entiérement au témoignage des personnes chargées de la garde des prisonniers : je désirerois que, pour vous en assurer par vous-même, vous voulussiez bien, dans le cours de vos tournées, visiter, avec un soin particulier, les lieux de détention de votre département, soit maisons de force, maisons religieuses, forts ou châteaux ; interroger vous-même les prisonniers, & vous faire rendre compte en leur présence de tout ce qui les concerne : je suis persuadé que de pareilles visites faites une fois par an dans chaque lieu de détention, produiroient un très-bon effet ; elles auroient l'avantage de vous faire connoître, non-seulement la conduite des prisonniers, mais encore la maniere dont il sont traités ; vous écouteriez leurs représentations, vous sauriez si leur nourriture & leur entretien sont proportionnés à la pension qu'on paye pour eux; quel est l'ordre & le régime de chaque maison; quelles précautions on y observe pour maintenir la tranquillité entre les détenus; quelles mesures on prend pour prévenir les évasions; enfin, quels abus il pourroit être essentiel de réprimer. Tous ces détails sont dignes de l'attention de l'administrateur. Si vous ne pouvez pas vous en occuper vous-même pour toutes les maisons, forts ou châteaux de votre département, vous pourriez du moins visiter ceux où il y a le plus de prisonniers, & faire visiter les autres par vos subdélégués, ou d'autres personnes de confiance, sur l'exactitude desquelles vous croiriez devoir compter. Je vous prie de ne pas oublier de me faire part tous les ans du résultat de ces visites. Vous ne devez point douter que je n'en rende au roi un compte très-exact, & que je ne lui propose d'adopter vos vues sur les changements & les réformes qui vous paroîtront utiles ou nécessaires.

Il ne vous échappera sans doute pas que, lorsque je vous invite à prendre par vous-même ou vos subdélégués, des éclaircissements sur la conduite des prisonniers, je n'entends parler que de ceux qui sont renfermés dans des maisons, forts ou châteaux de votre département. A l'égard de ceux qui, d'après votre avis, ou celui de MM. vos prédécesseurs, sont détenus hors de votre intendance, je suis persuadé qu'en vous adressant à MM. les intendants dans le département desquels ils se trouveront, vous en recevrez toutes les informations dont vous aurez besoin.

Je n'ai jusqu'à présent fait mention que des prisonniers actuellement détenus, compris dans l'état ci-joint, & sur le sort desquels il s'agit en ce moment-ci de statuer. Mais tout ce que j'ai observé à leur égard, & les mêmes principes, les mêmes regles qui m'ont paru devoir en général servir à décider si les ordres expédiées contre eux seront ou non révoqués, me paroissent devoir s'appliquer aux personnes que, par la suite, il pourra être question de renfermer.

Ainsi, monsieur, lorsque vous me proposerez l'expédition d'ordres demandés par les familles, je vous prie de me marquer en même temps de quelle durée vous penserez que doit être la détention, & je crois qu'en général, & sauf les circonstances particulieres qui peuvent se présenter, elle ne doit s'étendre au-delà de deux ou trois ans pour les hommes, lorsqu'il y a libertinage & bassesses; pour les femmes, quant il y a libertinage & scandale, & au-delà d'un ou de deux ans lorsque les femmes ne sont coupables que de foiblesse, & les hommes que d'inconduite & de dissipation.

Je vous prie aussi de me proposer un terme pour la détention-même de ceux qui seront prévenus d'excès, délits ou crimes. Cela doit, comme je l'ai dit, dépendre des circonstances, & ce sera à vous, monsieur, de les apprécier.

A l'égard des personnes dont on demandera la détention pour cause d'aliénation d'esprit, la justice & la prudence exigent que vous ne proposiez les ordres, que quand il y aura une interdiction prononcée par jugement, à moins que la famille ne soit hors d'état d'en faire les frais de la procédure qui doit précéder l'interdiction. Mais en ce cas, il faudra que la démence soit notoire, & constatée par des éclaircissements bien exacts.

Quand il s'agit de faire renfermer un mineur, ne fût-ce que pour la forme de correction, le concours du pere & de la mere a jusqu'à présent paru suffire. Mais les péres & meres sont quelquefois injustes, ou trop séveres, ou trop faciles à s'alarmer, & je pense qu'il faudra toujours exiger qu'au moins deux ou trois des principaux parents signent avec les péres & meres les mémoires qui contiendront la demande des ordres.

Le concours de la famille maternelle est indispensable lorsque la mere est morte, & celui des deux familles lorsque le pere n'existe plus; à plus forte raison quand il n'y a plus ni pere ni mere.

Enfin, il ne faut accueillir qu'avec la plus grande circonspection, les plaintes des maris contre les femmes, celles des femmes contre leurs maris; & c'est sur-tout alors que les deux familles doivent se réunir & autoriser par un consentement formel le recours à l'autorité.

Ces principes sont connus, & je sais qu'en général on les a toujours suivis. Mais je crois avoir remarqué que l'on a quelquefois demandé des ordres, & que MM. les intendants en ont quelquefois proposé dans des circonstances où, je vous avoue, qu'il ne me paroît pas convenable d'en accorder. Par exemple, une personne majeure, maîtresse de ses droits, n'étant plus sons l'autorité paternelle, ne doit point être renfermée, même sur la demande des deux familles réunies, toutes les fois qu'il n'y a point de délits qui puissent exciter la vigilance du ministere public, & donner matiere à des peines dont un préjugé très-déraisonnable, mais qui existe, fait retomber la honte sur toute une famille. Il est vraiment essentiel, par rapport aux faits dont on accuse les personnes qui ne dépendent que d'elles-mêmes, de bien distinguer ceux qui ne produisent pour leurs familles que des désagréments, & ceux qui les exposent à un véritable déshonneur. C'est sans doute un désagrément pour des gens d'un certain état, & ils sont avec raison humiliés d'avoir sous leurs yeux une sœur ou une proche parente dont les mœurs sont indécentes, & dont les galanteries & les foiblesses ne sont pas secretes. C'est encore un désagrément pour une famille honnête, & il est naturel qu'elle ne voie pas avec indifférence que, dans la même ville, dans le même canton qu'elle habite, un de ses membres s'avilisse par un mariage honteux, ou se ruine par des dépenses inconsidérées, ou se livre aux excès de la débauche, & vive dans la crapule. Mais rien de tout cela ne me paroît présenter des motifs assez forts pour priver de leur liberté ceux qui sont, comme disent les loix, *sui juris*. Ils ne font de tort qu'à eux; le genre de déshonneur dont ils se couvrent, ne tombe que sur eux, & leurs parents ne le partagent point, & ne me paroissent avoir aucun droit à l'intervention de l'autorité.

Telles sont, monsieur, les réflexions que m'a suggérées l'attention particuliere que je donne à tout ce qui concerne les ordres de détention, depuis que le roi a bien voulu me nommer se-

cretaire d'état. J'en ai rendu compte à SA MA-
JESTÉ, qui les a trouvées conformes aux vues
de justice & de bienfaisance dont elle est animée.
Elle désire qu'on ne s'en écarte que le moins
qu'il sera possible, & comme elle sait que c'est
sur-tout d'après l'usage que l'on fait de son autorité contre les particuliers que se forme & s'établit
l'opinion du public sur le gouvernement, elle
a jugé à propos que ses intentions à cet égard,
fussent connues de toutes les personnes qui con-
courent plus ou moins directement à l'expédition
des ordres. Elle m'a en conséquence autorisé à
faire imprimer cette lettre, & à vous envoyer un
certain nombre d'exemplaires que vous voudrez
bien adresser à vos subdélégués, afin qu'ils puissent
en saisir l'esprit, & s'y conformer autant que
les circonstances le permettront, dans les informations qu'ils auront à prendre, & à vous
transmettre sur les demandes formées par les familles.

J'ai l'honneur d'être très-parfaitement, Monsieur, votre très-humble & très-obéissant ser-
viteur,

Signé, le baron DE BRÉTEUIL.

ADDITIONS.

Année M. DCC. LXXIII.

30 Novembre 1773. Quoique *Ismenor* joué le 17 novembre à Versailles, ait été généralement désapprouvé, il n'est pas hors de propos de donner une esquisse de ce spectacle d'une magnificence rare. Les paroles sont de M. *Desfontaines*, censeur royal. Elles ne sont pas aussi plates qu'on les avoit annoncées, mais l'intrigue de ce drame héroïque en trois actes, est triviale. Il est question d'un jeune prince, amoureux d'une princesse charmante. Il a pour rival apparent un génie, qui traverse sa passion par tous les obstacles les plus effrayants: rien ne peut éteindre la tendresse réciproque de l'un & de l'autre: une fée, gouvernante de la princesse, intervient, mais n'oppose qu'une vaine puissance à celle du dieu mal-faisant & jaloux. Après l'épreuve suffisante, *Ismenor*, c'est le nom de l'enchanteur, déclare que leurs tourments sont finis, & qu'ils vont être parfaitement heureux.

Les décorations sont la partie brillante de cet opéra. Le théâtre, dans le premier acte, représente une avenue qui conduit au palais de la fée. C'est en ce lieu que le jeune amant a une explication avec son rival. Celui-ci pour le détourner de sa passion, lui annonce & son amour & sa puissance. Il persiste, il veut entrer dans le palais; des nymphes en sortent, le retiennent, & dansent autour de lui : la fée arrive

& donne lieu à de nouvelles fêtes; il pénetre enfin après avoir reçu les hommages de Chinois & Chinoises, variant les ballets par leurs pantomimes.

Le second acte représente un bocage garni de massifs de roses & de divers arbustes chargés de fleurs. C'est là que se passe l'entrevue des deux amants: à la voix du prince qui chante son bonheur, les massifs qui décorent le fond du bocage, se développent en berceaux, d'où l'on voit sortir des nymphes & des bergers héroïques: le ciel se remplit d'amours qui suspendent des guirlandes de fleurs: on danse. Le ballet est interrompu par l'arrivée de l'enchanteur; les berceaux qui décoroient le fond de la scene, se changent en cavernes sombres, d'où sortent les vents souterrains; les vents orageux fondent du ciel & chassent les plaisirs, les amours, & les villageois: un groupe de vents portés par les nuages, enveloppe le prince & la fée, & les soustrait tous deux aux yeux de la jeune beauté. Le bruit du tonnerre redouble, & cette derniere disparoît, enlevée par *Ismenor*.

A l'ouverture du troisieme acte, on voit un désert où est la princesse. Elle veut sortir, des génies effrayants gardent les issues, & s'opposent à son passage. On entend le prélude d'une marche triomphante: des esclaves en différents costumes, & jouant de divers instruments, arrivent sur la marche précédente: ils sont accompagnés d'une troupe de guerriers portant des trophées; *Ismenor* termine le cortege, il donne un coup de baguette; le désert disparoît, & l'on voit la galerie de Versailles, où se trouve les deux amants & leur suite. Le théâtre change quelque temps après, & repréfente le parc de Verfailles illuminé, pris en face du canal. Les côtés font ornés de vafes, de pyramides, d'arcades remplies de fpectateurs: le fond eft terminé par le temple de l'Hymen. Les amours qui avoient été difperfés par les vents, reparoiffent en foule, & s'occupent à embellir la fête. Les uns portent des médaillons, les autres des préfents, quelques-uns jouent de divers inftruments: le tout fe termine par des danfes de nobles qui forment des quadrilles, de Béarnois & Béarnoifes, de matelots, de jardiniers & jardinieres, & de petits fuiffes.

30 *Novembre*. Les gens de la maifon de M. le comte d'*Artois*, fe louent beaucoup de leur nouveau maître; ce prince, ami de la liberté, leur a déclaré dès les premiers jours, qu'il avoit trop afpiré à ce bien; qu'il fentoit trop le bonheur d'en jouir pour vouloir les en priver. « Je vais fouper, leur dit-il, ce foir-là » chez mon frere le comte de *Provence*; je » n'ai befoin que d'un valet de pied, perfonne » à mon coucher: retirez-vous; demain à neuf » heures du matin. »

30 *Novembre*. M. de *Guibert* eft de retour depuis quelques jours de fes différentes tournées dans le Nord. Il paroît extrêmement content de l'accueil qu'il y a reçu, & il parle fur-tout avec la reconnoiffance la plus vive du roi de Pruffe & de l'empereur. Le premier a daigné faire manœuvrer fes troupes devant lui & l'initier aux myfteres de fa tactique, qu'on fait n'être nulle part, mais réfider dans la tête de ce monarque, & d'une douzaine d'officiers-généraux qui ont fa confiance. Le fecond lui a parlé avec la mo-

destie qui convient à un jeune prince, encore novice dans l'art de la guerre; mais il lui a en même temps fait des objections savantes & profondes, qui annoncent un génie déjà mûri pour les expéditions difficiles & les grands exploits. On ne doute pas que M. de *Guibert*, de son côté, n'ait mis à profit ces utiles leçons & ne s'en serve pour perfectionner son ouvrage, ou pour en faire un autre.

1 *Décembre* 1773. Cette tragédie (*Bellerophon*) n'est qu'en quatre actes. Le premier représente une avant-cour du palais du roi de Lycie, au fond de laquelle s'élève un grand arc de triomphe, & au-delà on découvre la ville de Patare, capitale du royaume. La veuve de *Pretus*, roi d'Argos, toujours amoureuse de *Bellerophon*, qu'elle a fait envoyer par son époux à cette cour étrangere, sous prétexte qu'il lui vouloit inspirer une coupable ardeur, vient l'y chercher depuis que la mort de son mari l'a rendue libre. Elle apprend que ce héros, vainqueur de tous les dangers que lui a fait affronter le monarque de Lycie, son gendre, est épris de la fille de ce prince, & va l'épouser. Elle reproche au roi de n'avoir pas satisfait les désirs de son beau-pere; & le somme de remplir sa parole, & d'en acquitter la vengeance: il se défend; elle le menace de son ressentiment & s'en va. Une troupe d'Amazones & de solimes enchaînés, dont ceux qui les conduisent portent les armes, entre, & forme une espece de triomphe pour *Bellerophon*, leur vainqueur. Il arrive après que ces captifs ont passé devant le monarque & pris leur place: ont ôté leurs fers, & ils deviennent libres.

La décoration du second acte, s'ouvre par un

jardin délicieux, au milieu duquel paroît un berceau en forme de dôme, soutenu à l'entour de plusieurs termes. Au travers du berceau on découvre trois allées, dont celle du milieu est terminée par un superbe palais dans l'éloignement. La fille du roi de Lycie se félicite de son hymen avec *Bellerophon* qu'elle aime; mais la reine d'Argos n'ayant pu inspirer à ce dernier la même passion dont elle brûle pour lui, a recours à un magicien amoureux d'elle, à qui elle promet sa main, s'il peut la venger. A l'instant le jardin disparoît, & l'on voit à sa place une espece de prison horrible, taillée dans les rochers, & percée à perte de vue, avec plusieurs chaînes, cordages & grilles de fer qui le renferment de toutes parts. Les enchantements commencent; la terre s'ouvre, & l'on voit sortir trois monstres qui s'élevent au-dessus de trois buchers ardents, l'un en forme de dragon, l'autre en forme de lion, & le dernier de bouc. Danses & chants; la terre s'ouvre, & les magiciens descendent aux enfers.

Le théâtre, au troisieme acte, représente le vestibule du temple fameux où *Apollon* rendoit ses oracles dans la ville de Patare. Le temple s'ouvre. La reine déclare au roi de Lycie, consterné, que les calamités qui vont accabler son état, ne sont dues qu'à sa négligence à venger *Prétus*, par la mort de *Bellerophon*. Il vient consulter le dieu. *Bellerophon* demande à aller combattre le monstre: cérémonie des sacrifices pour obtenir un oracle. On immole une victime; on jette le cœur & les entrailles dans le feu; le grand-prêtre les examine; l'autel s'enfonce, & la Pythie sort de son antre, les cheveux épais:

on entend en même temps de grands éclats de tonnerre, le temple s'ébranle, & on le voit tout brillant d'éclairs : la Pythie s'incline vers la terre, tandis qu'*Apollon* paroît. Il prononce un oracle ambigu, qui déclare qu'un fils de *Neptune* appaisera le courroux céleste, & qu'il faut lui donner la princesse. Inquiétude de *Bellerophon* qui se croit fils de *Glaucus*. La Pythie s'enfonce dans l'antre d'où elle est sortie, & le peuple se retire. Les deux amants redoublent de tendresse & d'ardeur malgré l'oracle.

Des rochers très-hauts & très-escarpés, couverts de sapins & d'autres arbres solitaires, forment d'abord la décoration de la scene, au quatrieme acte. Dans le fond du théâtre, paroît un rocher immense qui en remplit toute la hauteur; il est entouré des mêmes arbres. Il est percé par trois grottes, au travers desquelles on découvre un paysage à perte de vue. *Bellerophon* se dispose à combattre le monstre. *Pallas* arrive dans un char de nuages, du côté droit du théâtre, & en même temps on voit un char vuide qui descend jusques sur le théâtre, du côté gauche. Elle invite le guerrier à monter dans ce dernier, pendant qu'on entend le peuple qui exprime sa désolation. La chimere se montre au fond du théâtre, & *Bellerophon*, monté sur Pegase, fond du haut des airs. Après plusieurs combats, le monstre est tué. Joie universelle. La décoration change : le théâtre représente une avant-cour d'un palais élevé dans la gloire : on y monte par deux degrés qui forment les deux côtés de cette décoration en ovale, & qui sont enfermés de deux bâtiments d'architecture d'une hauteur extraordinaire. Les deux degrés, & la galerie qui les environne, sont remplis des peuples de Lycie, rassemblés en ce lieu pour y recevoir *Bellerophon* que *Pallas* y ramene après la victoire, & dont elle dévoile la naissance: ce qui explique la vérité de l'oracle.

On voit par sa description que cet opéra offre un magnifique spectacle, où les danses variées & pittoresques sont amenées naturellement, & tiennent à l'action. Quant au poëme, il est écrit avec une mollesse, un sentiment & une onction dignes de *Quinault*. Il est fâcheux que le peu de répétitions de ce spectacle ait empêché que l'exécution ne fût aussi parfaite qu'elle devoit l'être.

2 *Décembre*. Enfin il paroît décidé que les fermes iront à la bibliotheque du roi. Cette translation est arrêtée pour le commencement du bail, c'est-à-dire, pour le mois d'octobre 1774. La bibliotheque doit être renvoyée au Louvre, suivant l'arrêt du conseil rendu à ce sujet, il y a près de dix ans, & resté sans exécution. On assure aussi que M. le contrôleur-général est décidé à signaler son intendance des bâtiments, par la terminaison du Louvre, suivant la maniere indiquée.

Il se présente déjà une compagnie qui offre dix-sept cents mille francs de l'hôtel des fermes.

Malgré ces projets & ces apparences, la double translation dont il s'agit, offre tant de difficultés, & doit entraîner de si grosses dépenses, qu'il est plus vraisemblable encore qu'elle n'aura pas lieu.

2 *Décembre*. Il y a depuis long-temps un dépôt des plans & des cartes de la ma-

rine, à la tête duquel est ordinairement un officier-général, aujourd'hui sous l'inspection seulement de M. *Chabert de Cogolin*, capitaine des vaisseaux du roi & membre de l'académie des sciences; mais cette partie étoit trop négligée. M. de *Boynes* a fort à cœur de la remonter & d'y ramasser sur-tout beaucoup de matériaux anglois, dans l'idée d'y puiser des instructions & des connoissances très-utiles, propres à perfectionner la théorie de nos marins.

2 *Décembre*. On a repris la tragédie d'*Orphanis*, depuis la fin du voyage de Fontainebleau, & par un revers commun aux gens célèbres dans tous les genres, M.lle. *Raucourt*, l'idole du public, a été sifflée, il y a quelques jours, de la manière la plus humiliante.

3 *Décembre*. M. le prince de *Conti*, dont le goût pour le plaisir ne se ralentit point, mais qui n'a aucun attachement durable, vient de reprendre pour son usage, madame *Larrivée*, qu'il avoit honorée autrefois de sa faveur, & dont il a vraisemblablement tellement oublié la jouissance, qu'elle est devenue un morceau neuf pour son altesse.

4 *Décembre*. Le sieur *Marin* commence son mémoire par une citation du poëte *Saadi* contre l'ingratitude. Il restitue ensuite les faits tels qu'il les prétend s'être passés, & de son récit il résulteroit qu'il ne s'est immiscé dans l'affaire que comme ami du sieur *Caron*, bien loin de l'avoir fait comme ami du sieur *Goezman*; qu'il ne connoissoit le dernier que pour avoir approuvé quelques-uns des ouvrages de ce magistrat auteur, lorsque le sieur *Marin* étoit chargé de la librairie sous

M. de *Sartines*. Il trace ensuite le plan de la machination de son adversaire; il y oppose ses réfutations & nie sur-tout le propos atroce qu'on lui impute contre le sieur *le Jay* : il colore le tout du mieux qu'il peut & s'appuie beaucoup du mémoire du sieur *Dairolles* ; il fait en outre une sortie effroyable sur le sieur *Gardanne* médecin, qui doit son existence, son bien-être, son état au sieur *Marin*, & le déchire aujourd'hui cruellement, & est regardé par son bienfaiteur comme le principal instigateur des accusations du sieur de *Beaumarchais* contre lui.

Ce *factum*, moins mal fait que les précédents, est d'une méchanceté qui plaît toujours au public; sans réfuter victorieusement toutes les accusations intentées contre l'orateur, il inculpe fortement le Sr. *Caron*; il l'accuse sur-tout de propos, de plaintes, de déclamations graves, propres à le compromettre par des réticences cruelles qui pourroient engager le ministere public à s'immiscer dans le procès, & à requérir que le sieur *Marin* fût interrogé sur faits & articles.

4 *Décembre*. Le sieur *Quinquet* est un clerc de procureur, âgé de dix-neuf ans, beau de figure, grand, bien bâti, annonçant beaucoup de vigueur. Il s'est rendu en *domino* au bal masqué donné à Versailles pour une des fêtes occasionnées pour le mariage du comte d'*Artois* : comme le grand nombre des masques, il s'est trouvé dans la bagarre où madame la comtesse *Dubarri* étoit sur le point d'être étouffée ; il est allé à elle, il l'a prise sous le bras, l'a rassurée, l'a garantie de la presse excitée vraisemblablement par des filoux qui méditoient de lui voler le superbe collier de diamants qu'elle avoit, l'a remise saine & sauve en lieu de sureté &

entre

entre les mains du roi. Interrogé quel il étoit, ce qu'il vouloit; il a déclaré qu'il n'étoit rien & ne vouloit rien: il a long-temps résisté ainsi aux instances de la favorite pour le connoître & lui témoigner sa reconnoissance: enfin il s'est démasqué, & son visage n'a pu qu'exciter un plus grand intérêt en sa faveur. Il paroît que madame *Dubarri* presse vivement la majesté de faire la fortune de ce jeune homme, auquel elle doit la vie. Il a eu rendez-vous à Versailles, & l'on assure qu'il jouit déjà d'une pension sur la cassette; mais qu'il n'en restera pas là.

Un nommé *Maton*, autre particulier, est cité pour un trait d'adulation ingénieux & qui a très-bien pris. C'est aussi au bal masqué où s'est passée la scene. Il s'est habillé en Turc, vêtement qui alloit très-bien à sa haute & droite stature; il a fait sensation dans le bal par la richesse de sa décoration, au point que tout le monde s'écrioit: *Ah! le bel Orosmane! le superbe Musulman!* On l'a fait remarquer au roi, qui d'abord n'y a pas porté une grande attention: le masque alors, les bras croisés, s'est mis à fixer le monarque d'une façon très-caractérisée, au point que sa majesté l'a remarqué & a jeté ses regards étonnés sur lui. Alors, au moyen d'un petit ressort qu'il tenoit tout prêt, son turban s'est entrouvert, & sa majesté a pu lire distinctement un *vive le roi* très-brillant. Le masque, satisfait d'avoir réussi dans sa manœuvre, a fait jouer le ressort, & le turban s'est refermé; il a affecté de se mêler dans la foule, se doutant bien qu'il seroit suivi. Effectivement le roi a su quel il étoit & l'on prétend qu'il veut aussi lui faire sa fortune.

6 Décembre. On a donné samedi à Versailles *Sabinus*, tragédie lyrique de M. de *Chabanon*, & musique du sieur *Gossec*. Il ne paroît pas que cet ouvrage ait pris beaucoup.

6 Décembre. A Warburton : telle est l'adresse d'un petit pamphlet en 4 pages de M. de *Voltaire* à cet écrivain, qui, pour l'avoir contredit à l'égard des Juifs, pour avoir pris la défense de ce peuple malheureux, essuie de la part du philosophe une bordée cruelle d'injures, dont on sait qu'il fait souvent usage au lieu de raisons.

Il paroît que ce *Warburton* est un auteur vivant Anglois, qui a commenté *Shakespear* & écrit ce que M. de *Voltaire* appelle une rapsodie en quatre gros volumes, espece de commentaire sur *Moyse*.

6 Decembre. Vendredi dernier a été un jour remarquable dans l'université par l'inauguration des nouvelles écoles de droit, dans lesquelles cette faculté s'est enfin installée. Cette cérémonie publique s'est faite avec beaucoup de pompe. C'est M. de *Larlourcey*, professeur & doyen, qui l'a ouverte par un discours latin, dans lequel il a reppellé les bienfaits du roi, qui non-seulement a fait bâtir ce monument moderne, mais a voulu le faire meubler de son garde-meuble, & doit y mettre le comble à ses bienfaits par le don de sa statue dont est chargé le sieur *le Moine*, & qui sera érigée au sein des écoles.

Afin de rendre la fête plus pleine & plus remarquable, on y a joint la réception d'un nouveau docteur qui a remporté au concours la chaire vacante ; il se nomme *Saboureux de la Bonnetrie*. Ce qui a fourni matiere au reste du discours de l'orateur. Suivant l'usage des assemblées académiques, il a d'abord fait l'éloge du défunt, M. *Crassoux*, & ensuite celui du successeur, dont la modestie a, ce semble, eu moins à rougir, au moyen de la langue étrangere dans laquelle étoit enveloppé, pour ainsi dire, l'encens dont on le parfumoit.

Le discours fini, le récipiendaire est allé se revêtir de la robe rouge, & s'est présenté au doyen pour recevoir l'installation, qui consiste à supposer qu'on le revêt successivement de tous les ornements de sa dignité & à lui en expliquer le sens allégorique. La robe est une espece de bouclier, signe extérieur du courage, de la vigueur avec laquelle il doit défendre les loix confiées à son interprétation. On lui présente les livres de ces loix, fermés d'abord, pour qu'il comprenne avec quel soin il doit les tenir renfermés dans sa mémoire & dans son sein; ouverts ensuite, emblême de la publication qu'il doit en faire par ses enseignements. On lui met le bonnet carré sur la tête, caractere qui doit le désigner aux candidats comme autorisé à promulguer la doctrine de la faculté: le doyen lui met l'anneau d'or au doigt, symbole de l'alliance éternelle qu'il contracte avec elle ; il l'embrasse enfin en signe de concorde & d'union. Toute cette explication se fait en latin.

Après ce préambule, le Docteur de *la Bonnetrie* est descendu de chaire, & est venu donner l'accolade à M. de *Laverdy*, ancien ministre agrégé d'honneur; il est remonté de suite embrasser les docteurs assis dans une chaire inférieure, prolongée à la droite de l'orateur, & de-là il est redescendu pour aller faire la même cérémonie aux agrégés, figurants de même à la gauche; il est passé enfin dans la tribune à la place du doyen, qui la lui a cédée, & il a prononcé un *discours sur la gloire.*

Quoique, comme on l'a rapporté, tout se dise en latin, il y avoit beaucoup de femmes à la cérémonie, où assistent aussi les gens du roi.

9 Décembre. On assure que M. le maréchal duc de *Brissac* étant chez madame la comtesse *Dubarri* à lui faire sa cour, dans un excès de ravissement s'est trouvé ragaillardi au point de l'embrasser; sur quoi le roi est intervenu: mais ce preux chevalier ne s'est point déferré, &, demandant respectueusement pardon de son audace, qu'il attribuoit à un délire du moment: « De quel heureux augure, SIRE, a-t-il dit, » n'est-ce pas pour votre majesté! Quelle per- » spective de plaisir ne doit-elle pas entrevoir » dans la jouissance d'une beauté qui réveille » les désirs jusques chez un vieillard de mon » âge? »

9 Décembre. Le sieur *Monval* de la comédie françoise, a composé une idylle sur la belle action de madame la dauphine à Fontainebleau; il est allé à Versailles hier porter cette piece à la princesse. On y trouve de la délicatesse, du sentiment, de la poésie, & une heureuse facilité. Si tous les comédiens avoient le mérite de celui-là, les auteurs ne répugneroient pas tant à se voir jugés par eux.

10 Décembre. L'évêque du Mans ayant prétendu que le professeur de philosophie chez les peres de l'oratoire de cette ville, dictoit des cahiers peu orthodoxes, en a porté des plaintes au général. Celui-ci, après avoir fait examiner la doctrine de l'accusé, a répondu au prélat qu'il ne pouvoit faire au professeur l'injustice & l'injure de le déplacer pour une accusation aussi mal-fondée : sur quoi monseigneur en a référé à la faculté de théologie, qui s'est assemblée le jour de sainte Barbe, afin d'examiner les propositions prétendues janséniftes. Il est reconnu que ces cahiers sont ceux d'un ancien professeur de Paris au collège des Quatre-Nations, qui a enseigné la philosophie pendant dix ans, sans qu'on y ait rien trouvé à redire. M. l'archevêque de Paris prend fait & cause pour son confrere, & cet événement échauffe beaucoup la Sorbonne. On espere que l'autorité arrêtera ces querelles, qui tendent à ramener les troubles causés trop long-temps par les malheureuses disputes du molinisme & du jansénisme. Ce qu'il y a de remarquable, c'est que M. de *Grimaldi*, évêque du Mans, est un jeune prélat fort galant, fort dissipé, connu par beaucoup d'étourderies & de scandales, & passant pour ne pas croire infiniment en Dieu.

10 *Décembre*. Madame la comtesse *Dubarri*, sentant l'impossibilité d'obtenir jamais les bonnes graces de madame la dauphine, qu'elle s'est aliénée irrévocablement par des propos où elle déprisoit la figure de cette princesse, dont on exaltoit la noblesse & les charmes, cherche à s'impatroniser chez madame la comtesse d'*Artois*, à laquelle son beau-frere est attaché comme capitaine des Cent-Suisses de son altesse royale. On ne peut juger encore si ces avances de la favorite prendront à un certain point. On présume toutefois que M. le comte d'*Artois*, fort

attaché à M. le dauphin son frere, déroutera son auguste épouse d'une liaison si peu sortable.

10 *Décembre*. Dimanche dernier on a fait à l'église de Saint Sulpice une publication de bans qui a fait ouvrir les oreilles à tous les assistants. *Il y a promesse de mariage entre haut & puissant seigneur, &c. la Tour-du-Pin, &c. & très-haute & très-puissante demoiselle, &c. de Saint-André, fille mineure de cette paroisse.* Ce qui annonce que le mariage dont on avoit parlé depuis long-temps, & retardé pour des raisons qu'on ignore, va se conclure enfin. Le roi a donné en outre des lettres-patentes à la demoiselle, par lesquelles elle est reconnue issue d'une maison ancienne, dont les titres sont détériorés, perdus, &c. Ainsi nul doute aujourd'hui que ce ne soit une bâtarde du roi.

11 *Décembre*. Le sieur *Dauberval*, fameux danseur de l'opéra, & le plus agréable au public par des pantomimes gaies & faciles, n'a point paru du tout aux fêtes de Versailles, & y a produit un grand vuide. Il est parti ou se dispose à partir pour la Russie : on lui offre à la cour de l'impératrice un sort considérable. Il paroît que le dérangement de sa fortune lui fait prendre ce parti violent. D'ailleurs il aspiroit à la place de maître des ballets de la cour : il en avoit traité avec le sieur *Laval*; mais les sieurs *Vestris* & *Gardel* se sont plaints qu'on leur enlevât une dignité à laquelle ils avoient un droit antérieur par leur ancienneté : le premier d'ailleurs a prétendu que le genre de *Dauberval* ne devoit jamais le faire regarder que comme un baladin, un sauteur, & ne pouvoit s'assimiler

au sien : le second, maître à danser de madame la dauphine, a intéressé cette princesse, & le marché du sieur *Dauberval* a été cassé.

13 *Décembre.* On parle de plusieurs autres mariages de femmes distinguées de la cour, semblables à celui de la duchesse de Chaulnes, aujourd'hui madame *Giac*, & même plus indécents que le sien. On ajoute que le roi a dit plaisamment à ce sujet, qu'il y auroit bien des tabourets à envoyer au garde-meuble. Il semble que ces femmes dévergondées n'attendoient qu'un exemple pour donner un libre cours à leurs extravagances. La maréchale d'*Estrées* est du nombre. Au reste, tous ces mariages ne sont pas aussi sûrs que celui de la premiere. Il pourroit se faire que cette tournure ne fût qu'une méchanceté des courtisans pour dévoiler au public les amours illicites & peu glorieux de ces dames.

14 *Décembre. Sabinus*, tragédie lyrique, est la tragédie d'*Eponine*, de M. de *Chabanon*, retournée & mise en musique par le sieur *Gossec*. La scene est à Langres.

Dans le premier acte, le théâtre représente une place publique. Il roule sur le mariage de *Sabinus*, prince Gaulois, petit-fils de *Jules-César*, avec *Eponine*, princesse Gauloise aussi. *Mucien*, Romain, gouverneur de la Gaule, fait annoncer qu'il s'oppose à cet hymen, & que celle qui épousera *Sabinus*, doit périr. Cette menace ne fait qu'enhardir *Eponine* ; elle force son amant à recevoir sa main. Il est enrichi de danses, d'abord gaies, ensuite séveres. La trompette sonne : appellés par elle, trois jeunes Gaulois s'échappent des bras de leurs maîtresses, qui arrivent après eux, & cherchent à les retenir. Les trois jeunes guerriers cedent un moment aux séductions de l'amour ; mais l'instrument belliqueux les rappelle à leur devoir, & ils brisent les guirlandes de fleurs dont ils sont couverts. Leurs maîtresses partagent elles-mêmes cet enthousiasme militaire, & ce sont elles qui arment leurs amants : *Eponine* arme son époux, & l'embrasse ; l'acte finit par une marche guerriere.

Au second acte, on voit la forêt sacrée des druides : un autel est au milieu, & sur l'un des côtés un antre fermé par des portes d'airain. *Eponine* vient s'y informer de son destin : des bergers, des bergeres, des pâtres, des pastourelles, des vieux & vieilles, & des enfants s'y réfugient contre les horreurs de la guerre, & y forment des danses diverses. Le grand druide remplit toutes les formalités des mysteres redoutables de sa religion ; les portes d'airain s'ouvrent, touchées du guy de chêne, & il s'enfonce pour consulter la divinité ; il sort échevelé. *Mucien* vient enlever *Eponine*, la forêt est abattue, l'autel renversé, les Gaulois s'enfuient en désordre.

Solitude affreuse, rochers, précipices, à l'ouverture du troisieme acte. Monologue de *Sabinus* incertain de ce qu'il doit faire ; il apprend qu'*Eponine* vit encore, il veut aller la secourir ; le tonnerre gronde, la foudre tombe à ses pieds, il recule ; le génie de la Gaule paroît devant lui, & lui ordonne de descendre dans le tombeau de ses aïeux : pour affermir son courage, il lui présente l'image des siecles futurs, de la grandeur de la France. Le fond du théâtre s'ouvre; on voit *Charlemagne* sur son trône, entouré des peuples de l'empire, ce qui amène un changement de décorations: succede une salle richement ornée & préparée pour des fêtes; de-là des quadrilles de différentes nations de l'Europe attirées à ces spectacles.

La vue extérieure du palais de *Sabinus*, où est la sépulture de ses ancêtres, ramene un ton lugubre au commencement du quatrieme acte. Toute cette enceinte est fermée par des murailles. *Mucien* ne pouvant disposer *Eponine* à rompre son hymen avec *Sabinus*, ordonne à ses soldats de mettre le feu au palais, croyant y faire périr ce héros: on exécute ce cruel ordre: une pluie de feu tombe des airs: le génie de la Gaule les traverse sur un nuage enflammé: il tient un flambeau dans la main; il le secoue au-dessus des murailles, & elles s'écroulent. Les esprits de feu qui ont allumé l'incendie, achevent la destruction du palais, & disparoissent ensuite. L'incendie cesse: on voit parmi les ruines & les débris un autel de pierre, sur lequel est une urne, & au-dessus duquel sont écrits des mots qui apprennent à *Eponine* que c'est son mari qui les a tracés: elle croit que ce vase funéraire contient les cendres de *Sabinus*, elle s'en saisit, & l'embrasse en pleurant. *Mucien* arrive, auquel elle montre l'urne: le tyran est aussi persuadé de la mort de son rival. Cette triste situation n'excite à aucune danse.

Le coup d'œil lugubre continue au cinquieme acte. Le théâtre représente les souterrains obscurs où les princes Gaulois sont inhumés; *Sabinus* y est, il se renferme dans un tombeau qui est au milieu du théâtre, & qui a de tout temps été

F 5

destiné pour sa sépulture. *Eponine* y vient pleurer la mort de son époux ; *Mucien* accourt pour prévenir le dessein qu'elle a de se tuer sur le tombeau de son mari. Elle se soustrait à son empressement, le poignard à la main, prête à se frapper : *Mucien* la suit ; le héros, sortant de sa retraite, se saisit du bras d'*Eponine*, lui arrache le fer, provoque le tyran, & commence un combat : il tue son adversaire ; cependant *Eponine* est allée avertir ses concitoyens de l'heureuse nouvelle. On se retrouve sur la place publique, on entend un bruit de guerre, pendant lequel on voit les Romains défaits par les Gaulois ; le génie de la Gaule descend dans toute sa gloire, & ramene les jeux & la danse.

14 *Décembre*. Madame la comtesse *Dubarri* a acheté la maison du sieur *Binet* dans l'avenue de Versailles, & y fait travailler. M. le dauphin, en allant chasser & passant devant, a demandé ce que c'étoit. Sur le compte qui lui en a été rendu, ce prince a haussé les épaules, & a paru s'indigner du faste & de la dépense de cette dame.

15 *Décembre*. Pour l'intelligence de la piece suivante, il faut savoir que Mlle. *Laudunier*, dite *la Caille*, ancienne figurante de l'opéra, est une éleve de madame *Gourdan*, fameuse prêtresse de Vénus, qui, à tant de titres, a le droit de prêcher cette nymphe. Déjà Me. *Linguet* l'avoit fait connoître par une lettre aigre-douce, où, l'an passé, il lui reprochoit les fruits amers qu'elle lui avoit fait cueillir au sein du plaisir. L'auteur de cette épître, frappé plus vivement, a cru devoir en avertir aussi le public pour son salut, & prescrire à la courtisane des leçons

utiles qu'il a mises, afin de leur donner plus de poids, dans la bouche de sa premiere institutrice.

Epître de madame Gourdan à Mlle. la Caille.

Bel enfant de l'amour, vous que ce Dieu propice
Auroit dû préserver de chancre ou chaudepisse,
Dites-moi quel est donc le monstre, le cruel,
Qui, d'un encens impur souillant le sacrifice,
N'a pas craint d'infecter la prêtresse & l'autel !
Si vous le connoissez, nommez, nommez le traître,
Pour le salut commun, faites-nous-le connoître.
Pouvoit-il ignorer, le dangereux mortel,
Qu'à mille honnêtes gens il préparoit des larmes,
Que le premier venu peut prétendre à vos charmes,
Et que par moi formée aux combats de Vénus,
Vous ne fûtes jamais ce que c'est qu'un refus !
Du *Condon* cependant vous connoissez l'usage,
La Caille, & l'on peut lire aux fastes de Paphos
Que, dans les temps heureux de votre apprentissage,
A chaque compagnon de vos galants travaux
Vous saviez le chausser avec beaucoup d'adresse.
Je conviens avec vous que la délicatesse
D'une fille d'honneur en doit beaucoup souffrir.
Mais, ma chere, n'importe, il s'y faut asservir ;
Il n'est eau de *Preval* (*), ni vinaigre qui tienne ;
La vérole s'en f..., vous connoissez la mienne :
Ces vains palliatifs n'ont pu me prémunir,
On ne nous donne, hélas ! qu'infidelles recettes ;
Le *Condon*, c'est la loi, ma fille, & les propheres !

(*) Médecin qui prétend avoir une eau préservative, avec laquelle on peut affronter tous les dangers.

16 *Décembre*. Des deux évêques désignés par le roi pour les isles du vent & sous le vent, est un certain abbé de *la Roque*, ci-devant barnabite, & frere d'un premier commis; dès qu'il a été nommé, il a quitté son froc, il s'est jeté dans le monde, & vit dans Paris & à la cour en prélat petit-maître, affichant le luxe & la galanterie. Ce scandale offusque M. l'archevêque de Paris, & le prélat de mœurs austères ne veut pas laisser subsister plus long-temps dans le monde ce moine dépaysé. Comme cet évêché prétendu souffre beaucoup de difficultés à Rome, & même de l'impossibilité, M. de *Beaumont* va travailler à faire rentrer dans son cloître l'abbé de *la Roque*, ainsi qu'il y a repoussé, il n'y a pas long-temps, des bénédictins abbés se plongeant trop dans les vanités du siecle.

16 *Décembre*. *Orphanis*, dont on a repris depuis long-temps les représentations, continue à aller, parce que tout va : cette tragédie peu améliorée, en est à sa dixieme représentation.

18 *Décembre*. Un duel arrivé lundi dernier excite aujourd'hui l'attention de Paris, tant par ses circonstances, que par la difficulté d'en approfondir l'origine & les détails. On sait en général que le comte de *Rouault Gamache* a été blessé à mort sur le champ de bataille, transporté chez un chirurgien voisin qui n'a voulu lui rien faire, & qu'il y a expiré, sans vouloir nommer son adversaire. Quant au combat, les deux rivaux arrivés, chacun d'un bout de la rue des Prouvaires, ont fait mettre en travers leur voiture, & se sont ainsi formé une lice inabordable. On a trouvé au cadavre une blessure à gauche, ce qui annonce que le vainqueur étoit

gaucher, ou avoit changé son fer de main. Quoi qu'il en soit, on a beaucoup varié sur lui, & l'on prétend constaté aujourd'hui que c'est un M. *le Prêtre*, officier, chevalier de Saint-Louis, fils du *le Prêtre*, trésorier de l'ordinaire des guerres. On veut que celui-ci fit avec trop de soin la cour à la femme de M. de *Gamache*, son ami, mais dont la jalousie s'est manifestée d'une façon si vive, que l'autre a été forcé de se défendre. Au reste, le roi lui-même a semblé désirer que l'affaire n'eût point de suite, s'il a déclaré que *Gamache* étoit mort d'un coup de sang.

19 *Décembre*. le Wauxhall d'hiver de la foire St. Germin, a eu permission d'ouvrir de bonne heure & de donner son spectacle deux fois par semaine, à cause de la briéveté du carnaval. Pour varier, on a permis au directeur de fournir cette salle à un concours d'armes. Tous les éleves qui y ont tiré, étoient masqués.

19 *Décembre*. On croit que les directeurs de l'opéra, quand ils seront débarassés des spectacles de la cour, & que les acteurs auront pris du repos, donneront à Paris, *Sabinus*, du moins c'est leur projet ; ce qui alarme les amateurs regardant, cet opéra comme très-mauvais. Il est certain qu'il est on ne peut plus triste, mais on y trouve de grands morceaux de musique & des airs de danse délicieux.

20 *Décembre*. Le troisieme mémoire du sieur de *Beaumarchais*, paroît enfin aujourd'hui pour les juges, & ne sera rendu public que demain. Il a pour titre : *Addition au Supplément du Mémoire à consulter pour* Pierre - Augustin Caron , &c. *servant de Réponse à madame* Goezman *accusée; au sieur* Bertrand d'Airolles, *accusé; aux*

sieurs Marin, *gazetiers de France*, & d'Arnaud Beculard, *conseiller d'ambassade, assignés comme témoins.*

Il est souscrit d'une consultation en date du 18 décembre, signée *Bidault*, *Ader*: il est plus volumineux que les précédents, & la porte de l'auteur est déjà investie de curieux qui le sollicitent pour en avoir des exemplaires.

22 *Décembre*. La princesse de *Talmont* vient de mourir d'une fluxion de poitrine. C'étoit une femme d'esprit, fort extraordinaire. Elle étoit proche parente de la feue reine, & a institué sa légataire universelle, madame *Adélaïde*.

32 *Décembre*. Au premier acte (d'*Ernelinde*) le théâtre représente l'intérieur de la cour d'un palais, dans la partie la plus proche de la demeure du souverain: des façades sur les ailes. Cette cour paroît séparée par des balustrades: sur les côtés, des avant-cours; des morceaux de fortification font la partie éloignée dans la perspective. On voit d'un côté sur le devant, un autel consacré au dieu *Oden*, ou *Mars*. La scene commence par les efforts d'*Ernelinde* pour empêcher son pere d'aller à la défense de son palais assiégé. Elle n'y peut rien; il la quitte, elle tombe évanouie au pied de l'autel. *Sandomir*, amant de la princesse, mais au rang de ses ennemis, se montre au milieu de la breche, suivi de ses soldats; il vient à elle, la rassure. *Riccimer*, le vainqueur, arrive porté sur un pavois: les autres guerriers viennent successivement sur le théâtre par la breche, à travers laquelle on découvre le camp des assiégeants, & plusieurs de leurs machines de guerre.

Le monarque donne une couronne de laurier à *Sandomir*; celui-ci ne demande qu'*Ernelinde* pour partage. Cependant on dresse un trône à *Riccimer*, décoré d'ornements militaires & de richesses enlevées dans le palais de *Rodoald*, pere d'*Ernelinde*. Les soldats en dressent un autre au général, qui est assis à la droite de *Riccimer*; celui-ci a devant ses yeux les récompenses militaires qu'il fait distribuer par des Suédoises armées. Les danses de cet acte sont toutes guerrieres, & consistent simplement en marches.

On voit, au second acte, l'intérieur du palais des rois de Norwege. Le vainqueur apprend à *Sandomir* sa passion pour *Ernelinde*; rage de celui-ci: le roi ordonne qu'il s'éloigne avec ses vaisseaux Danois: il se pique de générosité envers les vaincus, les fait déchaîner; ce qui amene un ballet pantomime. Des bergers & des bergeres jouissent des plaisirs de la vie champêtre, des guerriers & des guerrieres viennent les troubler; la paix & ses compagnes paroissent, s'avancent & unissent les guerriers aux bergeres, & les bergers aux guerrieres.

Un port de mer fixe les yeux au troisieme acte: on voit des vaisseaux à la rade, des barques mobiles sur le devant, de longues jetées, un phare en partie démoli: sur l'un des côtés est un palais d'une architecture détruite à moitié, des bases, des chapiteaux, des tambours de colonnes renversées sur les perrons. *Ernelinde* implore la clémence de *Riccimer* pour son pere: le vainqueur veut lui rendre sa couronne s'il lui donne sa fille: refus de l'un & de l'autre; *Sandomir* dont les soldats & les matelots se disposoient à partir, leur ordonne de rester, &

veut venger son amante & *Rodoald*. Le roi de Suede menace de faire périr le pere, & l'amant d'*Ernelinde*, si elle ne l'épouse ; elle tombe dans une espece de délire : on l'entraîne.

Au quatrieme acte, le théâtre représente une prison ; vers le fond on apperçoit divers souterrains ; sur les côtés, plusieurs cachots fermés par des grilles de fer. *Ernelinde* vient trouver *Sandomir* aux fers ; le pere de la princesse, sous prétexte d'engager son amant à la céder à *Riccimer*, profite de sa liberté pour ranimer ses soldats & ses peuples : point de danse.

Le cinquieme acte s'ouvre par la vue d'un temple magnifique, où tout est préparé pour le couronnement & l'hymen d'*Erlinde*, que *Riccimer* croit avoir été déterminée à l'épouser. A l'instant on lui annonce que tout est révolté. Il court au combat. *Rodoald* arrive vainqueur, se rejoint à sa fille & à *Sandomir* : *Riccimer* survient ; son rival engage *Rodoald* à lui pardonner, à lui rendre son épée ; le captif s'en sert pour se tuer ; on l'entraîne, & l'on célebre l'hyménée du prince Danois avec la fille du roi de Norwege.

23 *Décembre*. C'est de madame *le Prêtre* dont le comte de *Gamache* étoit amoureux ; & c'est à la comédie italienne où le mari a trouvé sa femme dans la loge de son amant, qu'a été donné le défi ; ce qui est la leçon la plus vraisemblable de cette malheureuse histoire.

24 *Décembre*. C'est effectivement *Sabinus* que l'académie royale de musique se propose de donner, mais réduit en quatre actes, à cause de l'un des cinq où il n'y a point de danse, & que l'on refond dans le cinquieme.

24 *Décembre*. Le troisieme mémoire du sieur de *Beaumarchais*, est couru avec plus d'avidité encore que les premiers, par le scandale que cause son affaire qui acquiert de plus en plus une publicité générale. Celui-ci ne paroît cependant pas aussi bien fait que les autres; il est plus décousu; il y a moins de gaieté franche; les injures n'y sont pas aussi finement déguisées, & l'humeur perce fréquemment. Les gens de qualité sont sur-tout furieux d'y voir inculper un officier-général de la façon la plus injurieuse; c'est le comte de *la Blache*, qui y est indiqué en toutes lettres, & assez maltraité en plusieurs endroits; il est question des cinq cents louis que l'on a prétendu qu'il avoit fournis au sieur *Goezman*, & qui avoit fait pancher la balance de son côté. Le président de *Nicolaï*, les sieurs *Nau de Saint-Marc* & *Gin*, autres membres du nouveau tribunal, n'y sont pas plus ménagés; mais le plus maltraité est le sieur *Marin*, le gazetier de France. On ne croit pas qu'il puisse se dispenser de répondre aux reproches graves & diffamants, articulés contre lui, d'autant que ce mémoire aussi répandu & plus fêté que la gazette, doit percer dans les deux mondes. On espere que l'anecdote du palais arrivée le jour de la séance, fournira matiere au sieur de *Beaumarchais*, pour s'égayer sur le compte du président de *Nicolaï*, & nous faire rire aux dépens de ce magistrat qui prête infiniment aux sarcasmes.

26 *Décembre*. On a dit que la princesse de *Talmont* étoit très-singuliere, même un peu folle, & son testament en a fourni la preuve. Elle étoit Polonoise, & avoit demandé par ce der-

niér acte à être inhumée suivant la méthode de sa nation, c'est-à-dire, toute habillée : elle avoit désigné la robe superbe avec laquelle elle devoit être portée à sa paroisse dans un fauteuil, le visage découvert ; en un mot, elle exigeoit qu'on suivît en tout le rite polonois ; mais l'archevêque de Paris s'est opposé à cette nouveauté, & la princesse a été inhumée à Saint-Sulpice, à la françoise.

27 *Décembre*. Dans le premier acte de la pastorale héroïque d'*Issé*, le théâtre représente un hameau. *Apollon* déguisé en berger, sous le nom de *Philemon*, est amoureux d'*Issé*, nymphe, fille de *Macarée* : *Pan*, aussi déguisé en berger, confident d'*Apollon*, en conte à *Doris*, sœur d'*Issé*; mais il fait l'amour à la françoise en petit-maître : le dieu du jour, au contraire, est sérieusement épris, & met beaucoup de délicatesse & de défiance dans son intrigue. *Hylas*, berger véritable, autre amant d'*Issé*, est encore dans un genre différent : c'est l'héroïsme de l'amour pour la fidélité, le dévouement, la constance. Quoiqu'il ait lieu de présumer n'être pas écouté, il vient donner une fête à la nymphe. Ce divertissement, & par le chant & par la danse, tend à fléchir le cœur d'*Issé*.

On voit à l'ouverture du second acte, le palais d'*Issé* & ses jardins. *Apollon* survient, il fait sa déclaration, & elle se défend de façon à faire juger de son retour. *Pan* traite la chose plus cavaliérement avec *Doris*; il se donne tout uniment pour un volage, il exhorte sa suite à célébrer l'inconstance : ce qui donne lieu à des danses & à des chants caractérisés & très-opposés à ceux du premier acte.

La forêt de Dodone offre une nouvelle scène au troisieme acte : *Issé* vient y consulter l'oracle sur son amour ; elle trouve *Hylas* qu'elle désespere par sa froideur. *Pan* y forme une épisode avec *Doris*, qui consent enfin à la passion de cet amoureux, & veut essayer s'il lui apprendra à changer, ou si elle le rendra fidele. Enfin le grand-prêtre fait parler l'oracle pour *Issé* ; il prédit à la nymphe qu'*Apollon* doit être aimé d'elle : les prêtres & les prêtresses, les dryades, les sylvains viennent en conséquence rendre hommage à cette nouvelle souveraine. De-là, un divertissement d'un troisieme genre, amené naturellement encore.

Issé paroît dans une grotte, au quatrieme acte : elle s'y plaint amérement de l'amour qu'*Apollon* ressent pour elle ; elle déclare qu'elle ne changera pas pour ce dieu le fidele berger qu'elle aime. Elle entend une symphonie douce ; danses agréables, formées par les songes flatteurs. *Issé* s'endort : *Hylas* la cherche de nouveau, la trouve endormie, apprend à son réveil qu'elle a cru être aimée d'*Apollon*, mais qu'elle ne changera point de passion ; qu'elle préfere *Philemon*. *Hylas*, voyant qu'il a contre lui & l'amour & la gloire, s'en va sans retour.

Au cinquieme acte, *Issé* ayant appris les inquiétudes de *Philemon* sur la passion d'*Apollon*, vient rassurer le berger : ce qui donne lieu à une scene de tendresse entre eux deux dans une solitude. Le théâtre change tout-à-coup, & représente un palais magnifique : on voit les Heures sur des nuages, tout annonce l'arrivée d'*Apollon*; l'inquiétude de la nymphe redouble ; elle tremble pour *Philemon*, qui se découvre enfin ; ce qui amene un superbe divertissement composé des peuples des différentes parties du monde.

28 *Décembre*. Extrait d'une lettre de Sens, du 25 décembre.... On a célébré ici, le 20, le service annuel pour feu monseigneur le dauphin. M. le comte *du Muy*, menin de ce prince & son favori, qui a fait creuser sa tombe auprès de son ancien maître, y étoit avec l'édification qu'il donne toujours; mais il a offert un spectacle plus chrétien encore, il a voulu descendre dans son caveau, & y repaître ses regards de toute l'horreur que doit inspirer un lieu pareil. Cette action a fait frémir les autres courtisans assistants à la cérémonie.

29 *Décembre*. On a lu dans le *Mercure*, des vers d'un seigneur Russe, prétendu en l'honneur de M. de *la Harpe*, que cet adjoint au journal en question y avoit insérés modestement; ce qui a donné lieu à l'épigramme suivante, qu'on attribue à un M. *Guinguené*, débutant dans la carriere :

N'a pas long-temps, un seigneur Moscovite,
Grand connoisseur, d'un pauvre auteur sifflé
En vers françois a prôné le mérite,
Dont le rimeur, d'orgueil tout boursouflé,
Dans son *Mercure* a colloqué l'épître.
Or, mes amis, savez-vous à quel titre
Telle patente il a pu mériter ?
Ses vers qu'ici nul ne veut écouter,
Ont à Moscou charmé plus d'une oreille :
Chacun y dit : ma foi, sans le flatter,
Ce François-là parle Russe à merveille !

29 *Décembre*. Extrait d'une lettre d'Amsterdam, du 24 décembre..... On devoit imprimer ici un journal intitulé *l'Observateur Hollandois à Paris*; il étoit annoncé par un prospectus très-répandu : M. le comte de *Noailles* ambassadeur de S. M T. chrétienne auprès des Etats-Généraux, s'est alarmé de cet ouvrage sans le connoître; il a remué ciel & terre pour en empêcher la publication : enfin il-y a eu priere à l'imprimeur de la suspendre, & une priere dans une état républicain équivaut à une défense dans un état despotique.

30 *Décembre*. Ce matin M. de *Saint-Auban*, officier-général d'artillerie & cordon rouge, se promenoit sur les boulevards à cheval, ainsi qu'il fait tous les jours. Un autre cavalier l'a suivi long-temps, enfin l'a abordé, lui a demandé s'il n'étoit pas M. de *Saint-Auban* ? Celui-ci ayant répondu, « oui, je le suis. Et moi, je me nom-
» me le baron de *Chargey*, neveu de M. de
» *Bellegarde*, a dit alors l'inconnu : vous êtes
» l'instigateur de la persécution de mon oncle
» & du jugement infame qu'il a subi, rendez-
» m'en raison. » L'officier-général a déclaré y être disposé; mais ne le pouvoir dans ce moment, où ses pistolets n'étoient point chargés.... L'assaillant n'en a pas moins tiré le sien, &, sans blesser son adversaire, n'a percé que l'oreille du cheval; il a mis soudain le sabre à la main, & a voulu tomber sur M. de *Saint-Auban*, qui par des caracoles adroites, a éludé tous les coups; il s'est bientôt attroupé du monde, & le jeune homme ayant perdu la tête, s'est mis à fuir. M. de *Saint-Auban* l'a poursuivi quelque temps, mais à la faveur d'embarras, son adver-

faire lui a échappé. L'officier-général est allé faire sa déposition à M. de *Sartines* qui, au signalement, a reconnu le personage: il en a écrit en cour, & cette querelle contée ainsi par M. de *Saint-Auban*, si les circonstances sont vraies, doit avoir les suites les plus funestes pour le baron de *Chargey*.

31 *Décembre*. Depuis quelque temps on parle de disparates de M. de *Boynes*; on prétend qu'il lui en est échappé dans le conseil; les partisans de ce ministre disent que c'est un bruit faux, accrédité méchamment par le chancelier qui, après s'être servi de l'exellente tête de M. de *Boynes* pour ses opérations, le redoute aujourd'hui qu'il n'en a plus besoin & voudroit le perdre. Quoi qu'il en soit, on raconte que madame de *Boynes*, à ce propos, s'est écriée plaisamment: *si mon mari manque par la tête, il ne manque pas par tous les bouts*. En effet, cette dame est d'une fécondité merveilleuse.

1 *Janvier* 1774. Le suicide des deux dragons a fait un bruit considérable, &, malgré la vigilance de la police pour empêcher que leur testament de mort ne perce dans le public, il est répandu, & chacun en prend copie. Le marquis de *Monteynard*, en rendant compte au roi de ce fait, a voulu faire entendre à sa majesté que c'étoit un délire: le monarque par un signe de tête très-négatif, lui a donné à comprendre qu'il n'étoit point dupe de cette tournure, qu'il n'en croyoit rien, & lui a tourné le dos.

3 *Janvier*. « Le sieur *Beaumarchais*, dit-il,
» (le sieur *Marin*) mettant le comble à son
» audace, vient de le diffamer de nouveau dans
» un troisieme libelle encore plus atroce que les

» premiers. Cet homme, après avoir insulté
» à la majesté des loix, injurié la magistra-
» ture entiere, bravé le tribunal qui doit le
» condamner, outragé des citoyens honnêtes
» qui ne l'ont point offensé, notamment le
» suppliant, vendant publiquement contre les
» arrêts de la cour, les réglements de la
» librairie, les devoirs de l'honnêteté, ce que
» sa noire méchanceté lui fait imprimer; por-
» tant la frénésie jusqu'à acuser l'administration
» dans ses premier & second libelles, enhardi
» par l'impunité, vient encore par la diffamation
» la plus atroce acuser un citoyen de crimes dignes
» de la plus grande punition. On lit entr'autres
» abominations dans ce libelle : *j'appelle un*
» *chat un chat, & Marin un fripier de mémoires, de*
» *littérature, de censure, de nouvelles, d'affai-*
» *res, de courtage, d'usure, d'intrigues,* &c. Impu-
» tations inouies, qui rendroient la personne du
» suppliant infame Une si affreuse licence, de
» telles calomnies, si elles n'étoient réprimées
» promptement, seroient portées par cet homme
» audacieux au point de produire enfin des écrits
» qui semeroient la haine & la division parmi
» tous les ordres de la société, finiroient par ar-
» mer les citoyens les uns contre les autres : on
» ne pardonneroit ces attentats qu'à des peuples
» sauvages chez lesquels la nature, en laissant à
» l'homme la liberté indéfinie, lui donne le
» droit de venger ses propres injures : la religion
» sainte & les loix ayant sagement mis des bor-
» nes à cette liberté naturelle, ont établi des
» juges pour réparer des offenses publiques &
» particulieres : leur ministere est nécessaire &
» ne peut se refuser à l'innocence opprimée par

» la vexation & la calomnie. Les outrages abo-
» minables faits au suppliant exigent une répara-
» tion prompte & éclatante : il réclame cette répa-
» ration. Ce citoyen, blessé dans son honneur
» qu'il préfere à la vie, iroit se jeter aux pieds
» du roi, pere & premier juge de tous ses su-
» jets, pour lui demander justice, s'il ne l'atten-
» doit de la cour. &c. »

3 *Janvier*. Madame la princesse de *Talmont* avoit un mobilier considérable, qu'elle a distribué en grande partie par des dispositions particulieres envers ses amis & amies. Il paroît que celle en faveur de madame *Adelaïde* a été peu agréable à la cour & qu'on la regarde comme une jactance qu'on y a tournée en ridicule. Elle laisse cent mille francs aux Enfants-trouvés, à la charge de cinq mille livres de rentes viageres à plusieurs de ses domestiques.

3 *Janvier*. Sur le compte qui a été rendu au roi de l'assassinat de M. de *Saint-Auban*, sa majesté a ordonné qu'on fît les perquisitions les plus séveres du meurtrier, & qu'il fût puni suivant la rigueur des loix. En conséquence on lui doit faire son procès criminellement. Des lettres anonymes qu'a reçu fréquemment cet officier-général depuis le jugement de M. de *Bellegarde*, serviront de base à la procédure. Jusqu'à présent le baron de *Chargey* est réputé très-coupable, parce qu'on n'a que la narration de M. de *Saint-Auban*; mais les gens sages suspendent leur jugement, & ne peuvent se persuader qu'un gentilhomme connu jusques-là par des mœurs très-honnêtes, ait médité une pareille atrocité; qu'il ait eu la folie de vouloir l'exécuter en plein jour, sur les boulevards, & qu'il ait eu la mal-adresse de s'y prendre aussi gauchement.

4 *Janvier*. C'est du septieme livre des métamorphoses d'*Ovide* (fables 17 & 18) qu'est pris le sujet de *Céphale & Procris*. *Céphale* étoit un chasseur que l'*Aurore*, devenue amoureuse de lui, avoit enlevé; il avoit épousé *Procris*, nymphe de *Diane*, & la déesse ne pouvant lui faire oublier cette épouse chérie, le renvoya en lui annonçant dans sa colere qu'un jour il souhaiteroit ne l'avoir jamais revue. En effet, *Procris* jalouse d'une certaine *Aura*, que *Céphale* appelloit tendrement, en se reposant des fatigues de la chasse, voulut épier son mari : cette *Aura* n'étoit autre chose qu'un vent rafraîchissant, l'haleine légere des zéphyrs : au moment où sa tendre épouse, écoutant les exclamations vives de *Céphale*, sans en voir le sujet, dans un accès de sa douleur exhaloit ses plaintes ; celui-ci ayant entendu quelque bruit, crut que c'étoit une bête féroce : il lance son javelot & perce son épouse.

Au premier acte, on voit un bois d'un ombrage agréable. L'*Aurore* ouvre la scene, déguisée en nymphe des forêts : à sa présence les buissons fleurissent & les oiseaux chantent : elle annonce son amour pour *Céphale*; il arrive, elle se cache ; celui-ci fait la description de son bonheur : l'*Aurore* paroît dans son déguisement & , sous prétexte de se plaindre d'un amour malheureux qui la tourmente, par la crainte que *Diane* ne le découvre, elle lui apprend que cette déesse, dans sa vengeance, a condamné *Procris*, une de ses compagnes, à périr de la main de son époux. Douleur du chasseur. La nymphe lui conseille d'aller trouver l'*Aurore*, fille du dieu du jour, le frere de *Diane*, & de l'engager à fléchir la déesse courroucée. Elle le quitte. Survient *Procris*.

à qui son époux annonce l'arrêt fatal de *Diane*; douleur de tous deux : cependant ils se retirent aux approches des nymphes de la divinité des forêts, qui viennent célébrer la réception d'une jeune nymphe armée chasseresse ; elles enseignent à leur nouvelle compagne à fuir les pieges de l'Amour : l'une d'elles, ayant sur le front le bandeau de ce dieu, en imite toutes les ruses ; la jeune nymphe s'en défend & l'on applaudit à son triomphe; ce qui donne lieu à des danses, à des chants & à une pantomime pleine d'expression.

Le théâtre change au second-acte & représente des nuées légeres qui environnent le palais de l'*Aurore*; sur le prélude de la premiere scene, une partie de ces nuées commencent à se dissiper. Dans la premiere scene, sur le devant du théâtre, l'*Aurore*, *Flore* & *Palès* sont assises, formant des guirlandes de fleurs : les Heures du matin reçoivent ces guirlandes des mains des trois déesses, & les font passer aux Zéphyrs, qui vont en décorer le char & le palais de l'*Aurore*. Celle-ci, après avoir quelque temps déguisé sa passion, est obligée de l'avouer aux déesses : elle leur dit qu'elle attend *Céphale* & les invite à embellir sa cour pour le séduire : la cour de *Flore* & celle de *Palès* s'assemblent en dansant, les Heures se mêlent avec elles : à l'arrivée de *Céphale*, l'*Aurore* se retire avec sa suite dans l'intérieur de son palais. *Flore* seule reste sur le vestibule pour émouvoir *Céphale* en faveur de l'*Aurore*, qu'elle lui apprend être amoureuse d'un mortel, sans lui dire quel il est ; elle lui montre les préparatifs de la fête disposée pour lui : il veut attendre cet amant fortuné, afin de l'engager à solliciter la déesse en sa faveut. Divertissement occasionné par la cour de l'*Aurore*, qui environne *Céphale*, & s'empresse à lui plaire. Les nuages qui déroboient le palais de l'*Aurore* se dissipent : elle se montre sur son trône, au milieu de sa cour. Celle-ci se retire & la laisse seule avec *Céphale*. Il la reconnoît pour la nymphe qu'il a déjà vue. Elle lui découvre son amour, & veut le déterminer par la crainte de l'accomplissement des menaces de *Diane*; il résiste. Cependant le char de l'*Aurore*, & les Heures viennent avertir leur souveraine qu'il est temps d'annoncer le jour. Dernier effort de celle-ci pour un *quatuor* entre elle, *Flore*, *Palès* & *Céphale* qui est toujours rebelle: l'*Aurore* monte sur son char, & accompagnée des Heures du matin que portent de légers nuages, elle s'éleve dans les airs.

Au commencement du troisieme acte, on revoit la même décoration de l'ouverture. La jalousie annonce à sa suite son projet atroce. Pantomime du ballet, au milieu duquel la divinité cruelle paroît tout-à-coup transformée en nymphe, sous le même déguisement que l'Aurore dans le premier acte ; ce qui promet les plus funestes effets, dont la troupe infernale se réjouit. Elle se retire à l'arrivée de *Procris*; la jalousie reste, & porte au cœur de cette malheureuse épouse son souffle empesté ; elle lui fait accroire que *Céphale* soupire pour *Aura*. Elle veut qu'elle en ait la preuve : toutes deux se cachent pour entendre *Céphale* exhaler sa passion, & celui-ci, entendant du bruit, lance son javelot, & perce sa femme. Il s'apperçoit de son crime ; la jalousie, pour comble d'horreur, se découvre, & certifie à *Procris* qu'elle est la cause de son désastre. L'époux maudit l'Amour, puis l'invoque pour réparer son forfait. Le dieu vient avec toute sa cour, il ressuscite *Procris*. Dans ce moment paroît *Diane*, irritée contre l'amour qui lui dérobe sa vengeance, & le javelot à la main, elle veut elle-même s'élancer sur *Procris*. L'amour, portant la main à son carquois, la menace & la fait reculer de frayeur. Survient l'*Aurore*, à qui elle veut inspirer le ressentiment qui l'anime. L'Aurore plus douce l'invite à pardonner comme elle, & lui montre dans le jeune *Hesper* le vainqueur que l'Amour lui donne. *Hesper* est le dieu qui préside à l'étoile du matin. Il se joint à l'*Aurore* pour appaiser *Diane*; mais *Diane* plus indignée, se précipite à travers la foule des Plaisirs qui veulent en vain l'arrêter: comme elle va frapper *Céphale* qui défend *Procris*, & qui se présente à ses coups, l'Amour la désarme & la blesse. *Diane* tombe dans les bras de l'*Aurore*, & à l'instant même elle voit *Endimion* à ses genoux. Elle résiste & se défend; mais elle est réduite à se rendre; & ces deux couples, l'*Aurore* & *Hesper*, *Diane* & *Endimion*, enchaînés par les Plaisirs, viennent tomber aux pieds de l'Amour. Ariette & ballet général.

5 *Janvier*. L'aventure de M. de *Saint-Auban* continue à faire beaucoup de bruit; mais elle ne prend pas une tournure assez favorable pour lui, à cause de la diversité de ses dépositions, de celles de son laquais qui le suivoit à cheval. Cependant comme il est question de maintenir le respect & la confiance dus à un conseil de guerre; que celui de Lille occasionna aussi beaucoup de fermentation & de lettres anonymes, le roi veut que le procès soit fait pa

contumace au *quidam*, & l'on assure que la plainte est rendue au Châtelet.

7 Janvier. M. de *Saint-Auban* a été fort mal accueilli à Versailles. On désapprouve qu'il ait poursuivi le baron de Chargey ; & sur-tout qu'il ait été faire sa déposition chez M. de *Sartines*. Quoiqu'il ait la réputation d'un homme de courage, on ne trouve pas qu'il se soit conduit en loyal chevalier dans cette rixe.

7 Janvier. M. le duc d'*Aumont*, qui entre de service cette année, en qualité de gentil-homme de la chambre, a congédié tous les gens de l'opéra, & arrêté qu'il n'y auroit plus de pareils spectacles à Versailles, comme trop dispendieux, & peu amusants pour les princes & princesses.

8 Janvier. Dès long-temps menacé d'une disgrace, le marquis de *Monteynard* reste toujours *in statu quo*. Il n'a point ouvert le porte-feuille depuis le voyage de Fontainebleau. Les courtisans sont dans l'attente, les ministres tourmentent sa majesté qui a peine à se décider, & voudroit que M. de *Monteynard* offrît de lui-même sa démission. Celui-ci s'obstine à attendre les ordres du maître : ce qui donne de l'humeur au monarque. Depuis quinze jours il siffle fréquemment, & c'est à ce signe infaillible que ceux qui ont l'honneur d'approcher de sa majesté, reconnoissent qu'il n'est pas dans son assiette.

8 Janvier. Il est assez d'usage qu'au renouvellement de chaque année il paroisse des couplets sur les filles d'opéra, où l'on constate leurs talents, leur galanterie, leurs aventures, les noms de leurs amants, en un mot, tout ce qui peut intéresser les paillards sectateurs de ce spectacle. On n'a pas manqué de chansonner celles de la génération actuelle dans deux vaudevilles, dont l'un est un *noël à l'usage de l'académie royale de musique*, sur l'air : *Tous les bourgeois de Châtres*, &c. en trente-cinq couplets : l'autre est sur l'air *des mirlitons*. On n'y trouve pas malheureusement cette gaieté piquante de plusieurs autres plaisanteries du même genre ; & celle-ci n'est curieuse que pour constater la chronologie & le tableau très-mouvant de ces demoiselles.

9 *Janvier*. Depuis le délire des deux jeunes gens de Saint-Denis, & la publicité de leur singuliere catastrophe, ainsi que de leur testament encore plus singulier, quantité de particuliers ont quitté la vie, sans dire pourquoi ; & l'on présume que l'exemple funeste des premiers n'a pas peu influé sur ceux-ci.

9 *Janvier*. Depuis quatre mois on joue à l'opéra l'*Union de l'amour & des arts*, & ce ballet est constamment suivi. On répete cependant *Sabinus*.

10 *Janvier*. On parle d'une brochure très-méchante contre les artistes, en forme de *dialogues*. Elle est extrêmement rare, & désole ceux qui y sont maltraités de la façon la plus cruelle, entre autres le sieur *Pierre*.

11 *Janvier*. M. l'abbé de *Bulté*, jeune chanoine de l'église de Paris, qui n'étoit encore que diacre, a entendu la messe le jour de l'an, a fait ses aumônes à l'église, est rentré chez lui, a donné les étrennes à sa cuisiniere & à ses autres domestiques, est ressorti & n'a point reparu depuis. Comme il est de Blois, on a écrit à ses parents qui n'en avoient point eu de nouvelles,

& sont arrivés ici en diligence : on est à la recherche du personnage, sur lequel on ne trouve encore aucun renseignement. On soupçonne qu'il se sera noyé, sans qu'on sache cependant qu'il ait eu aucune raison de prendre cet étrange parti.

12 *Janvier.* Dimanche dernier on a joué aux François *Eugénie*, drame du sieur *Caron de Beaumarchais*, le héros du jour : on peut juger de l'affluence qu'il y a eu. A un certain endroit où il est question de juge & de procès, on a applaudi à tout rompre. A la fin de la piece, on a demandé quand on joueroit son *Barbier de Séville*. Les histrions n'ont tenu aucun compte de ces apostrophes du parterre, auxquelles ils n'ont pas répondu, suivant leur impertinence habituelle. Mais l'auteur ayant paru aux foyers après la piece, a été entouré & conduit en triomphe à son carrosse, à-peu-près comme *Wilkes* l'étoit autrefois en Angleterre.

Mardi dernier la même foule s'étoit portée aux Italiens à la piece des *trois Freres jumeaux Vénitiens*, pour entendre les *lazzis* d'arlequin relatifs au sieur *Marin* : on a été surpris qu'il les ait supprimés, on a voulu en savoir la raison, on a appris que cet acteur avoit été mandé à la police, où il avoit reçu une sévere réprimande, & injonction de ne pas récidiver.

Enfin, par un calembour bien digne des Parisiens, & qu'on répete comme une chose très-ingénieuse, on dit que *Louis quinze* a détruit le parlement ancien, & que quinze louis détruiront le nouveau.

13 *Janvier.* On attribue au sieur *Renou*, peintre & poëte, la brochure contre les artistes, on l'en

soupçonné d'autant plus volontiers l'auteur, qu'il a lieu d'être fort mécontent de ses confreres, & sur-tout du sieur *Pierre*, le plus maltraité. Il faut, pour cela se rappeller l'anecdote de son tableau de Mlle. *Coste*, qu'on a fait enlever ignominieusement du salon dernier, comme indécent & comme très-mauvais ; en outre, la diatribe en question seroit une vengeance sanglante, dont le sieur *Pierre* a été très affecté, au point d'en tomber malade. L'auteur ne fait grace à personne, & maltraite ceux même dont le talent est le plus reconnu ; tels que MM. *Vernet*, *Greuse*, &c. On juge aisément d'ailleurs, à la fabrique de l'ouvrage, à son style lourd & technique, qu'il est d'un artiste.

13 *Janvier*. M. le *Prêtre de la Martiere* ayant tué M. *de Gamaches*, est rentré chez lui, &, montrant à sa femme son épée encore teinte du sang de l'amant de cette dame, « *Vous l'avez voulu, madame*, lui a-t-il dit, *reconnoissez ce sang.* » Elle est tombée sur le champ dans un état affreux, où elle est restée depuis lors, & où elle est encore ; elle n'a recouvré la connoissance que depuis peu de jours ; elle a demandé son confesseur & son mari. Celui-ci s'étoit soustrait aux regards du public, & même avoit quitté Paris pour éviter le premier éclat d'un duel. Mais sa majesté ayant elle-même déclaré que M. *de Gamaches* étoit mort d'un coup de sang, il n'a pas craint de reparoître, & il est auprès de sa femme. On désespere qu'elle en revienne, & l'on trouve que la mort est ce qui peut lui arriver de mieux en circonstance pareille.

15 *Janvier*. Le nouveau tribunal fait publier un arrêt du 31 décembre, par lequel il supprime

les deux brochures dont on a parlé, l'une intitulée : *Lettre du marquis de... brigadier des armées du roi, à M.... avocat au conseil* ; & l'autre : *le Vœu de la noblesse, lettre à M... avocat au conseil.* Elles sont, comme on a observé, une critique raisonnée de l'arrêt de la grand'chambre. On les qualifie comme contenant des expressions attentatoires au respect dû à l'autorité de la cour.

Il paroît un autre arrêt du 10 janvier. Il est précédé d'un réquisitoire de l'avocat-général *Jacques de Vergès*, où il s'élève en termes emphatiques contre le livre du *Bons sens*, & contre celui intitulé de l'*Homme*, qu'il suppose être faussement attribué à feu M. *Helvétius*, pour éviter de sévir contre sa mémoire.

En conséquence la cour, la grand'chambre assemblée, a ordonné que lesdits livres seroient lacérés & brûlés par l'exécuteur de la haute-justice, comme impies, sacrileges, & tendant à troubler la tranquillité des peuples, & à ébranler les fondemens de la religion, &c.

L'exécution n'a eu lieu que le mercredi 12 janvier.

15 *Janvier.* Si les mémoires dans l'affaire du sieur de *Beaumarchais* sont suspendus, il court des requêtes qui ne sont qu'une forme plus judiciaire de les répandre. On distribue imprimée celle du sieur *Dairolles*, principalement dirigée contre le docteur *Gardanne.* Il y paroît que le négociant s'étant détaché du parti du héros principal, avoit rendu plainte contre le médecin le 3 septembre, & que celui-ci a récriminé par une requête signifiée le 14 septembre, dont le sieur *Dairolles* demande que son adversaire soit débouté. On y peint au surplus le sieur *Gardanne*

G 5

comme un homme d'un caractere inquiet, zélé sans prudence, mettant dans ses procédés une chaleur, un enthousiasme capables d'entraîner les ames honnêtes dans la séduction, comme ayant apporté dans cette affaire, pour capter le témoignage du suppliant en faveur du sieur de *Beaumarchais*, des soins empressés, dont ses amis essentiels sont souvent capables, & que les amis infideles se donnent sans efforts, comme d'accusé étant devenu agresseur, & par une délation odieuse ayant obligé le sieur *Dairolles* à se défendre, enfin comme ayant coopéré au premier mémoire du sieur *Caron* ; & réglé la dose du poison pour en étendre & répandre les ravages... Tel est le caractere du docteur, esquissé en bref, & dont on est d'autant plus porté à croire la vérité, que, malgré les injonctions de la faculté, il n'ose entrer en lice, & reste dans un silence qui ne peut lui faire honneur dans le public.

16 Janvier. L'affaire du secretaire de M. de *Guignes*, qui a perdu une somme énorme en Angleterre au *jeu des actions*, commence à faire bruit ici. Quoique cet ambassadeur renie absolument cet homme, prétende ne l'avoir pris que comme un joueur de violon, propre à faire de la musique avec lui ; son évasion, sa détention à la Bastille, & l'œil vigilant qu'il porte sur lui, quoique de loin, tout fait présumer qu'il y avoit de l'intelligence entre eux. On assure que les joueurs adverses sont ici, & veulent intenter contre le prisonnier une action, qui ne peut faire honneur au ministre de France en Angleterre, & nécessitera son rappel. En général, on parle mal à la cour & à la ville d'une inculpation aussi fâcheuse.

16 *Janvier*. Quoique les mariages ridicules de quelques femmes de la cour projetés à l'instar de celui de madame la duchesse de *Chaulnes*, ne soient pas publics, bien des gens s'obstinent à les croire vrais, entr'autres celui de madame la duchesse de *Brancas* avec l'abbé *Cerrati*; celui de madame la maréchale d'*Estrées* avec M. le *Fevre d'Amecourt*, conseiller du parlement ancien; celui de madame la comtesse de *Gisors* avec M. *la Tour-du-Roch*, militaire escroc & intrigant, &c.

17 *Janvier*. Il paroît qu'aujourd'hui le grand adversaire du marquis de *Monteynard*, c'est le prince de *Condé*. Celui-ci ne l'avoit proposé que dans l'espoir de trouver en lui un ministre favorable, qui le seconderoit dans son projet de faire recréer en sa faveur la charge de grand-maître de l'artillerie. Le nouveau secretaire de la guerre, dans l'enthousiasme de son exaltation, avoit promis à son altesse tout ce qu'elle avoit voulu. La disgrace des princes, qui suivit peu après, le mit à son aise pour ne point tenir parole à son altesse. Mais depuis leur retour à la cour, le prince de *Condé* étant revenu à la charge, aidé de madame la comtesse *Dubarri*, M. de *Monteynard* a travaillé sous main à ne point se laisser enlever le plus beau fleuron de sa couronne. Il a représenté au roi que cet objet de 400,000 livres de rente étoit une charge de plus pour l'état, dans un temps où l'on retranchoit dans les départements, bien loin d'augmenter; il a d'ailleurs prouvé la nécessité de tenir sous sa main celui de l'artillerie, pour remédier aux déprédations dont il a fait voir un échantillon par le procès de M. de *Belle-*

garde. Au fond, on ne blâme point ce ministre d'avoir parlé dans la sincérité de son cœur, & conformément à l'obligation de son état, mais bien sa manœuvre sournoise, & ses souplesses vis-à-vis le prince de *Condé* son protecteur, tandis qu'il agissoit d'une maniere différente auprès de sa majesté. Madame *Dubarri*, de son côté, est intéressée à tourmenter sur cet objet le roi qui lui avoit donné sa parole que la chose s'effectueroit au premier travail. Il y a apparence que c'est cette anxiété de sa majesté qui l'empêche de travailler avec M. de *Monteynard*, sans que d'un autre côté elle puisse se déterminer à renvoyer un ministre auquel elle n'a rien à reprocher. On ne sait quand se terminera cette décision, par laquelle tout reste en suspens.

17 *Janvier.* Le sieur *Renou*, auteur de la tragédie de *Terée*, tombée à la premiere représentation, a fait imprimer cette piece avec une préface, où il rend compte de ses tracasseries avec les comédiens, & rapporte les lettres de ces histrions. Elles sont d'une insolence incroyable. Le sieur *Monvel*, l'un d'eux, semblant préférer à la qualité d'auteur celle d'histrion, prend parti pour ses confreres contre les gens de lettres, & répand des *observations sur la préface de Terée & de Philomele*. Cette diatribe dirigée d'abord contre le sieur *Renou*, implique bientôt tous les auteurs, mériteroit un châtiment sévere à l'écrivain, s'il est véritablement le pere d'un pamphlet aussi indécent : le ton de la plaisanterie, en général très-déplacé, est poussé ici jusqu'à l'ironie la plus insolente.

20 *Janvier.* On parloit, il y a quelque temps,

chez M. le chancelier de son parlement, & le chef de la magistrature se félicitoit de son érection ; il avouoit qu'il n'auroit pas cru en être sitôt quitte, & trouver autant de sujets qui s'enrôlassent dans la nouvelle milice ; un jeune seigneur lui répondit : Mais, monseigneur le chancelier, quand on veut empoisonner un étang, on ne manque jamais de fretin. » Plaisanterie qui décontenança un peu M. de *Maupeou*.

22 *Janvier*. Comme tout ce qui sort de la plume de M. de *Voltaire*, est précieux, il est essentiel de restituer dans la piece intitulée *la Tactique*, quatre vers supprimés dans la plupart des copies qu'on a eues, & même dans les imprimés faits en France. Ils contribuent merveilleusement à prouver l'acharnement de ce grand homme contre ses petits ennemis, qu'il injurie tant qu'il peut & par-tout où il peut. Ils sont après le cent vingt-huitieme vers : *Siffler Semiramis, Mérope & l'Orphelin* :

Ainsi que le dieu Mars, Apollon prend les armes ;
L'église, le barreau, la cour ont leurs alarmes ;
Au fond d'un galetas, *Clément & Savatier*
Font la guerre au bon sens sur des tas de papier...

On sent que cette faute d'orthographe *Savatier*, au lieu de *Sabatier*, est faite exprès.

23 *Janvier*. Il paroît que messieurs les chanoines de l'église de Paris, savent à quoi s'en tenir sur l'évasion de l'abbé de *Bulté*, leur confrere, qu'il n'est pas absolument perdu ; mais que le dérangement de sa fortune occasionné

par de grosses pertes au jeu chez le sieur *le Clerc*, premier commis des finances, lui a fait tourner la tête, & l'a déterminé à prendre un parti aussi violent, qui le met hors d'état de reparoître à Notre-Dame, & l'on ne doute pas qu'on ne lui fasse donner sa démission.

24 *Janvier.* L'aventure de M. de *Saint-Auban*, loin de s'éclaircir avec le temps, devient de plus en plus embrouillée, ou du moins, ne se débrouille pas à son avantage. Cet officier en ayant voulu entretenir M. le duc de *Chartres*, ce prince lui a ri au nez, & lui a tourné le dos.

25 *Janvier.* M. *Portier*, jeune procureur au Châtelet, s'est brûlé la cervelle, il y a quelques jours; on attribue cette catastrophe sinistre à différentes causes qui lui ont tourné la tête; il paroît aussi par quelques propos qu'il avoit tenus précédemment, que l'histoire des deux dragons, leur testament & sur-tout la lettre de *Bordeaux*, l'avoient échauffé d'une belle émulation. Il n'y a point de semaine où il ne se passe quelque suicide. Celui d'un homme qui du Pont-rouge s'est jeté dans la Seine, est singulier; il s'est trouvé que c'étoit un mal-faiteur qui bourrelé de remords, & se croyant poursuivi, quoiqu'il ne le fût pas, a voulu se soustraire ainsi au supplice; mais ayant lui-même donné des signes de son envie de revenir à la vie, il a été secouru à temps. Ce ne sera malheureusement que pour éprouver le supplice, cet accident ayant conduit à le découvrir & à le reconnoître.

26 *Janvier.* On a donné hier, à l'opéra, les trois actes annoncés: on les connoît depuis long-temps, & il ne s'y est rien passé de nouveau; mais il y a eu un grand tumulte

dans le parterre, à l'occasion de trois artisans très-mal accoutrés, qui sont venus se mettre en premieres loges avec une femme de la même espece. Ce spectacle a occasionné tant de huées de la part du parterre, qu'un sergent est venu arranger ces personnages, & les prier de se mettre en lieu d'où ils causassent moins de tumulte; on les a transféré aux secondes loges.

17 Janvier. Extrait d'une lettre de Marseille, du 17 janvier.... Il est encore arrivé ici à la comédie, une catastrophe sanglante. Voici à quelle occasion. Un officier du régiment d'Angoumois, étoit dans une premiere loge, il s'étoit retourné pour parler à quelqu'un : le parterre piqué de cette indécence, a crié : *à bas, cul blanc.* (le blanc est le fond de l'uniforme de l'infanterie). Cet officier s'est retourné & s'est remis en posture convenable. Le soir, des jeunes gens du même régiment, ont fait des reproches à leur camarade de s'être laissé insulter; ils ont prétendu qu'il falloit en tirer vengeance. En conséquence ils ont été au nombre de quinze dans des loges, & ont montré leur cul au parterre; ils y avoient préalablement envoyé quarante soldats déguisés en bourgeois avec leurs sabres sous des redingotes. Le public instruit du complot, ne dit mot : alors les officiers enragés sont descendus dans le parterre, y ont pressé beaucoup, ont en un mot fait tout ce qu'il a dépendu d'eux pour chercher noise à leurs voisins, & provoquer une querelle : à la fin on n'a pu tenir à tant d'insultes, on s'est échauffé, il y a eu des épées tirées, & l'on prétend qu'il y a eu quarante blessés plus ou moins gravement. Toute la ville est en rumeur à cette occasion, on s'est muni d'armes à feu & l'on tire sur chacun des officiers de ce régiment, qui passe dans les rues; en sorte qu'ils sont obligés de se tenir cachés. On attend les ordres de la cour.

27 *Janvier*. L'histoire de nos modes, toutes frivoles qu'elles paroissent & qu'elles soient, pourroit être entre les mains des critiques à venir d'une très-grande utilité pour l'éclaircissement de quantité de faits & d'anecdotes : il en est beaucoup qui ont rapport à l'aventure du jour. On vient par exemple d'inventer des *Ecrans à la Monteynard*. Ils sont établis sur un pied, en forme de boule, base mobile, qui sert à les faire rouler aisément par-tout & comme l'on veut; mais elle est en même temps plombée, de façon que, de quelque maniere qu'on les renverse, les écrans se relevent toujours d'eux-mêmes : image assez naturelle de la position où se trouve aujourd'hui le ministre très-ballotté, & cependant existant.

29 *Janvier*. Hier matin, à onze heures, M. le duc de *la Vrilliere*, est venu trouver à Paris M. le marquis de *Monteynard*, pour lui annoncer de la part du roi, que sa majesté le remercioit de ses services, & lui demandoit sa démission de sa charge de secretaire d'état. Il n'est point exilé, mais il lui est simplement défendu de paroître devant le roi. On s'attendoit tellement depuis long-temps à cette catastrophe, que le suisse du ministre disgracié, dès qu'il a vu le petit Saint, n'a pu s'empêcher de lui dire : *Monsieur, je crains bien que vous ne nous apportiez une mauvaise nouvelle*. A quoi le duc a répondu sans mystere : *tu as raison*. Il

est à espérer que dans cette partie extrémement négligée, il y a plus de trois mois, on va réparer le travail arriéré ; que les bureaux qui ne finissoient rien depuis ce temps, & plaisantoient indécemment sur le renvoi futur du chef, du suprême, vont enfin reprendre leur activité.

C'est M. le duc d'*Aiguillon* qui a *l'intérim*, dit-on : on assure aussi que l'abbé *Terrai* demande à présider aux fonds de cette partie pendant quelque temps, pour connoître la réforme dont elle seroit susceptible.

30 *Janvier*. On a su dans le temps qu'il y avoit une lettre de cachet décernée contre le duc de *Sully*, à la réquisition de sa famille. On a rendu compte de la maniere dont ce seigneur s'y étoit soustrait & avoit échappé à sa captivité. Le sieur de *la Borde*, le premier valet de chambre du roi, profitant sans doute de l'intimité dans laquelle il vivoit avec ce seigneur, & de la confiance que ce dernier avoit en lui, a eu assez d'ascendant sur son esprit pour l'engager à se reproduire & à se rendre au château de Dourlens, auquel il étoit envoyé : il lui a donné sa parole d'honneur que, lui duc de *Sully*, au moyen de cette soumission aux ordres du roi, seroit élargi au bout de quinze jours, & que s'il ne l'étoit pas, il s'offroit à venir se constituer prisonnier à sa place. Le duc persuadé par ces assurances, a subi le châtiment qui lui étoit infligé ; le sieur de *la Borde* s'est mis en quatre pour engager la famille de ce seigneur à tenir une parole qu'il n'avoit donné qu'au nom des parents ; & ses sollicitations n'ayant pu rien obtenir, au bout du délai fatal, il s'est rendu à Dourlens, & témoignant tous ses regrets au

prisonnier, lui a déclaré qu'il venoit lui tenir compagnie, & ne partiroit point que la lettre de cachet ne fût levée. On espere que ce trait d'amitié généreux & héroïque, de la part d'un homme agréable au roi, ne manquera pas de produire son effet, & de valoir son élargissement au duc de *Sully*.

31 *Janvier*. La police ayant obligé l'arlequin de la comédie italienne d'aller faire des excuses au sieur *Marin*, relativement aux mauvais lazzis qu'il avoit lâchés sur son compte dans la piece *des trois Freres jumeaux Vénitiens*, l'a désolé de nouveau par son compliment. « Monsieur, je » viens vous témoigner combien je suis fâché » des interprétations malignes que le public » peut avoir données à mes plaisanteries in- » nocentes. J'abjure tous sens étrangers, & » vous proteste que je n'ai jamais voulu don- » ner que le sens naturel de la phrase, en di- » sant, *ce marin n'est pas mal bête*; oui, mon- » sieur vous n'êtes pas *Malbête*, je le soutien- » drai envers & contre tous. »

3 *Février* 1774. Dans la gazette de France, du lundi 24 janvier, N°. 8, le sieur *Marin* fait mention d'un supplice qu'il prétend usité à la Chine, aussi atroce que dégoûtant : il est question d'une culotte de cuir extrêmement forte, dont on revêt les fesses du criminel; elle est fabriquée de façon qu'il ne peut plus la défaire, & qu'obligé de prendre des aliments à l'ordinaire, il expire lentement dans un tourment dont on ne peut calculer la longueur & les angoisses. Ce détail a révolté les femmes & les lecteurs délicats de cette capitale. C'est sans doute un de ces derniers qui, dans sa mauvaise hu-

meur, a exhalé ses plaintes contre le gazetier de la maniere suivante :

La Culotte chinoise.

Que ne chauffe-t-on à *Marin*
Cette culotte vengeresse,
Dont en Chine le mandarin
Punit les gens de son espece !
Du coupable que l'on nourrit,
L'avant-train lentement pourrit
Corrodé par sa propre ordure ;
Puis infecté de ces parfums
Qu'il faut que sa narine endure,
Il descend parmi les défunts.
Mais que j'abrégerois bien vîte
Ce sale tourment qu'il mérite,
A ses trousses si je làchois
Le redoutable *Beaumarchais :*
A l'aspect de son écritoire,
Du gazetier en désarroi,
Tremblant & pâlissant d'effroi,
Tout le sang tourneroit en foire.

6 *Février.* On prétend que les ordres ont été envoyés à Marseille pour y renfermer à la citadelle les officiers du régiment d'*Angoumois,* dont on a rapporté les excès ; ils avoient été mis sur le champ aux arrêts, & la justice particuliere les avoit décrétés de prise de corps.

6 *Février.* On espere que la famille royale viendra au bal de l'opéra sur cette fin de car-

naval. M. le dauphin, Mad. la dauphine, & leurs freres & sœurs y sont venus le dimanche 30 janvier, & y sont restés jusqu'à quatre heures: ils ont semblé y prendre beaucoup de goût, même M. le dauphin, qu'on n'auroit pas cru partisan d'un tel divertissement.

6 Février. Un mariage assez singulier amuse les courtisans. M. le marquis de *Pontchartrain*, frere cadet du comte de *Maurepas*, mais âgé de 71 ans, infirme & gouteux, vient d'épouser une jeune chanoinesse, fille de Mad. la comtesse de *Béarn*, la marraine de Mad. la comtesse *Dubarri*, à la cour. On prétend que c'est M. le duc d'*Aiguillon* qui a fait cet hymen, tant pour prouver une sorte de reconnoissance à Mad. de *Béarn*, d'une démarche que toute sa famille lui reproche & qu'elle pleure tous les jours, que pour perpétuer un nom à la veille de s'éteindre, puisque M. le comte de *Maurepas* & M. le duc de *la Vrilliere*, n'ont point d'enfants. Reste à savoir si le podagre en question qu'il a fallu porter à l'église, sera bien état de se donner de la postérité.

7 Février. On a parlé des tracasseries suscitées par M. l'évêque du Mans au pere *le Roi* de l'Oratoire, professeur de philosophie dans cette ville, relativement à des cahiers où le prélat trouvoit des propositions erronées, ou au moins répréhensibles: on a dit que sur le refus de la congrégation de retirer ce religieux, monseigneur avoit dénoncé la doctrine en question à la faculté de théologie, qui devoit s'assembler le 24 janvier pour prononcer. Depuis, par l'entremise de quelque médiateur, le pere *le Roi* avoit été changé de destination, & M. du Mans étoit convenu d'assoupir cette querelle, toujours risible dans ces temps d'irréligion & de scandale : le *mezzo termine* [imaginé pour cela, avoit été de faire donner à la faculté une lettre de cachet qui lui défendoit de se mêler de la querelle; mais ce corps a trouvé cela très-mauvais, il s'est assemblé au *primâ mensis* de ce mois, & a pris des conclusions, par lesquelles il se plaint de la conduite trop pusillanime du prélat. Il déclare à tout l'univers que l'accommodement s'est fait sans sa participation, qu'il n'approuve point les palliatifs admis par l'évêque, & ne peut souscrire à une doctrine équivoque & susceptible d'induire les fideles en erreur. Arrêté que les conclusions seront imprimées, & cependant envoyées auparavant à M. le duc de *la Vrilliere* pour être mises sous les yeux du roi.

7 Février. Il paroît qu'un des motifs qui fait désirer au gouvernement d'envoyer M. le marquis de *Noailles* à l'ambassade de la Grande-Bretagne, c'est l'ascendant qu'il a pris sur les Etats-Généraux relativement au commerce de l'imprimerie & de la librairie. Il s'est si bien conduit par ses insinuations secretes & par ses réquisitions vigoureuses, que cette république est aujourd'hui presque aussi sage que Paris, & se contient, sur-tout en politique, au point de ne laisser paroître rien qui puisse déplaire au ministere de France. L'Angleterre est le seul état d'où il se répande encore des pamphlets désagréables & mortifiants pour notre administration; mais la disposition où l'on y semble être de travailler à restreindre la liberté de la presse, seroit un moment favorable pour y faire arriver le marquis : il échaufferoit le ministere anglois sur cet objet, lui proposeroit ses idées, & lui feroit sentir combien il seroit avantageux au repos de l'Europe que les têtes chaudes, les génies voulant toujours se mêler d'inspecter les souverains, & de critiquer leur régime, fussent obligés de s'alimenter autrement, faute de pouvoir donner l'essor à leur philosophie cynique, à leurs criailleries continuelles contre le despotisme, qui empêchent les peuples d'être tranquilles, confiants & heureux.

7 *Février*. Madame *Savalette*, la veuve d'un garde du trésor royal, vient de mourir. C'étoit encore une des *cruches* de M. le curé de Saint-Roch. C'est le roi qui qualifie ainsi les vieilles dévotes, riches financieres dont abonde cette paroisse, & dans la bourse desquelles le pasteur puise à son gré, sous prétexte de charités & d'œuvres pies.

8 *Février*. Les comédiens italiens se proposent de donner le jeudi-gras une parade nouvelle en un acte & en vers, intitulée *le Rendez-vous bien employé*.

10 *Février*. Il y a eu différentes assemblées d'avocats, formées à l'ocasion de Me. Linguet; le résultat a été de le tenir pendant un an dans une sorte d'interdiction de la plaidoirie. Cet orateur a trouvé la pénitence trop dure, & il vient de composer une espece de manifeste intitulé : *Réflexions pour Me. Linguet, avocat de la comtesse de Bethune*, où, après avoir rendu compte de sa conduite depuis qu'il est au barreau jusques en 1770, & depuis cette époque jusqu'au moment actuel, il discute la délibération de ses confreres du 1 février, il la trouve illégale, un vrai délit dans l'ordre politique, un

attentat à l'autorité de la cour ; il la qualifie d'absurde, d'injuste, &c. Il y repréfente Me. *Gerbier* comme l'inftigateur des perfécutions qu'il effuie ; il y déclare qu'il a rendu plainte contre cet avocat, & il l'inculpe de faits fi graves, qu'il le met néceffairement dans le cas de répondre. Ce combat eft un nouveau fpectacle qui fe prépare pour les oififs de la capitale, & qui devient extrêmement intéreffant à raifon de la célébrité des rivaux.

10 *Février*. Tout Paris eft dans l'attente du quatrieme mémoire de M. de *Beaumarchais*. Il l'a déjà lu chez fes amis qui en font enchantés, & le regardent comme fupérieur encore aux autres ; c'eft ce qu'il faudra voir.

11 *Février*. La parade des Italiens, quoiqu'affez bien faite, n'a pas eu de fuccès, à raifon fur-tout de la mufique très-médiocre.

14 *Février*. On prétend que M. de *Voltaire* fait intriguer beaucoup par des magiftrats adroits auprès de la famille du Sr. de *la Beaumelle*, pour faire fouftraire le commentaire que ce cruel ennemi préparoit fur tous les ouvrages du grand poëte en queftion, & principalement fur la *Henriade*. Quant à la derniere, ce feroit affurément bien mal entendre fes intérêts, d'autant que le fieur de *la Beaumelle*, croyant mieux appuyer fon commentaire, s'étoit avifé de refaire le poëme. Ce n'eft point par-là qu'il eft regretté, mais à raifon de fes *Mémoires de madame de Maintenon*, de quelques écrits polémiques, & fur-tout d'une lettre qu'il écrivit à l'occafion de fes démêlés avec le patriarche de la littérature. On difoit auffi du bien d'une traduction de *Tacite* qu'il digéroit. Il s'étoit marié peu avant fa mort, &

avoit épousé la sœur de ce jeune *la Vaysse* de Toulouse, dont il a été si souvent question lors de l'affaire des *Calas*; ce qui auroit dû ralentir l'animosité du philosophe, défenseur de cette famille infortunée.

14. *Février*. On commence à se louer beaucoup du nouveau prévôt des marchands. Les affaires de la ville de Paris étoient en fort mauvais ordre, lorsqu'il est entré à la tête du corps municipal: par l'économie qu'il y a mise, il a déjà payé beaucoup de dettes. Il a sur-tout retranché les dépenses énormes des repas; leur profusion folle faisoit depuis long-temps regarder les échevins comme des gloutons qui ne s'occupoient qu'à boire & à manger: sans supprimer ceux absolument nécessaires par une meilleure administration, il les a réduits à un prix très-modique.

15 *Février*. On parle d'une petite rixe, au sein de la famille royale, entre M. le dauphin & M. le comte d'*Artois*. C'est une affaire d'amour-propre. Il est question d'une contre-danse que désiroit répéter le premier à un de ses bals, à laquelle il ne vouloit point de témoin, excluant même son frere. Celui-ci piqué, d'une tribune a sifflé son aîné; ce qu'il a trouvé très-mauvais: on prétend même qu'usant de son droit d'aînesse, il s'est permis des mouvements de colere; ce qui est assez dans le caractere de ce prince, très-entier & très-violent; mais l'excellence de son cœur l'a bientôt fait revenir aux sentiments de la nature.

16 *Février*. La parade des Italiens, sans avoir eu beaucoup de succès, se soutient. Les paroles sont du sieur *Anseaulme*, & la musique très-médiocre est du sieur *Martini*.

19 *Février*. Le sacrifice généreux que M. de *la Borde* a fait de sa liberté pour tenir sa parole à M. le duc de *Sully*, a produit enfin son effet; ce prisonnier est sorti du château de Dourlens il y a trois semaines environ, & se loue beaucoup de son libérateur.

20 *Février*. L'académie royale de musique donne décidément mardi la premiere représentation de *Sabinus*. Il en a été fait hier une répétition générale qui a eu peu de succès.

21 *Février*. M. *Clieu d'Erchigny* est un ancien gouverneur de nos colonies, qui, par un exemple de désintéressement bien rare, est revenu de sa mission avec une fortune si médiocre, qu'il a été obligé de se retirer à la campagne pour y vivre dans la plus grande simplicité. Un Américain se ressouvenant de lui, s'est empressé à son arrivée dans ce pays de s'en informer. Il l'est allé voir, &, frappé de surprise de trouver cet homme qui avoit fait le destin de son pays, dans une sorte d'indigence, il en a témoigné sa douleur à ses compatriotes : ceux-ci, enflammés d'un beau zele, se sont cotisés, & ont formé une somme de cinquante mille écus qu'ils ont prié M. *d'Erchigny* d'accepter, en lui marquant qu'il ne s'en fît faute, & qu'on réitéreroit aussi long-temps que cela seroit nécessaire pour le maintenir dans l'état de décence convenable à son ancienne dignité.

21 *Février*. La faculté de théologie a reçu défenses de donner aucune suite, ni publicité aux conclusions dont on a parlé. On croit qu'elle va s'occuper à censurer le livre *de l'Homme* de M. *Helvétius*; livre déjà recommandable par la brûlure dont l'a honoré le nouveau tribunal.

23 *Février.* On a été fort surpris que M. le comte de *Viry*, ambassadeur du roi de Sardaigne, n'ait annoncé aucune fête à l'occasion du mariage de M. le comte d'*Artois*, d'autant qu'il en avoit été donné une au sujet de celui de M. le comte de *Provence*. Cette excellence s'en défend, & prétend que c'est le roi son maître qui n'a pas voulu. Les femmes de Paris qui n'aiment qu'à danser, trouvent cela très-mauvais, & critiquent la trop grande économie de sa majesté Sarde. Les gens de bon sens applaudissent à cette suppression; ils estiment que ce monarque fait infiniment mieux de soulager les pauvres de son royaume, ou de ne point charger son peuple de quelque nouvel impôt.

26 *Février.* Le sieur *Dayrolles*, outre son *mémoire à consulter*, &c. répand une *addition* qui fait plus de bruit : il y établit qu'il n'a jamais été l'ami du Sr. de *Beaumarchais*; qu'il n'a jamais désiré l'être; qu'il a été injustement décrété d'ajournement personnel, puisqu'il n'avoit aucun intérêt dans l'affaire; qu'il n'y est impliqué qu'à raison de services généraux & gratuits; qu'en un mot, il y est étranger absolument. Il se défend ensuite sur des billets que répétoit son adversaire, ainsi que sur le prétendu cartel. Il finit par des réflexions dolentes sur les invectives dont il a été couvert. Tout cela est appuyé pour la forme de la consultation d'un avocat de *grenier*.

Si les faits établis dans cette *addition* sont vrais, le sieur *Bertrand* n'est en effet coupable que d'indiscrétion, de bonhomie trop grande, & d'une bêtise extraordinaire. Du reste, on n'y trouve de curieux que le portrait suivant qu'il

trace de son ennemi. Il le peint comme un homme qui, « satisfait de lui-même, & mé-
» content des autres, se réserve une estime
» exclusive ; qui, n'ayant que l'abus de l'esprit,
» croit s'embellir en défigurant ceux qui lui
» refusent leur admiration ; orateur cynique &
» bouffon, qui, par la licence & l'amertume de
» ses sarcasmes, fournit des aliments à la mali-
» gnité ; sophiste effronté qui, par l'audace de
» ses assertions, éblouit sans jamais éclairer ;
» peintre infidele, qui puise dans son ame la
» fange dont il ternit la robe de l'innocence ;
» méchant par besoin & par goût, son cœur
» dur, vindicatif, implacable, repousse les sen-
» timents doux & paisibles de ses proches,
» s'étourdit de son triomphe passager, étouffe
» sans remords la sensible humanité.... » On conviendra que ce morceau est d'un ridicule rare, & que l'auteur auroit dû s'en tenir aux faits, sans prétendre à l'éloquence. Il est difficile de composer rien de plus barbare, de plus amphigourique & de plus plat.

26 *Février*. Le sieur *Marin* qui vouloit rester maître du champ de bataille, & ôter la réplique à son redoutable adversaire, ne fait paroître qu'aujourd'hui, au moment du jugement, son nouveau *factum*. Il contient d'abord une réponse à ce qui le concerne dans le troisieme mémoire du sieur de *Beaumarchais*. Elle est courte, & roule principalement sur des faits d'usure & autres infamies, dont il se défend par un déni formel.

Suit une *addition*, où, répondant en gros au quatrieme mémoire dudit sieur de *Beaumarchais*, il se disculpe de la double imputation d'avoir été odieux aux auteurs dans ses censures, & d'avoir défolé, pour s'enrichir, les malheureux libraires; & il nie de nouveau tous les faits avancés en accusation contre lui. Il déclare n'être point l'auteur des articles insérés dans la gazette d'Utrech & dans les nouvelles à la main. Il renouvelle à cette occasion les injures dont il a déjà chargé les rédacteurs des gazettes étrangeres, en les représentant comme des écrivains forcenés qui ne respectent souvent ni les particuliers, ni les magistrats, ni les ministres, ni même les têtes couronnées. Quant aux nouvelles à la main, il certifie aussi effrontément n'y avoir aucune part, quoiqu'on aille chez lui pour y prendre des souscriptions. Enfin, il répond aux insinuations du sieur de *Beaumarchais*, qui prétend que le sieur *Marin* voudroit le faire soupçonner d'être l'auteur de la correspondance. Il lui déclare au contraire qu'il le croit incapable de l'avoir faite, aussi bien qu'*Eugénie*, quoiqu'une très-mauvaise piece. Il lui conteste même ses mémoires, dont il veut qu'il ne fournisse que les méchancetés. Il revient sur le sieur *Gardanne*, ce docteur auquel il reproche les épigrammes & autres pieces satiriques faites contre lui, & qui, malgré tant d'atrocités dont il le charge, s'obstine à ne rien dire.

26 *Février*. Le sieur *Gardanne* entre enfin en lice. Il publie une *réponse* pour lui docteur-régent de la faculté de médecine de Montpellier, censeur royal, correspondant de plusieurs académies, aux libelles, imprimés & publiés par les sieurs *Marin* & *Bertrand Dayrolles*.

Cet écrit est sage, assez satisfaisant pour la justification du docteur, & ne peut que produire un bon effet; il ne contient du reste aucun détail qui vaille la peine d'être développé.

27 *Février*. M. l'archevêque de Lyon est en litige sous le nom du syndic du clergé de son diocèse contre les comtes de Lyon, attachés à leurs rits, à leurs usages & à leurs cérémonies. Ils prétendent que les procédés du prélat dont ils se plaignent, doivent être attribués à ce qu'ils n'ont pas voulu se prêter à ses vues étranges concernant la rédaction des nouveaux livres liturgiques; & ils viennent de les exposer dans un mémoire relatif à l'appel comme d'abus, qu'ils ont fait des délibérations prises, malgré leurs oppositions, par le bureau diocésain, qu'ils regardent comme incompétent, & ayant mal-à-propos ordonné, aux dépens de la caisse du clergé, des frais d'impression d'un nouveau bréviaire, dont la publication est suspendue. On insinue dans ce mémoire que le bureau diocésain n'a été que l'instrument qu'on a fait mouvoir pour consommer, par voie de fait, une entreprise à laquelle résistent tous les principes de la discipline ecclésiastique. Cette contestation fait bruit relativement au siege de Lyon, auquel on attache la dignité de primat des Gaules; à celui qui l'occupe, M. de *Montazet*, archevêque très-fameux dans son ordre par ses querelles & par ses galanteries; & enfin au chapitre le plus distingué de France.

1. *Mars* 1774. M. le comte de *Guines*, notre ambassadeur auprès de sa majesté Britannique, est absolument décidé à ne plus retourner à Londres; il a même loué ici un petit hôtel très-médiocre: ce qui annonce un projet de se retirer des affaires, de vivre modestement, &

de réparer les breches que ses deux missions lui ont fait faire à sa fortune. On juge aisément qu'un détachement aussi subit n'est pas volontaire. On convient que ce ministre avoit perdu tout son crédit auprès des Anglois, & toute la confiance de notre cour par l'aventure de son secretaire, qui lui fait un tort irréparable. Il restera avec le sobriquet de *Guines* le *magnifique* : c'est ainsi que l'appelloit le peuple de Londres à raison de son faste étonnant. M. du *Chatelet* avoit été nommé le *chicaneur* ; M. de *Guerchy*, le *contrebandier* ; & M. *Durand*, le *négociateur*.

2 *Mars*. M. de *la Harpe*, dans son Mercure de février, a rendu un compte tout-à-fait désavantageux d'*Orphanis*, la nouvelle tragédie de M. *Blin de Saint-Maure*. Indépendamment de cette critique très-amere, il est tombé sur la personne, & s'est permis des écarts indécents au possible, insultants même envers son confrere. Dans les détails qu'il a fournis sur cette matiere, il a été aisé de concevoir que la rivalité de cet auteur, qui autrefois avoit concouru pour le prix de l'académie françoise, qui s'étoit plaint du jugement des quarante, & avoit fait imprimer une certaine *épître à Racine*, pour rendre le public arbitre de la querelle, a laissé un venin qui a fermenté dans le cœur du journaliste, & que celui-ci a épanché dès qu'il en a trouvé le moment favorable. Le sieur *Blin*, piqué au vif, ayant rencontré dans la rue le sieur de *la Harpe*, l'a accosté, & après l'avoir mal mené de propos & de gestes, l'a colleté & traîné dans la boue : c'est à-peu-près le pendant de l'aventure de M. de *Sauvigny* avec ce même

petit homme. On ne fait fi le baffoué a réclamé fes protections, mais la rixe n'a point eu de fuites, & perfonne ne plaint cet auteur hargneux.

3 *Mars*. Extrait d'une lettre de Pétersbourg, du 22 janvier 1774. Nous avons ici un colonel François qui fait beaucoup de bruit & de figure. C'est M. le vicomte d'*Adhemar*. Il donne le ton pour les fêtes, & les Ruffes, jaloux à l'excès de finger en tout les François, le prennent pour modele. Quoique ce feigneur ne paroiffe voyager que pour fon plaifir, qu'il n'ait aucun caractere, qu'on ne lui connoiffe aucune miffion, les politiques s'imaginent qu'il a eu ordre de tâter le terrain, & que, comme il prend à merveille, on pourroit bien le charger de quelque négociation fecrete.

M. le vicomte d'*Adhemar* eft en effet colonel du régiment de *Chartres*, infanterie; c'eft un homme d'efprit, ambitieux, qui a toujours eu du goût pour la politique, & l'on préfume que, dans l'efpoir de faire fon chemin plus vite par les négociations, il aura cherché à fe faire jour quelque part, & pourroit bien avoir des vues directes ou indirectes.

3 *Mars*. Extrait d'une lettre de Nantes, du 26 février 1774.

La nuit du 26 au 27 octobre 1772, M. le vicomte de *Menou*, commandant pour le roi des ville & château de Nantes, fut volé d'une fomme de quarante mille livres. Tout concourut à faire croire que le vol étoit extérieur, & des indices affez forts donnant lieu de foupçonner M. le chevalier de *Foucault*, major des ville & château de Nantes, cet officier fut décrété d'ajournement personnel par le présidial de cette ville. Cependant il a été renvoyé hors d'accusation le 23 mars 1773. Depuis ce dernier, en pique il y avoit long-temps avec le premier, a poursuivi en demande de dommages & intérêts le comte de *Menou*, & a répandu avec profusion deux mémoires, où il accuse son adversaire d'avoir supposé un vol imaginaire pour en faire retomber le soupçon sur l'ennemi qu'il vouloit perdre. En sorte que ce commandant, après avoir perdu quarante mille francs par un vol dont la justice n'a pu connoître les auteurs, se trouve obligé de se défendre d'un raffinement de scélératesse, d'une combinaison d'horreurs incroyable. M. de *Foucault* prétend que le comte l'avoit désigné en secret au ministere public, & avoit dirigé la procédure de maniere à le compliquer dans l'accusation, sans se rendre ouvertement son dénonciateur; enfin, peu d'accord avec lui-même & changeant bientôt de système, il suppose ensuite la réalité du vol, pour en accuser la comtesse de *Menou* & ses enfants.

C'est pour répondre à ces griefs, que M. le comte de *Menou* est obligé de faire paroître un mémoire très-bien fait & rempli de détails curieux, suivi d'une consultation d'avocats de Rennes, en date du 5 janvier dernier, qui établit qu'il ne peut être condamné à aucuns dommages-intérêts envers le chevalier de *Foucault*, puisqu'il n'a que dénoncé le crime, sans en dénoncer l'auteur, qu'il ne connoissoit, qu'il ne soupçonnoit même pas; mais qu'il a droit de demander & d'attendre la radiation de ce que les mémoires de son adversaire contiennent d'injurieux, tant contre lui, que contre sa femme

& ses enfants, & que c'est une satisfaction très-modérée qui ne lui peut être refusée.

4 Mars. M. *Dumourier* est un homme plein d'esprit, qui sait toutes les langues étrangeres de l'Europe, qui s'est distingué dans la guerre derniere, au point d'avoir obtenu la croix de St. Louis à vingt & un ans. M. le duc de *Choiseul* l'avoit goûté; & avec ces talents, joints à celui de l'intrigue, il l'avoit jugé propre à être envoyé en Pologne pour y fomenter les troubles, & favoriser le parti de la France: mais cet officier manquant du nerf de la politique autant que de la guerre, & n'étant pas aidé des fonds qu'on étoit convenu de lui faire passer, étoit revenu à la disgrace du duc de *Choiseul*. Il n'avoit point voulu retourner en Pologne, lorsqu'on y envoya M. de *Viomesnil*. Cependant pressé par le marquis de *Monteynard*, le successeur du duc de *Choiseul* au département de la guerre, & qui connoissoit aussi les talents de M. *Dumourier*, il s'étoit rendu à Hambourg, également autorisé par le duc d'*Aiguillon*, devenu ministre des affaires étrangeres. Il n'avoit aucun caractere, sa mission étoit, comme ci-devant, de négocier suivant les vues de la cour & les circonstances. C'est dans ces entrefaites qu'il fut arrêté au mois de septembre dernier; un M. *Favier*, autrefois attaché aux affaires étrangeres, homme de lettres, coopérateur dans le temps du *journal étranger*, le fut aussi à Paris; ainsi qu'un M. de *Segur*, capitaine de cavalerie, & plusieurs autres personnes: on n'a jamais su trop au juste le fond de cette aventure. On a soupçonné seulement qu'il y avoit entre ces messieurs un foyer d'intrigues pour allumer le feu de la guerre dans le

nord, & de là incendier l'Europe, malgré le vœu de *Louis XV* pour la paix, & les efforts du duc d'*Aiguillon*, secondant les intentions de sa majesté. On a cru que le comte de *Broglio* en étoit le centre, parce que c'est un génie factieux & turbulent, & qu'il fut exilé à la même époque. On parloit alors de lettres interceptées, écrites en chiffres, qui dévoiloient leur projet, & où les ministres étoient fort plaisantés, entre autres M. de *Boynes*, qualifié de *tête de bois*. Quoi qu'il en soit, l'affaire fut d'abord traitée très-gravement ; on nomma une commission secrete, dont l'objet étoit d'instruire le procès des prisonniers. Soit la difficulté de les convaincre, soit leur innocence, soit le bénéfice du temps, les choses se sont civilisées. La famille de M. *Dumourier* espere qu'il sortira bientôt de la Bastille. On veut de plus que M. le duc d'*Aiguillon*, par une générosité digne d'une grande ame, oubliant les mécontentements personnels qu'il a contre ce jeune étourdi, se dispose à l'employer. Il espere que six mois de captivité lui auront mûri la tête, & l'auront rendu propre à déployer utilement son mérite. On croit que les autres prisonniers seront aussi élargis.

4 *Mars*. On est fort aise que M. le baron de *Pirch*, dont la tactique nouvelle avoit beaucoup plu à M. de *Monteynard*, ait reçu un accueil aussi favorable de M. le duc d'*Aiguillon*. Ce nouveau ministre de la guerre prend grande confiance en cet étranger, & l'on parle de changements considérables & utiles qu'il se propose de faire d'après le système & les instructions du baron.

5 *Mars*. Dans la quantité de mauvais vers, qui sont éclos sur l'arrêt de *Beaumarchais*, on

distingue l'épigramme suivante, comme plus courte, plus vive, & frappant également sur l'un & l'autre parti :

    Contre un tribunal qui te blâme
Tu lancerois en vain tes sarcasmes amers,
Beaumarchais, te voilà bien & duement infâme !
    N'es-tu pas jugé par tes pairs ?

Celle-ci mérite encore d'être distinguée, quoique incorrecte :

    Beaumarchais que Thémis flétrit,
    Comme certain fiacre s'en rit.
    Qu'importe à cette ame de boue,
    Ou qu'on le blâme, ou qu'on le loue ;
    Que *Charlot* (*) allume son feu,
    De ses libelles qu'on s'arrache !
    Sur un habit couvert de taches
    Une de plus paroît bien peu.

6 *Mars*. Par les arrangements pris au sujet de M. *Dumourier*, il ne doit point être libre tout de suite ; il doit passer avant dans une autre prison : en sortant de la Bastille, il sera transféré au château de Caen ; mais on a fait entendre que ce ne seroit que pour la forme, & pour peu de temps. La famille se flatte toujours que s'il se conduit bien dans ce nouveau séjour, M. le duc d'*Aiguillon* ne laissera pas enfouir les talents

---

(*) Nom du bourreau.

de ce militaire distingué, & les mettra incessamment en œuvre.

8 *Mars*. Tous les inspecteurs-généraux de l'infanterie s'assemblent deux fois par semaine chez M. le maréchal duc de *Biron*, pour examiner les nouveaux principes de tactique de M. le baron de *Pirch*, suivant lesquels la garnison de Landau a été exercée : un bataillon des gardes-françoises a exécuté le 4 de ce mois, dans la plaine de Grenelle, quelques-unes de ses manœuvres proposées ; il paroît qu'il n'y a qu'une voix sur leur excellence & sur le mérite personnel de cet étranger.

9 *Mars*. M. *Dumourier*, colonel au service de France, suivant l'espoir qu'on en avoit donné à sa famille, vient d'être transféré au château de Caen. M. de *Segur* a été conduit au château de Loches, & M. *Favier* est resté malade à la Bastille. Comme on n'a eu aucune communication avec ces prisonniers, on n'est pas mieux instruit sur la cause de leur détention. La famille du premier compte toujours sur un élargissement absolu & prochain.

10 *Mars*. Le sieur *Durosoy*, après avoir fait de petits & de grands vers, des recueils, des poésies, des tragédies, des opéra, des romans, des histoires, des journaux, & avoir ainsi échafaudé l'édifice de sa gloire très-fragile, commence à songer au solide. Il propose un *Gazetin du Patriote*, ou *Annonces des naissances, des mariages, des morts*. Il répand un *prospectus* très-emphatique, où il prouve comment cet ouvrage doit réunir l'utile à l'agréable ; comment il est nécessaire, indispensable ; comment ses feuilles volantes seront infiniment plus essentielles que

les registres publics, où de tout temps sont consignées ces époques importantes de la vie de chaque citoyen : afin de procurer à son Gazetin toute l'utilité dont il est susceptible, ce grand politique veut que chaque province ait le sien.

Le premier numéro paroîtra le mardi 15 mars, & ainsi successivement tous les mardi & samedi de chaque semaine.

11 *Mars.* Le sieur *Daugé*, caissier de M. *le Maître*, trésorier de l'artillerie & des fortifications, homme grave & d'un âge mûr, marié depuis long-temps, mais séparé de sa femme, quoiqu'existante à Paris, a eu l'imprudence d'y contracter un second mariage assez publiquement pour que quelques personnes le sussent. Cela a duré deux ans, & c'est par la jalousie d'une autre maîtresse, qu'une lettre anonyme a instruit M. *le Maître* de cette polygamie. Ce financier ayant bien vérifié la chose, a fait compter son caissier, qui s'est trouvé en *déficit* de quarante mille livres : il s'en est trouvé quitte à bon compte & a été renvoyé. Ce malheureux va s'expatrier pour se soustraire à la rigueur des loix.

12 *Mars.* Outre les assemblées qui se tiennent chez M. le maréchal duc de *Biron*, pour les changements à faire dans les évolutions de l'infanterie, M. le duc d'*Aiguillon* a nommé quatre maréchaux de France qui, par ordre du roi, s'assemblent entre eux sur le fait des armes & de l'artillerie.

13 *Mars.* Les quatre maréchaux de France qui forment l'espece de conseil établi par le nouveau ministre de la guerre, sur le fait des armes & de l'artillerie, sont MM. le maréchal duc de *Richelieu*, le maréchal de *Contades*, le

maréchal prince de *Soubise* & le maréchal duc de *Broglie*. Ils ont dû choisir chacun un lieutenant-général pour l'associer à leurs délibérations. L'objet est de statuer quel est le meilleur systême, de celui de M. de *Valiere*, ou de celui de M. de *Gribeauval*, pour fixer invariablement le calibre, la forme des canons, des fusils, &c.

L'on continue à faire les manœuvres de la nouvelle tactique proposée par M. le baron de *Pirch*. Vendredi, les gardes-françoises avoient eu ordre de s'assembler au champ de Mars. Mais le mauvais temps a obligé de remettre cet exercice.

13 *Mars*. C'est au château de Dourlens que doit être transféré M. *Favier*, lorsque son état le lui permettra. Il passe pour être l'auteur du manuscrit intitulé *le Tableau esquissé de la fermentation qui agite actuellement l'empire Ottoman, la Russie & la Pologne*. Il est fâcheux que cet ouvrage très-bien fait, n'aille que jusqu'au commencement de la guerre entre ces diverses puissances.

14 *Mars*. On s'occupe lentement, mais constamment, de tout ce qui peut tendre à la salubrité de l'air dans cette capitale, à sa propreté, à son embellissement. Il est question aujourd'hui d'une nouvelle place aux veaux à établir au lieu qu'on appelloit *les marais des Bernardins*. L'architecte y préposé se dispose à en faire un monument public, comme le marché aux bleds, en évitant les inconvéniens de ce dernier, qu'on accuse d'être mesquin. Il doit y avoir à cette place vaste une principale rue pour entrée, & d'autres latérales. Le projet étoit de ne donner à celles-ci que vingt-quatre pieds de largeur avec

un trottoir; messieurs les trésoriers de France, faits pour présider aux chemins & édifices publics, réclament l'exécution des réglements qui prescrivent trente pieds. C'est la matiere d'une contestation qui dérange les plans, & arrête l'activité de la besogne.

15 *Mars*. L'affaire de M. le chevalier de *Foucault*, se poursuit à Rennes contre M. de *Menou*. Mais, indépendamment de celle-là, il y en a une autre dont les suites devroient être très-graves, relativement à la loge du roi, qu'il a voulu occuper à la comédie, & qui est en commun avec le commandant & le premier président de la chambre des comptes. En l'absence du premier, il prétendit y entrer: la famille de ce dernier qui en avoit pris possession, s'y opposa, quoiqu'il y eût une place vacante. Le major remplaçant en ce moment M. de *Menou*, fit mine d'user de son autorité pour faire enfoncer la porte par la garde: toutefois, par égard pour les dames qui l'occupoient, il s'en abstint. Mais il en résulta une plainte de part & d'autre pardevant le lieutenant des maréchaux de France. Elle est venue au tribunal, & le chevalier de *Foucault* y a été condamné à trois mois de prison dans une citadelle. La maison de la *Rochefoucault*, dont il a l'honneur d'être, s'est mêlée du procès: elle a trouvé le jugement inique & surpris, au point qu'elle a fait obtenir un sursis au comdamné. D'un autre côté, des familles illustres, auxquelles appartient M. de *Menou*, se remuent: ce qui occasionne une division dans laquelle la plus grande partie de la cour se mêle pour ou contre.

15 *Mars*. Samedi dernier on donnoit à la

comédie, *Crispin rival de son maître* : il y a dans cette piece quelques traits que le public a jugé à propos d'appliquer à l'affaire du sieur de *Beaumarchais*, & qui ont occasionné une rumeur extraordinaire. C'est pour prévenir cette fermentation & la laisser se calmer, que les comédiens ont reçu ordre de ne point représenter l'*Eugénie* de cet auteur, qui devoit avoir lieu le lendemain dimanche. On assure même qu'on leur a enjoint de la rayer du répertoire, jusqu'à ce qu'on leur permît de l'y rétablir.

16 Mars. *Les trois Freres jumeaux Vénitiens*, comédie en quatre actes & en prose du sieur *Colalto*, le pantalon de la comédie italienne, continuent à avoir le plus grand succès, & ont été donnés hier, pour la quinzieme représentation. C'est en effet une des plus jolies pieces qu'on puisse voir par la multitude d'incidents tous naturels & variés, qui soutiennent & excitent sans relâche la curiosité. Le comique de situation en fait le mérite principal, & annonce dans son auteur une imagination facile, féconde & extrêmement gaie. Après un *imbroglio* des plus compliqués, le dénouement s'amene comme de lui-même, & se termine à la plus grande satisfaction du spectateur. L'art prodigieux avec lequel le sieur *Colalto* fait successivement le rôle de chacun des trois freres, d'un caractere tout-à-fait opposé, laisse douter quel est le talent qu'il possede plus supérieurement, ou comme poëte, ou comme acteur.

20 Mars. Il court une *Epître à Ninon*, encore très-rare, mais dont on parle comme d'une piece charmante. On n'en nomme point l'auteur.

20 *Mars*. Le sieur *Dauberval* a enfin obtenu la permission d'aller en Russie, où l'on promet un sort considérable ; ce qui le mettra en situation de payer ses dettes. Mais, tant qu'il ne sera pas parti, on espere toujours que quelque bonne ame de la cour viendra à son secours, & nous empêchera d'être privé de cet excellent mime pour la danse.

20 *Mars*. On vend à force les matériaux de l'hôtel de *Condé*, & l'on semble se disposer à construire effectivement la nouvelle salle de comédie en ce lieu, malgré les inconvénients qu'on ne peut s'empêcher d'y reconnoître.

20 *Mars*. Comme tout est sujet à critique, des militaires se sont permis de dire leur avis sur la nouvelle tactique, ce qui a déplu au maréchal de *Biron* & autres ; en conséquence on n'entre plus au champ de Mars que par billets.

On n'est point indécis sur les objets qui occupent les quatre maréchaux de France, pour se déterminer entre les principes de M. de *Valiere*, & ceux de M. de *Gribeauval*, concernant l'artillerie : chacun, outre les raisonnements dont il s'appuie, s'étaie de démonstrations physiques, bien propres à augmenter la difficulté de choisir.

21 *Mars*. Les nouveaux principes de tactique acquierent de plus en plus faveur, & deux bataillons du régiment des gardes-françoises, manœuvrent à présent tous les jours d'après eux dans le champ de Mars. Il est question aujourd'hui de les faire exécuter plus en grand. On propose de faire camper près Paris deux régiments de cavalerie & autant de dragons pour d'autres exercices propres à ces corps, fournis aussi par

M. le baron de *Pirch*; & s'ils réussissent, on prétend qu'on pourroit bien former un camp près de Compiegne, composé de la maison du roi.

22 *Mars*. On assure que la continuation du Louvre a été décidée & arrêtée la semaine derniere au conseil des dépêches.

22 *Mars*. Extrait d'une lettre d'Amsterdam, du 17 mars,.... Il court depuis quatre jours une défense au sujet des livres prohibés, sur l'éveil de M. l'ambassadeur de France. En voici la traduction :

» En vertu des ordres donnés par messei-
» gneurs les Bourguemestres de cette ville, les
» chefs de la communauté des libraires font
» savoir à leurs confreres, qu'ils aient à s'abstenir
» de la contrefaction & du débit des deux
» livres suivants.

» 1. Mémoires secrets d'une femme publi-
» que, ou Essais sur les aventures de madame
» la comtesse Dub****, depuis son berceau
» jusqu'au lit d'honneur : in 8°. Londres, quatre
» volumes.

» 2. L'histoire de la Bastille, composée en
» quatre volumes, chaque volume renfermant
» six à sept planches.

» Amsterdam, le 11 mars 1774.

(Signé) *les Jurés de la confrairie des Libraires.*

» Le libraire *Changuion* a été cité à la réqui-
» sition de l'envoyé Danois, devant messei-
» gneurs les Bourguemestres, au sujet du pas-
» sage inséré dans *les Annales belgiques*, en

» l'honneur de la clémentissime reine Douai-
» riere. »

Vous pouvez juger par-là que notre république est très-complaisante pour toutes les cours étrangeres, & pour la France principalement.

22 *Mars*. M. *Clément*, dans une note de ses lettres sur M. de *Voltaire*, annonçoit que ce grand poëte étoit petit-neveu du fameux *Mignot*, pâtissier-traiteur, contemporain de *Boileau*. L'abbé *Mignot*, vrai neveu de M. de *Voltaire*, s'est trouvé compromis par cette note. Comme il est conseiller de grand'chambre, il s'en est plaint au premier président. Ce magistrat a envoyé chercher M. *Clément*, & lui a appris que M. de *Voltaire* & M. l'abbé *Mignot*, ne descendoient nullement du traiteur, mais d'une famille ancienne de Paris, qui a passé du commerce en gros dans la magistrature au commencement du siecle. En conséquence l'aristarque a écrit à l'abbé une lettre qui se trouve dans le mercure de mars, où il lui fait des excuses, & réforme une erreur aussi importante, sur-tout entre gens de lettres.

22 *Mars*. Les régiments de cavalerie qui devoient camper aux environs de Paris, au commencement du mois prochain, pour manœuvrer d'après les principes de la nouvelle tactique, sont *Royal-Roussillon*, *Royal-Piémont*, *Royal-Navarre*, *Royal-Normandie*.

24 *Mars*. Tout se dispose pour les travaux qu'on se prépare à faire au Louvre, & l'on amasse les matériaux nécessaires. M. le contrôleur-général a retiré différents fonds qu'il fournissoit à l'église de la Magdelaine, & à celle de Sainte-Genevieve, afin de procéder à cet établisse-

ment plus profane, mais plus patrotique, d'ailleurs plus urgent par la nécessité d'y transporter la bibliotheque du roi, & de débarrasser cet emplacement, où l'on se propose toujours de mettre les fermes.

26 *Mars*. Mercredi dernier, on a exécuté aux Feuillants la messe des morts du sieur *Floquet*. C'est une imagination de quelques partisans de cet auteur pour lui faire gagner de l'argent. En effet, les amateurs se sont empressés de prendre des billets qui étoient de six francs, & il y avoit plus de cinq cents personnes, nombre compétent pour ce petit vaisseau. On est d'autant plus aise de faire recruter aujourd'hui ce musicien françois, qu'un étranger, le sieur *Gluck*, va s'emparer de la scene, & doit éclipser tous ses rivaux, si l'on croit ses enthousiastes.

27 *Mars*. M. le duc de *Chartres*, M. le prince de *Condé*, M. le duc de *Bourbon*, ont été, ces jours derniers, aux champs de Mars, pour y voir les nouvelles manœuvres exécutées d'après les principes du baron de *Pirch*. Leurs altesses ont semblé extrêmement satisfaites, & de la méthode de cet étranger, & de la précision avec laquelle les gardes-françoises, déjà rompus à toutes sortes de mouvements, forment ceux-ci.

27 *Mars*. Sous le nom de *Réflexions d'un Citoyen polonois*, on vient d'imprimer un Précis des réclamations que font journellement les fideles Polonois sur l'envahissement des provinces de ce malheureux royaume, où les puissances copartageantes substituent aux regles de la justice & de la bonne foi, la force, la vio-

lence, l'usurpation. Cette espèce de protestation récapitulée contre tout ce qui s'est passé, a 12 pages in-quarto, & est suivie d'un manifeste du comte de *Pulawski*, maréchal de la confédération de Lomza, dans laquelle il se justifie du crime qu'on lui a imputé d'avoir ordonné l'enlevement du roi, se plaint des calomnies qu'on s'est permises sur son compte dans cette affaire, proteste de son zele pour la patrie, à laquelle il est prêt de sacrifier tout ce qu'il a de plus cher & lui-même.

28 *Mars*. On écrit de Rennes que le procès entre M. le comte de *Menou* & M. le chevalier de *Foucault*, s'y plaide en grand appareil, & qu'il divise la ville partagée entre ces deux illustres contendants, dont le procès est d'ailleurs fort intéressant au fond, ainsi qu'on en a pu juger.

28 *Mars*. *L'artillerie nouvelle*, ou *Examen des changements dans l'artillerie françoise, depuis 1765, par M. ***, ci-devant lieutenant au corps-royal d'artillerie.* Tel est le titre d'un ouvrage nouveau, qui contient fort au long l'état de la question actuelle, agitée dans le comité des maréchaux de France dont on a parlé.

La question est de savoir si les changements qui ont eu lieu depuis la paix, dans tout ce qui appartient à notre artillerie, sont avantageux ; si le roi, comme quelques-uns le disent, est sans artillerie, ou s'il en a une incomparablement meilleure.

On examine le pour & le contre dans le long Mémoire en question, & l'auteur se décide en faveur du nouveau système : il mérite qu'on y revienne.

30 *Mars.* On ne tarit point sur le sieur de Beaumarchais. Ce sont tous les jours de nouvelles facéties plus plates les unes que les autres. Il faut cependant distinguer dans le nombre un Noël, comme pièce historique relatant assez bien toute l'affaire, & comme faisant épigramme dans quelques couplets; & une chanson sur l'air *mon cousin l'allure,* extrêmement gaie, & se sentant de la malignité des anciens vaudevilles. Mais la police proscrit avec raison toutes ses plaisanteries comme injurieuses à une cour établie par le roi, & dont le public doit respecter les arrêts.

On assure même que le roi, à qui l'on a rendu compte de la fermentation qui subsistoit toujours dans Paris, à l'occasion de ce *Wilkes* françois, avoit dit qu'il n'y avoit qu'à l'envoyer aux isles. Heureusement les défenseurs du sieur *Caron* ont paré le coup en calmant le courroux de sa majesté, & en l'assurant que ce malheureux ne trempoit pour rien dans tout cela.

31 *Mars.* On dispose tous les matériaux pour mettre en train tous les travaux du Louvre, & l'on assure que demain, 1 avril, il y aura trois cents ouvriers qui commenceront. On espere tout de la ferme résolution de M. l'abbé *Terrai,* & des dispositions sages qu'il a combinées pour pousser l'entreprise avec vigueur.

1 *Avril.* 1774. La chanson dont on a parlé, est intitulé *Jugement d'un chacun de M. de Beaumarchais;*

Sur l'air: *Mon Cousin l'allure,* &c.

Chacun dit à *Berthier,* gros vilain,
Tu es toujours le même,

Intendant sans entendement,
Et juge sans le moindre jugement,
Voilà, gros vilain, l'allure, gros vilain,
Voilà, gros vilain, l'allure.

Chacun ayant vu tous les vilains
Déjà couverts de blâme,
Quand sur les fleurs de lys des vilains
Il voit la bande infame, des vilains,
Chacun la met sur l'épaule des vilains,
Chacun la met sur l'épaule.

Chacun condamne au frais du procès
Baculard & Dayrolles,
Et *Marin* & *Goezman Valentin*,
Et la modeste femme du vilain,
Tant que mort s'ensuive à se voir bafoués,
Bafoués tant que mort s'ensuive.

Pour avoir tenté dame *Goezman*,
Malgré son temps critique,
Puisque mieux que n'a fait *Cicéron*,
Beaumarchais, tu dois faire une oraison,
Chacun te juge à faire du parlement
La belle oraison funebre.

1 *Avril.* La beauté du temps a rendu la promenade de Long-champs, cette année, encore plus brillante que de coutume. Le bruit qui avoit couru que madame la dauphine honoreroit ce spectacle de sa présence, avoit augmenté la

foule. On imagine que la crainte de l'embarras des voitures, a empêché qu'on ne fît voir à cette jeune princesse une promenade aussi digne de sa curiosité. M. le comte d'*Aranda*, ambassadeur extraordinaire d'Espagne, a sur-tout attiré les regards par la magnificence de son train. Il étoit précédé d'un carrosse de suite. Mlle. *du Thé* n'a pas moins frappé par l'insolence de son luxe: elle étoit à six chevaux.

1 *Avril*. Les changements considérables faits dans l'artillerie depuis 1765, ont été combattus dans un ouvrage intitulé: *Traité de la défense des places par les contre-mines, avec des réflexions sur les principes de l'artillerie*, attribué à feu M. de *Valiere*. M. le duc de *Choiseul*, dont l'auteur attaquoit les opérations, ne s'opposa point à son livre; M. de *Gribeauval* qui avoit principalement dirigé la besogne du ministre, regarda cet écrit comme sans conséquence, & n'y répondit pas.

Depuis, on a imprimé *Observations sur un ouvrage attribué à feu M. de Valiere*, dont le principal objet étoit de faire voir l'absurdité d'attribuer cette manœuvre posthume à l'officier général en question.

Enfin le dernier ouvrage en ce genre, est *l'artillerie nouvelle, ou Examen des changements faits dans l'artillerie françoise depuis 1765, par M***, ci-devant lieutenant au corps-royal d'artillerie*.

Ce traité diffus & sans méthode, comme tout ce qui sort des mains des gens peu accoutumés à écrire & à rédiger leurs idées, contient fort au long l'état de la question qu'on agitoit alors. L'auteur examine si les changements

qui

qui ont eu lieu depuis la paix dans tout ce qui appartient à l'artillerie françoise, sont avantageux; si le roi de France, comme quelques-uns le disent, est sans artillerie; ou si, comme d'autres le prétendent, il en a une infiniment meilleure.

On y traite d'abord des changements faits à ce qui appartient à l'artillerie de campagne; ensuite de ceux qui concernent l'artillerie de siege & de place: on passe de-là à ceux qui sont communs à ces différentes especes d'artillerie; on termine par considérer les mutations non moins considérables, opérées dans le personnel de l'artillerie, c'est-à-dire, dans le corps destiné à son service.

Avant 1732, rien de réglé, rien de constant pour le nombre, l'espece des différents calibres & leurs proportions. Cela dépendoit du caprice des fondeurs. On n'avoit fait attention principalement qu'à l'usage de l'artillerie dans les sieges, & c'est en conséquence de ce service & du peu d'usage dont elle étoit dans les batailles, au moins relativement au rôle qu'elle y remplit aujourd'hui, qu'on déterminera les proportions des pieces de canon en 1732. On doit cette ordonnance à M. de *Valiere*.

Mais il n'en résulta d'autre fruit que l'uniformité & la fixation d'un certain nombre de calibres.

Lorsque dans la guerre de 1741, le roi de Prusse eut adopté l'usage déjà établi par les Suédois, de mêler dans la ligne du canon léger, qu'il multiplia bien plus qu'eux, il fallut que ses ennemis en fissent autant, sous peine d'être battus. Ce prince même regardant, lors de la paix qui suivit, les François comme ses alliés naturels, les engagea à se conformer à la nouvelle méthode qu'il adoptoit & perfectionnoit de plus en plus, & sur laquelle les Autrichiens avoient enchéri.

Ce fut aux conseils de ce prince que les François furent redevables de cette piece suédoise qu'on attacha à chacun des bataillons pendant la paix qui suivit la guerre de 1741.

Mais l'artillerie de parc étoit restée dans le même état de pesanteur, quoique le roi de Prusse & les Autrichiens eussent combiné la mobilité de celle-ci avec celle des pieces des régiments, & diminué presque moitié sur les calibres de longueur, ainsi que sur la matiere. Ces deux puissances, dans la guerre de 1756, firent sept campagnes avec cette artillerie moderne, & se sont confirmées dans l'excellence de leur méthode.

M. le maréchal de *Broglio* fut le premier qui entreprit en France d'ôter à l'artillerie de parc sa pesanteur; ce qu'il ne put faire que très-imparfaitement.

L'artillerie de bataille étoit dans cet état à la fin de la guerre, lorsque le roi de France rappella d'Autriche M. de *Gribeauval*, qui joignoit à une connoissance parfaite de l'ancien état de l'artillerie, l'expérience la plus complete des changements que les Autrichiens & les Prussiens avoient jugé à propos de faire dans la leur, puisqu'il venoit de commander celle des premiers pendant plusieurs campagnes, & qu'il avoit toujours eu en tête celle des autres.

Sur les différents changements qu'il proposa, l'on ordonna des épreuves: elles commencerent à Strasbourg en 1764; elles se firent avec la plus grande publicité. Tous les officiers d'artillerie en garnison dans cette place, au nombre de plus de cent, ainsi que tous les autres, furent accueillis. Elles durerent pendant quatre mois; il en résulta:

1. Qu'on détermina à quel point il étoit possible d'alléger les pièces qui sont à la suite des armées, pour se composer une artillerie aussi mobile qu'étoit devenu celle des puissances avec lesquelles on venoit de faire la guerre, en laissant d'ailleurs à cette artillerie la solidité nécessaire pour le service & pour l'effet général qu'on devoit en attendre.

2. Que les pieces anciennes dans tous les calibres n'ont aucun avantage sur les pieces nouvelles, quant à la régularité des portées, ni quant à la justesse du tir, qui sont les objets essentiels, lorsqu'elles sont tirées les unes & les autres avec leur charge de poudre, avec les mêmes boulets, & lorsqu'elles sont pointées à même élévation.

3. Qu'aucune des pieces nouvelles de douze, de huit & de quatre même, n'avoit une portée moindre de cinq cents toises, quoique réduites à dix-huit calibres, & quoique tirées sous trois degrés; portée de beaucoup excédante à celle où l'on peut tirer sur des troupes avec quelque justesse.

M. de *Gribeauval* proposa ensuite de réduire le vent du boulet à une ligne; ce qui devoit produire: 1. plus de justesse dans le tir: 2. moins de fatigue pour les pieces: 3. une augmentation des portées.

Il fut démontré ensuite qu'en réduisant de

moitié environ de leur poids les pieces de douze, de huit & de quatre, elles auroient la mobilité demandée par les généraux, & indispensable par les changements survenus dans la tactique & dans l'artillerie des autres puissances; que cet allégement leur laisseroit encore une portée excédente, celle qu'on devoit chercher, & la solidité au moins suffisante pour le service qu'elles dévoient remplir.

Ensuite on raccourcit, on diminua les affûts de poids, ainsi que leurs rouages & leurs avant-trains, & l'on parvint à ne faire peser que treize quintaux la piece de quatre & son affût, tandis que, sur son affût, l'ancienne en pesoit vingt & un. On corrigera l'inconvénient que sa légéreté lui occasionnoit par trop de recul, & l'on répara, par la précision du travail, la vigueur qu'on lui ôtoit par la diminution de matiere.

De-là la légéreté de la manœuvre des pieces de bataille; en sorte qu'une piece de quatre roule très-facilement en tout chemin avec quatre & même avec trois chevaux, & qu'avec huit hommes, au moyen de bretelles & de léviers placés au cintre & à la crosse, elle avance ou recule en tout terrain, aussi vîte qu'une troupe d'infanterie peut marcher.

M. de *Gribeauval* avoit aussi changé les caissons destinés à porter leurs munitions. Il porta encore l'attention sur d'autres objets qui, réunis, ont bien plus facilité le charroi, que l'allégement des pieces & des affûts.

Les changements à l'égard des pieces de siege & de défense, n'ont pas été fort considérables. Les pieces de vingt-quatre, aidées d'un nombre proportionné de pieces de seize, en forment le fond principal.

Ceux à l'égard des mortiers ont été plus grands, parce que c'étoit la partie la plus informe. L'auteur entre là-dessus dans des détails longs & savants, où l'on ne peut le suivre.

A l'égards des changements communs à l'artillerie de campagne & à celle de siege & de place, ils consistent, 1. dans la nouvelle maniere de pointer les canons : 2. dans les améliorations relatives aux gargousses, boulets, &c. : 3. à l'égard des cartouches : 4. relativement aux fontes : 5. à la réception des fers coulés : 6. l'auteur parle des nouvelles constructions, de leur uniformité, leur précision, leur prix, de la facilité des rechanges.

Les changements faits dans le personnel de l'artillerie, ont été établis sur le principe très-simple de fixer combien d'hommes il falloit pour servir une piece de canon en temps de paix; combien en temps de guerre; &, ce nombre se trouvant le même pour toutes les bouches à feu, il en a résulté la composition des escouades de canonniers & de bombardiers, la réunion des escouades pour former une division, & celle des divisions pour former les compagnies. Le nombre des bas-officiers, celui des officiers par compagnie a été déduit du même principe, & la composition des régiments & de leur état-major s'en est ensuivie.

Le nombre des soldats existants lors de cette formation nouvelle, s'est trouvé en conséquence diminué de cinq cents soixante en temps de paix, & de quatre cents en temps de guerre ; quoique, par ce même arrangement, le nombre des bouches à feu fût environ doublé

Le nombre des officiers a été au contraire un peu augmenté.

Malgré la diminution considérable faite dans le nombre des soldats, on a cependant trouvé, par la constitution nouvelle du corps de l'artillerie, le moyen de fournir au service de tout le canon de régiment, quoiqu'on ait doublé ce canon, en nombre, pour se trouver au moins de pair avec les puissances contre lesquelles on pourroit avoir la guerre.

Ce service, devenu très-considérable par le doublement de canons, se trouve rempli au moyen de quatorze cents hommes d'artillerie de plus qu'il ne seroit nécessaire en temps de guerre, pour le service des bouches à feu de parc & de siege.

Le roi a été, par cette augmentation, dispensé d'entretenir dans l'infanterie deux mille hommes en temps de paix, & en temps de guerre, trois mille deux cents, avec au moins deux cents sergents & cent officiers de plus.

Enfin, les exercices de pratique & de théorie se sont ressentis des principes nouveaux de l'artillerie; les écoles sont devenues des écoles réelles de guerre.

L'auteur réfute ensuite les objections contre la nouvelle artillerie, & sur-tout l'ouvrage récent intitulé: *Essai sur l'usage de l'artillerie dans la guerre de campagne & dans celle de siege, par un officier du corps*, qu'il semble vouloir faire entendre être M. de *Saint-Auban*. Mais il profite de l'*incognito* que veut garder cet officier-général, pour le bourrer d'importance, & lui faire voir l'absurdité de ses maximes, ou leur inutilité.

1 *Avril*. Depuis quelques jours le bruit court que le marquis de *Monteynard* est inculpé dans l'affaire de la Bastille, dont les prisonniers sont dispersés dans différents châteaux-forts. On veut parler de MM. *Dumourier*, *Favier* & *Segur*. On prétend que l'ex-secretaire d'état a eu ordre de se tenir éloigné de la cour, au moins de dix lieues ; ce qui l'oblige de quitter Paris. On ajoute que le comte de *Broglio* s'y trouvant aussi compliqué, est confirmé dans son exil.

2 *Avril*. On continue à s'entretenir du désagrément qu'a essuyé le marquis de *Monteynard*. On l'attribue à sa facilité trop grande de se laisser aller aux insinuations du comte de *Broglio*, qui l'avoit engagé à pensionner M. *Dumourier* à *Hambourg*, comme envoyé par le Roi pour apprendre les manœuvres étrangeres des troupes, tandis que lui, comte de *Broglio*, animoit particuliérement cet émissaire, & le faisoit travailler sous main à exciter une fermentation parmi les princes de l'Empire & les villes anséatiques, afin de parvenir à une guerre générale.

2 *Avril*. L'orage commence à s'élever contre le baron de *Pirch*, & l'on croit que le ministre de la guerre, paroissant affecter la neutralité la plus grande à cet égard, est intérieurement disposé à ne point adopter le systême moderne. Il en a fait renvoyer l'examen aux quatre maréchaux de France déjà rassemblés pour la discussion de ceux d'artillerie. On sait qu'il n'aime point le maréchal de *Biron*, & il suffit que celui-ci soit engoué des évolutions proposées, pour qu'elles déplaisent au ministre-duc. A moins donc qu'il ne soit démontré qu'il ne faille abso-

lument changer notre tactique, pour se mettre en état de faire face aux ennemis, en cas de guerre, sans désavantage, on ne croit pas que les manœuvres d'aujourd'hui prévalent.

4 Avril. On ne peut nier que depuis que les sieurs *Gariniés*, *Gossec* & *le Duc* président au concert spirituel, il ne soit dirigé avec plus d'intelligence & de goût : il y regne sur-tout une grande variété dans le choix des ouvrages & des gens à talents qu'on y emploie. Cependant la froideur de ce spectacle en éloigne toujours beaucoup de gens qui veulent du mouvement & de la scene pour y suppléer un peu. On a imaginé de donner quelques *oratorio* dans cette quinzaine. C'est ce qui a eu lieu lundi 28, où l'on a exécuté *Samson*, qu'on a ridiculement appellé sur l'affiche *oratoire françois*. Quoi qu'il en soit, cet *oratorio* est pris, quant aux paroles, de l'opéra de M. de *Voltaire*, intitulé de ce nom. Ainsi voilà encore une scene où n'avoit jamais paru ce poëte universel, qui lui a procuré un nouveau triomphe ; graces, il est vrai, à la musique du sieur *Moreau*, organiste de *St. Sauveur*. Ce compositeur, qui avoit déjà donné aux Italiens *la Ressource comique*, où l'on avoit remarqué beaucoup de talent, en développe encore plus dans cet ouvrage. La musique en est grande, noble, majestueuse, pittoresque : elle a produit un merveilleux effet, & l'on exécute demain, pour la troisieme fois dans la même semaine, ce morceau qui a attiré beaucoup d'amateurs. La demoiselle *Larrivée*, les sieurs *le Gros* & *Beauvalet*, s'y distinguent pour l'exécution. Ce nouveau genre de spectacle ayant pris, on annonce *le sacrifice d'Abraham*.

5 *Avril.* Quoi qu'il y ait déjà dans ce pays-ci de très-grandes entraves pour l'impression des ouvrages, on vient d'en mettre une nouvelle qui gêne beaucoup les auteurs, & dont ils gémissent. Autrefois, quand le manuscrit étoit signé d'un censeur, il ne souffroit plus aucun retard pour l'impression, & dès qu'il étoit imprimé, il étoit mis en vente sans autre cérémonial. Cette premiere approbation ne suffit pas aujourd'hui ; il faut que l'ouvrage imprimé soit encore revu, & subisse un second examen. La raison est que plusieurs auteurs éludoient la censure, en restituant souvent des endroits rayés ou proscrits par l'approbateur ; que d'ailleurs on distingue bien plus nettement un livre imprimé ; que l'attention n'étant plus fatiguée à débrouiller une minute informe & mal écrite, se porte toute entiere sur le sens des choses. On compte éviter ainsi la contradiction qui arriveroit quelquefois de voir un ouvrage se vendre publiquement pendant quelque temps avec toutes les formalités requises, & proscrit ensuite par un arrêt du conseil. Mais cela effraie les auteurs, & plus encore les imprimeurs, qui courent risque d'être arrêtés dans le débit d'un ouvrage dont l'édition entiere peut ainsi rester à leurs frais. Cela tend sourdement à la destruction de la littérature, & à introduire l'ignorance par degrés, suivant les principes du despotisme.

5 *Avril.* Le succès de l'*oratorio* de *Samson* a excité les compositeurs. Le St. *Cambini* a donné lundi *le sacrifice d'Abraham*, dont la musique a fait aussi sensation parmi les connoisseurs ; malheureusement il a voulu composer les paroles qui ne répondent pas au reste.

5 *Avril.* MM. les tréforiers de France ont forcé les entrepreneurs de la nouvelle place aux veaux dont on a parlé, de donner à toutes les rues qui y correspondent trente pieds de largeur, au lieu de vingt-quatre.

6 *Avril.* M. le baron de *Bon*, miniftre plénipotentiaire du roi à Bruxelles, eft rappellé, & M. le vicomte d'*Adhemar* le remplace. C'eft celui qui voyageoit en Ruffie, & dont on a déjà parlé, qui donnoit dans ce pay-là le ton pour les modes & les fêtes, & qui étoit admiré de tout le monde, excepté de l'impératrice. On préfume que la cour aura été contente de ce petit effai, & va donner lieu à ce feigneur, en le revêtant d'un caractere, de développer fes talents en politique.

7 *Avril.* Le mercredi-faint le Châtelet a jugé par contumace le procès inftruit contre le *quidam*, agreffeur de M. de *Saint-Auban* fur le boulevard. Par la fentence imprimée, mais non affichée, ni même vendue, il confte que ce *quidam* étoit le baron de *Chargey*, neveu de M. de *Bellegarde*, condamné à être rompu vif, comme atteint & convaincu d'avoir tiré un coup de piftolet à fon adverfaire; d'être enfuite venu fur lui avec un couteau de chaffe affilé, pour le percer par derriere, & d'avoir tiré un fecond coup de piftolet qui a manqué. Cette fentence doit s'exécuter en effigie, après la quinzaine, à la barriere du Temple, lieu où le délit s'eft commis.

7 *Avril.* Le régiment des gardes-françoifes a interrompu fes nouvelles manœuvres pour reprendre les anciennes, & fe mettre en état de

passer la revue devant le roi, dans le temps & de la maniere d'usage.

7 *Avril*. Les amateurs des spectacles forains, tels que ceux de *Nicolet* & d'*Audinot*, sont dans de grandes transes ; ils en craignent la suppression. Il est question d'imposer sur eux le quart des pauvres. Ces histrions ont fait des difficultés, & l'on s'en est prévalu pour les menacer d'une extinction totale. Les autres spectacles ne seroient point fâchés de cette destruction, & leurs partisans & protecteurs appuient la querelle. On croit cependant qu'avec la rétribution demandée, ils en seront quittes.

8 *Avril*. Le sieur *Torré* a rouvert son Wauxhall sur le boulevard le lundi 4 de ce mois. La beauté du temps l'avoit déterminé à prématurer cette cérémonie. Malheureusement il a changé depuis, & son spectacle n'a pu être brillant. Le colisée menace aussi par des affiches de rouvrir encore cette année : on ne peut concevoir l'obstination des entrepreneurs à se ruiner, pour fatiguer le public d'un monument qui lui déplaît.

8 *Avril*. On veut que le résultat des conférences des maréchaux de France, & autres officiers-généraux assemblés pour l'examen des différents systêmes d'artillerie, ait été, comme on l'avoit annoncé, de prendre un parti mixte ; c'est-à-dire, de fabriquer les canons pour les sieges, suivant les principes de M. de *Valiere*, & ceux de campagne, suivant les principes de M. de *Gribeauval*.

8 *Avril*. Suivant les dernieres lettres de Pétersbourg, le sieur *Diderot* prend de plus en plus auprès de l'impératrice des Russies : cette auguste souveraine ne peut se passer de lui, & l'on

doute qu'elle se détermine à le laisser revenir, comme il l'avoit annoncé. Il est vrai que le surplus de sa cour goûte peu ce philosophe, & qu'en général il n'a d'agrément que dans la société de la czarine, qui dépose pour lui toute la majesté du trône.

9 *Avril. Considérations politiques & philosophiques sur les affaires présentes du nord, & particuliérement sur celles de Pologne.* Tel est le titre d'une nouvelle brochure, après laquelle courent les politiques de ce pays-ci. Quoique les malheureux de cette république infortunée, y soient décrits avec autant de force que d'étendue, auteur s'y exprime avec beaucoup de modération contre les puissances copartageantes, auxquelles il prodigue même des éloges. Il ne peut dissimuler sur-tout les vexations inouïes, dont les Russes ont opprimé les Polonois; mais il rejette tout sur le compte de l'abus du pouvoir des chefs, & prétend que la czarine a ignoré les horreurs dont ils se sont rendus coupables.

L'objet principal de cet ouvrage, est de disculper le roi des reproches qu'on lui fait sur son indolence & son inertie. L'écrivain certifie que ce monarque a fait tout ce qu'il pouvoit faire; ce qui est lui supposer une grande impuissance. Du reste, on y trouve des détails instructifs sur le gouvernement de Pologne, sur les abus qui en étoient inséparables, & la conclusion naturelle est la nécessité d'une réforme, ou même d'une refonte de la constitution vicieuse de la république.

10 *Avril.* On dit que M. le contrôleur-général a fortement à cœur de consommer la construction du Louvre; qu'il visitera par lui-même

les travaux; qu'il piquera de temps en temps les ouvriers, & qu'au moment où l'on s'y attendra le moins, *on espere le voir sur l'échafaud*.

11 *Avril*. Comme on persiste toujours à vouloir transférer les fermes à la bibliotheque du roi, qui doit aller au Louvre dans quatre ans, si le projet de M. l'abbé *Terrai* s'effectue, & que la compagnie des Indes qui sert de bourse aujourd'hui, seroit englobée dans les nouveaux arrangements; on parle de construire une bourse à l'ancien hôtel de la monnoie, ce qui la mettroit au centre du commerce & de la capitale.

11 *Avril*. On ne saura guere le résultat des différentes conférences qui se tiennent chez les maréchaux de France qui y président, que par les ordonnances du ministre lorsqu'elles paroîtront; savoir, celles concernant l'infanterie, rendue d'après le résultat des sessions tenues chez le maréchal duc de *Biron*: celles concernant la cavalerie & les dragons, d'après les assemblées tenues chez M. le maréchal prince de *Soubise*, & celle concernant les milices & garde-côtes, d'après les résolutions prises chez le maréchal duc de *Richelieu*.

13 *Avril*. Les répétitions de l'opéra du chevalier *Gluck*, ont été si tumultueuses, même les particuliers, que les directeurs avoient pris le parti de demander au duc de la *Vrilliere* un ordre pour n'y recevoir personne: quant aux générales, celle du lundi a été plus nombreuse encore, s'il est possible, que celle du samedi; & cela n'a point empêché ni troublé l'exécution, qui s'est faite avec la plus grande pré-

cision. Dans la répétition du samedi, on avoit disposé une loge grillée, où tout le monde veut que soit venu Mad. la comtesse *Dubarri*.

13 *Avril*. Le conseil des maréchaux de France & des officiers-généraux dont on a parlé concernant l'artillerie, a aussi fini & arrêté ses délibérations, & le ministre de la guerre se dispose en conséquence à faire paroître une nouvelle ordonnance qui réformera celle de 1772, & par laquelle on reviendra à ce qui avoit été réglé en partie en 1765, sous le ministere de M. le duc de *Choiseul*.

13 *Avril*. Tout le monde étoit dans l'attente de la premiere représentation de l'opéra d'*Iphigénie*, qui devoit avoir lieu hier: une extinction de voix survenue dans la nuit au sieur *Larrivée*, acteur essentiel faisant le rôle d'*Agamemnon*, l'a empêché de pouvoir jouer, & à une heure & demie, on a affiché à la porte de l'académie royale de musique un avis par lequel on annonçoit qu'il *n'y auroit point d'opéra aujourd'hui mardi 12, conformément aux ordres du roi*; ce qui a fort scandalisé le public attroupé. On prétend: 1. que les directeurs devoient être préparés à un pareil accident qui arrive souvent, & avoir un acteur prêt à doubler le sieur *Larrivée*: 2. qu'au cas où l'acteur ne voudroit pas souffrir ce changement, en quelques heures de temps, il devoit leur être possible de substituer la représentation de quelques fragments, &c.

On a tout de suite dépêché un courier à Mad. la dauphine, qui devoit honorer le spectacle de sa présence, pour la prévenir du contretemps; mais cette princesse s'étant destinée à venir à Paris, s'y est rendue, & s'est promenée sur les boulevards avec M. le dauphin, M. le comte & Mad. la comtesse de *Provence*.

14 *Avril*. La cupidité des acteurs de la comédie françoise, les a excités à multiplier encore leurs petites loges. Ils en ont ajouté cinq de chaque côté sur le théâtre, & deux dans le parterre; ce qui le rétrécit beaucoup & gênera infiniment la sorte de public qui le compose, & dont les histrions font peu de cas, sans le sieur *le Kain*, qui regrette toujours le fauxbourg St. Germain, à raison du parterre d'alors, dont il prisoit fort les critiques & les éloges.

14 *Avril*. On a exécuté hier, sur le boulevard, à la porte du Temple, la sentence du Châtelet rendue le 29 mars, contre le *quidam*, reconnu pour être le baron de *Chargey*: on y relate les détails du crime d'assassinat à main armée, qu'on lui impute, envers M. de *Saint-Auban*, & par une publicité affectée qu'on donne à ce châtiment, en vendant la sentence qu'on avoit assuré ne devoir pas l'être, on ôte à sa famille la consolation de voir ensevelie dans le silence cette funeste aventure.

14 *Avril*. Les sieurs *Nicolet* & *Audinot* sentant l'impossibilité de se refuser à la rétribution qu'on leur demande pour le quart des pauvres, & craignant le malheur plus grand d'une cessation absolue, ont pris le parti de passer par tout ce qu'on a voulu, & leur spectacle vient de se rouvrir.

16 *Avril*. Ce livre clandestin qui a si fort scandalisé les artistes, & que l'auteur a été obligé de supprimer dès sa naissance, au point qu'il y en a très-peu d'exemplaires dans le public, est intitulé *Dialogues sur la Peinture*, avec des notes.

Il est divisé en neuf dialogues. Les interlocuteurs sont milord *Lytleton*, monseigneur *Fabretti*, prélat romain, & le sieur *Remi*, marchand de tableaux. On voit d'abord que ce cadre, nullement neuf, est le même que celui dont s'est servi l'auteur d'une petite brochure sur le salon dernier, dont on a rendu compte. Celle-ci traite aussi en grande & très-grande partie le même objet.

Le premier dialogue roule sur les tableaux saints, présentés au public dans la derniere exposition. Le second, sur les autres grands tableaux d'histoire. Le troisieme, sur les tableaux de genre. Le quatrieme, sur les peintres de portraits. Le cinquieme, sur les sculpteurs. Le sixieme, sur les graveurs & les dessins. Le septieme, sur les manœuvres entre les peintres, les brocanteurs & marchands d'estampes. Le huitieme contient des vues pour remédier aux abus, & pour réunir l'académie d'architecture à celle de peinture & sculpture. Le neuvieme renferme une critique des monuments de nos architectes modernes.

L'éditeur dans un avis annonce que ces dialogues sont détachés d'une nombreuse collection qui contient un cours complet des séances de ces étrangers dans nos académies, théâtres, bibliotheques, cercles &c. & qu'on est en état de fournir la suite, toujours enrichie de notes, supposé que cet ouvrage plaise.

16 *Avril*. Il ne paroît pas que le livre des dialogues sur la peinture soit d'aucun des artistes auxquels on l'a successivement attribué, ni même d'aucun artiste; mais d'un homme très-versé dans les arts, très-répandu parmi ceux qui les professent, très au fait de tous les procédés, & en outre homme de lettres plein de goût & de jugement.

Une grande connoissance de l'antique l'a rendu très-sévere sur les productions modernes : cependant, quoiqu'il critique nos peintres, nos graveurs, nos architectes les plus estimés, il leur rend justice quand il le faut. Son acharnement contre M. *Pierre*, le premiere peintre du roi, sur lequel il revient particuliérement, est motivé; il en rend raison. Outre qu'il le regarde comme un des principaux corrupteurs du bel art de la peinture parmi nous, il lui reproche son empire despotique envers ses confreres; la maniere insolente & barbare dont il traite les jeunes gens & étouffe ainsi les talents dès leur naissance.

Quoique l'écrivain ne s'étende pas autant sur l'architecture, & que les coryphées de cet art prétendent qu'il ne connoisse pas cette partie aussi bien que les autres; ce qu'il en dit est d'un goût juste, sûr, précis & lumineux, & fait voir qu'il en diroit beaucoup plus s'il vouloit.

Quant au style, s'il n'est pas toujours correct, s'il y a quelques expressions impropres, quelques pensées recherchées, entortillées; il est en général simple, naturel, & dans le genre du dialogue : les interlocuteurs sont bien choisis, parlent convenablement à leur qualité, & ce livre est sans contredit le meilleur aujourd'hui pour avoir une idée vraie de l'état actuel des arts en France.

17 *Avril*. L'opéra d'*Iphigénie*, suspendu pendant huit jours, doit enfin avoir lieu le mardi 19. On compte toujours que madame la dauphine honorera le spectacle de sa présence.

18 *Avril*. L'académie des sciences a été agitée d'une grande fermentation il y a peu de temps. Elle avoit élu pour adjoint M. *Vicq d'Azyr*, médecin consultant de monseigneur

comte d'*Artois*, & suivant son usage avoit fait part de l'élection au ministre ayant le département de Paris, pour obtenir la confirmation de sa majesté. La lettre étoit venue; mais avec la clause que le sieur *Boerhave* fût nommé adjoint surnuméraire. Cet acte de despotisme a révolté l'académie; elle a nommé une députation vers le duc de la *Vrilliere* pour lui représenter combien ce coup d'autorité blessoit les privileges de la compagnie. C'est le chevalier d'*Arcy* qui a porté la parole & l'a fait avec beaucoup de force & d'énergie: le ministre s'est rendu, mais n'a point voulu avoir le démenti. On est convenu qu'il retireroit la premiere lettre, qu'il en écriroit deux autres, l'une portant la confirmation de l'élection du sieur *Vicq* d'*Azyr* purement & simplement par sa majesté; l'autre, où le roi marqueroit son intention que le sieur *Boerhave* fût nommé à une place de surnuméraire adjoint: ce qui a été fait, & l'on s'est contenté en cela, comme en beaucoup de choses, de sauver la forme de part & d'autre, puisqu'au fond les choses sont restées les mêmes

18 *Avril*. Tout se dispose pour la prochaine entrée à Paris de M. le comte & Mad. la comtesse d'*Artois*; elle doit avoir lieu à la fin de ce mois-ci, ou au commencement de l'autre.

18 *Avril*. Le baptême d'un juif fait à la paroisse de Saint-Eustache la semaine derniere, a produit un spectacle édifiant pour la religion, & cette cérémonie a attiré beaucoup de monde. On exalte le zele du curé, auteur de la conversion.

18 *Avril*. La cabale qui se fomentoit sourdement contre le chevalier *Gluck* commence à

se développer davantage: elle a profité de la suspension de son opéra pour se fortifier, se combiner, & l'on s'attend à de grands événements dans cette partie, à des critiques vives, à des escarmouches, à des combats littéraires, qui feront rire les gens dénués de tout esprit de parti.

20 *Avril.* M. de *Voltaire*, dans une lettre particuliere à un de ses amis qui lui avoit fait l'éloge de l'épître de M. de *Shwaloff*, & lui en parloit comme d'un ouvrage auquel il le soupçonnoit avoir eu part, s'échauffe à cette occasion, & prétend qu'il n'est pas assez impertinent pour se louer ainsi lui-même; qu'elle est toute entiere du chambellan de l'impératrice; qu'il est un prodige pour l'esprit, les graces, la philosophie. Il ajoute que l'impératrice des Russies écrit en prose aussi bien que ce seigneur en vers, que le roi de Prusse cause l'admiration de tous les François qui le lisent. Il finit par demander à qui l'on doit attribuer ces progrès étonnants de notre langue chez les étrangers; *est-ce aux énigmes de Mercure?* ajoute-t-il. On voit que s'il se défend d'un côté de se louer lui-même, il le fait d'un autre d'une façon adroite, il est vrai, & par insinuation seulement. Au reste, tous ces dits & contredits du philosophe de Ferney sont si communs, qu'on peut facilement ajouter foi aux uns & aux autres. Il est constant que le Russe lui avoit adressé une épître; mais que M. de *Voltaire* lui a tellement corrigé son thême, qu'il n'est pas resté un vers du premier.

24 *Avril.* Le château que se fait élever Mad. la comtesse *Dubarri* dans l'avenue de

Versailles, à côté de la maison de *Binet* qu'elle a achetée, s'avance & sera construite pour le retour de Fontainebleau de cette année. Elle doit y établir un aumônier en titre: beaucoup de prêtres, de curés de campagne, d'abbés de cour briguent cet honneur.

24 *Avril*. Extrait d'une lettre de Toulon, du 16 avril 1774. On avoit le projet d'établir ici une forme, c'est-à-dire un bassin-pierre, communiquant à la mer par des portes qu'on ouvre & qu'on referme, pour y faire entrer les vaisseaux qu'on veut radouber & les faire ressortir; on n'avoit pu réussir. Feu M. *Laurent* envoyé dans ce port par le duc de *Praslin*, avoit échoué à cause des sources qu'on avoit rencontrées dans l'endroit choisi, & des frais énormes qu'il en eût coûté pour les dessécher ou les détourner. M. de *Boynes* qui s'occupe de toutes sortes de projets d'amélioration, a donné ordre au sieur *Groignard*, constructeur de la marine, rempli de talents, même pour le génie civil, d'examiner de nouveau la possibilité de l'entreprise. Celui-ci a imaginé de construire une forme en bois, de la lancer à la mer comme un vaisseau, de l'arrêter en un endroit convenable, de la revêtir ensuite de maçonnerie, d'y faire des portes, &c. On a représenté que cette invention seroit très-dispendieuse, qu'il y faudroit du bois de quoi construire deux gros vaisseaux. Le ministre curieux de signaler son administration par des innovations brillantes & utiles, a voulu qu'on passât outre, & l'on va travailler à l'exécution.

25 *Avril*. M. l'abbé de *Lille* est prêt depuis long-temps, c'est-à-dire, a composé son discours de

réception, & sollicite la compagnie de prendre jour pour sa réception. Mais ces messieurs retardent, & l'on craint que la mort de M. l'abbé *la ville* ne soit un nouvel obstacle. Comme par cette mort M. *Suard* occupe de droit la place du défunt, puisqu'il avoit été élu de la même maniere que le premier, on propose pour la singularité du fait, de reculer encore la réception de l'abbé de *Lille*, jusqu'au délai de quarante jours, établi à l'académie françoise pour la nomination du successeur à la vacance d'un fauteuil; & quand le second sera élu, de les recevoir tous deux ensemble.

26 *Avril*. Il est décidé que l'entrée de M. le comte d'*Artois* & de son auguste compagne, aura lieu le mercredi 4 mai. Quoique les carrosses de cérémonie ne soient pas prêts, l'impatience du prince ne lui a pas permis d'attendre ce temps; ce qui auroit retardé la fête jusqu'à la fin du mois.

27 *Avril*. La fureur du public ne se ralentit point, malgré les partisans de la vieille musique qui se déchaînent contre l'opéra d'*Iphigénie*. On doit y faire des améliorations dans les parties foibles, telles que les décorations & les ballets. Vendredi prochain on change le dénouement, qui sera exécuté avec tout le merveilleux que comporte ce spectacle. *Diane* interviendra & terminera suivant le récit consacré par la fable. La demoiselle *Heynel* & le sieur *Dauberval* qui n'avoient point encore paru, devoient danser, & l'on répand le bruit que madame la dauphine doit venir revoir cet opéra embelli de tous les accessoires en question.

28 *Avril*. M. le dauphin & Mad. la dau-

phine, M. le comte & Mad. la comtesse de *Provence* sont venus mardi dernier se promener sur les boulevards; ce qui avoit d'abord fait croire qu'ils étoient attirés par l'opéra. On observe en général que ces jeunes princes & princesses s'amusent peu à la cour. On a vu dimanche dernier, avec étonnement, au grand couvert, M. le dauphin dormir à table à côté du roi son grand-papa, qui s'en est apperçu & l'en a plaisanté avec bonté.

29 *Avril.* Le sieur *Dauberval* n'a pas manqué de témoigner sa reconnoissance envers madame la comtesse *Dubarri* dans une lettre encore fort rare, mais dont il transpire des copies: on y remarque la même aisance, la même familiarité qu'on a déjà trouvée dans celle qu'il lui a écrite à l'occasion du mariage que cette dame vouloit contracter du danseur avec mademoiselle *Dubois*. Cette nouvelle épître sur la quête que l'illustre protectrice a bien voulu faire en faveur de cet homme à talent, est conçue ainsi:

MADAME,

« Quelles obligations ne vous ai-je pas, & comment les reconnoître! Investi, couvert, accablé de vos bienfaits, je viens d'éprouver de votre part une faveur unique & dont il n'est aucun exemple en France, à l'égard d'un simple homme à talent. J'étois abymé de dettes: l'inconduite trop ordinaire dans notre état, la dissipation dans laquelle nous vivons, le luxe où nous entraîne la société brillante qui nous recherche, le gros jeu devenu un besoin général, étoient les causes naturelles de mon dérangement. Cela me donnoit peu de droit à l'indulgence publique. Aussi tourmenté par mes créanciers, ne sachant comment les satisfaire, j'avois pris le parti de m'expatrier, d'aller en Russie où l'on m'appelloit & dont le ciel, tout rigoureux qu'il soit, auroit eu pour moi moins d'inclémence. Vous n'avez point voulu, Madame, qu'une terre étrangere s'enrichît d'une perte bien foible sans doute & que vous avez daigné exagérer : vous avez prétendu qu'il seroit honteux que pour cinquante mille francs on laissât partir un danseur aussi précieux (ce sont vos termes, & je rougirois de les rapporter si l'on pouvoit être modeste, honoré d'un suffrage comme le vôtre); mais ce qui feroit tourner une tête plus forte que la mienne, c'est votre empressement à faire participer la cour entiere au rétablissement de ma fortune : assurément vous pouviez seule me sauver du naufrage; c'eût été un filet d'eau échappé d'un grand fleuve : il eût été plus doux pour mon cœur de n'avoir qu'une protectrice.... Que dis-je! je n'en ai qu'une en effet, & c'est à vous, Madame, que je dois rapporter les bontés de tant d'illustres personnages. Vous avez prétendu que tous, étant mes admirateurs, devoient concourir à me garder : vous avez établi une souscription, & vous sembliez n'ouvrir votre porte, qu'en proportion du zele qu'on mettoit à s'y inscrire : c'étoit une véritable taxe dont vous gréviez ceux qui venoient rendre leurs hommages.

» Autrefois madame la marquise de *Pompadour*, cette femme charmante qui vous a dévancée dans la carriere brillante où vous entrez, que les arts ont rendu immortelle, parce qu'elle les a toujours accueillis & soutenus, fit faire une loterie pour *Geliotte* (ancien chanteur de l'opéra); on a donné des bals pour *Grandval* (ancien acteur de la comédie françoise); une représentation pour *Molé* (acteur actuel de la comédie françoise), grands hommes infiniment supérieurs à moi & par leur talent & par l'excellence à laquelle ils l'ont porté. Il vous étoit réservé, Madame, d'envisager ma perte comme une calamité générale, & d'avoir recours, pour me conserver, à un de ces impôts extraordinaires, que le patriotisme alarmé s'empresse de payer à l'envi. Mon dévouement plus absolu que jamais à vos amusements, est la seule maniere dont je puisse vous témoigner ma reconnoissance. C'est aux artistes, c'est aux gens de lettres à vous célébrer plus dignement. Qu'est-ce que le génie ne doit pas attendre d'une divinté aussi tutélaire, si vous daignez faire tant de choses à l'égard d'un homme à talent, uniquement recommandable par le bonheur qu'il a de contribuer à vos plaisirs? Déjà la peinture, la sculpture, la gravure se sont disputé la gloire de transmettre à l'Europe étonnée les graces séduisantes de votre figure; déjà les muses vous ont couronnée de leurs guirlandes; déjà le patriarche de la littérature, le prince de nos poëtes & de nos philosophes, le vieillard de Ferney, s'est abaissé à vos genoux, (on connoît la lettre de M. de *Voltaire* à madame la comtesse *Dubarri*, publiée au mois de juillet dernier) & vous a, en sa personne, rendu les adorations, & du parnasse, & du portique. Puisse son exemple encourager ceux dont le respect captivoit la langue! Qu'il s'éleve un concert

concert général de vos louanges, & que le sceptre des arts & de la philosophie, tombé des mains de la marquise adorable qu'ils pleurent encore, passent dans vos mains, & leur rende en vous une autre Minerve ! »

Je suis avec un profond respect, &c.

Paris, ce 10 avril 1774.

1 *Mai* 1774. C'est au jeudi 5 mai qu'est fixée la réception de l'abbé de *Lille*. Celui-ci a insisté pour avoir une séance à lui seul, & pouvoit lire, comme on l'a dit, un ou deux chants de la traduction en vers du poëme de l'*Enéide*.

2 *Mai*. M. le chevalier de *Foucault*, major des ville & château de Nantes, répand une réponse en date du 9 avril, au mémoire de M. de *Menou*, lieutenant pour le roi desdites ville & château. Il prétend que ce n'est que d'après l'avis de jurisconsultes éclairés, qu'il s'est cru bien fondé à exercer contre son adversaire une action de dommages intérêts, & que celui-ci, bien loin d'avoir prouvé qu'il n'avoit point eu de part aux procédures criminelles dirigées contre le chevalier de *Foucault*, a fait tout le contraire ; qu'en publiant l'histoire des différends qu'il lui a suscités dans l'exercice de sa place, en imprimant les lettres dans lesquelles il portoit ses plaintes, il a rendu publiques les preuves de son animosité contre l'accusé ; il a donné à sa propre conduite des motifs que celui-ci ne pouvoit que soupçonner ; qu'enfin le calomniateur dans cette affaire malheureuse, est celui qui, s'enveloppant du manteau de la discrétion, ou plutôt des ombres de la fraude, a voulu se ménager l'im-

punité, en cachant la main dont il portoit les coups les plus funestes à l'honneur d'un officier décoré du prix de vingt-huit ans de service; qui fait imprimer dans la gazette de Leyde un faux avis; & qu'ainsi le chevalier de *Foucault* est justement fondé à demander une réparation éclatante contre M. de *Menou*, & cinquante mille francs de dommages-intérêts.

— 2 *Mai.* On annonce un *dialogue de Pégase avec un vieillard*, en vers, nouvelle facétie de M. de *Voltaire* qui est encore très-secrete. On dit M. l'abbé *Terrai* furieux des trois vers suivants, qu'il regarde comme une ironie sanglante, un reproche pour son peu de goût pour les arts:

Monsieur l'abbé *Terrai* pour le bien du royaume,
Préfere un laboureur, un prudent économe,
A tous nos vains écrits qu'il ne lira jamais...

4 *Mai.* On a fait à la bourse une enceinte, espece de sanctuaire, où les agents de change peuvent seuls pénétrer pendant l'heure des négociants: l'entrée en est gardée, &, quand on veut parler à l'un d'eux, on est obligé de le demander, & il sort. On a voulu prévenir par-là les manœuvres d'une quantité de courtiers, d'apprentis courtiers, de crocs & d'escrocs, qui profitoient des instructions que pourroient avoir les agents pour monopoler, & faire tomber les effets à vil prix. Au reste, cet endroit n'est pas d'une grande utilité dans le moment, où la place est dans une inaction presque absolue par l'état fâcheux de sa majesté.

5 *Mai.* Rien de plus plaisant que de voir

l'auteur de la gazette ecclésiastique, dans sa feuille du 25 avril, reprocher au sieur Marin d'être trop philosophe. C'est à l'occasion de la sienne du 4 avril, où celui-ci prétend qu'un goût inné pour la liberté est l'attribut des peuples du demi-continent septentrional de l'Amérique. On sait que les philosophes au contraire lui reprochent d'être trop simple, trop crédule, de remplir son journal de contes populaires, & sur-tout d'être un fauteur ardent du despotisme. Ainsi cet animal amphibie, proscrit également de tous les partis, devient odieux même au gazetier ecclésiastique, & sera désormais obligé de se suffire à lui-même.

7 *Mai*. La requête présentée au roi & à nosseigneurs de son conseil, par la dame *Romain* & le sieur *Dujonquay*, en cassation de l'arrêt rendu contre eux le 5 septembre par le parlement de Paris, quoiqu'extrêmement volumineuse, est si bien faite, qu'on ne peut en rien retrancher sans ôter aux faits ou aux preuves leur développement, & aux raisonnements quelque chose de leur force ou de leur clarté.

Après un début oratoire, mais court, où Me. *Drou* résume tout le fond de l'affaire, & annonce le courage qu'il lui a fallu pour entreprendre une défense dont il prévoyoit les dangers, pour braver les orages qui pouvoient s'élever sur sa tête, & franchir les abymes entr'ouverts sous ses pas; il retrace en détail l'historique de cet étrange procès, de ce qui l'a précédé & suivi. Quoiqu'il emprunte beaucoup de choses des avocats qui ont éclairci la matière avant lui, & démontré jusqu'à l'évidence l'innocence de ses clients & la justice de leur cause, il y

K 2

en ajoute une infinité d'autres, & sur-tout la liberté qu'il a vraisemblablement eue de visiter les pieces secretes du procès, lui a fourni une quantité d'arguments victorieux tirés des dépositions, récolements, confrontations; en sorte que cette requête est devenue un chef-d'œuvre de logique.

11 *Mai*. A la mort du roi, tous les grands qui étoient auprès de la feue majesté, ne pouvant approcher de la nouvelle à cause de la maladie pestilentielle dont ils avoient pompé l'air, ont été, suivant l'usage, se faire écrire seulement chez le roi actuel. M. le duc de la *Vrilliere* est allé chez madame la dauphine devenue reine, & de laquelle il a pu approcher, cette princesse ayant eu la petite vérole, pour demander les ordres de sa majesté, ou ceux que le roi voudroit lui donner par elle : la reine lui a répondu qu'elle n'en avoit aucun à lui intimer, ni de son chef, ni de celui de son auguste époux. Le roi est monté en carrosse sur le champ, & tout le monde a crié : *Vive le roi !*

Quoiqu'il n'y eût aucun ordre donné, le roi ayant jugé à propos que toute la famille royale fût rassemblée en ces jours de douleur commune, la cour entiere s'est rendue à Choisy. Mesdames sont dans le petit château, & le roi & ses freres sont dans le grand.

M. le duc d'*Orléans* ayant continuellement résidé auprès du feu roi, n'a pu rendre ses hommages au nouveau. Il est à Saint-Cloud pour neuf jours. Tous les ministres par la même raison sont dispersés, & l'on ne croit pas qu'il y ait de conseil avant ce temps-là.

11 *Mai*. Madame *Dubarri*, qu'on avoit dit

faussement sortie de Ruel, y est encore ; mais on ne présume pas qu'elle puisse y rester long-temps : on croit qu'elle y attendra les ordres du roi. Au reste, sa douleur ne l'a point distraite de son goût pour le luxe & la vie molle, au point que, ne se trouvant point assez bien couchée dans le lit de la duchesse d'*Aiguillon*, elle a envoyé chercher son lit de Versailles.

Ce nom étoit devenu depuis sa retraite de la cour en si grande horreur, que la jeune marquise *Dubarri* (Mlle. de *Fumel*) voyant combien ce mépris public influoit sur elle-même, avoit pris le parti de faire ôter la livrée à ses gens. On sait qu'elle a toujours répugné à cet hymen auquel elle a été sacrifiée ; ce qui la rend véritablement à plaindre.

11 *Mai*. Le cadavre du roi s'est trouvé tellement infect, qu'aucun chirurgien n'a osé en faire l'ouverture. On croit qu'on y a mis sur le champ de la chaux vive, puis il a été revêtu d'un cercueil de bois de cedre, de plomb ensuite, &c.

Le palais est doublement infecté, & du cadavre du feu roi, & de la multitude d'odeurs & de parfums que depuis douze jours chacun des courtisans portoit sur lui, dont est résulté un pot-pourri plus affreux que l'odeur fétide de la maladie pestilentielle de sa majesté.

11 *Mai*. Le corps du feu roi ne restera que jusqu'au jeudi soir à Versailles : il doit être transféré tout de suite à *Saint-Denis*, avec quelques gardes-du-corps.

On a pris aujourd'hui *le deuil de décence*, en attendant que tout soit disposé pour le grand deuil qui doit avoir lieu dimanche.

12 *Mai.* On parle d'un porte-feuille remis par le feu roi à M. le Prince de *Soubise*, & dont la clef a été confiée par la feue majesté à madame *Adélaïde*.

On parle d'un autre porte-feuille remis par *Louis XV* au sieur de *la Borde*, son premier valet-de-chambre, pour suivre la destination qu'il lui a prescrite. On croit qu'elle regarde la comtesse *Dubarri*, & les enfants naturels que laisse sa majesté, dont le nombre est considérable.

12 *Mai.* On ne peut savoir encore en qui le roi mettra sa confiance. Ce prince, étant dauphin, ne sembloit avoir aucune affection décidée. On sait qu'il est entouré aujourd'hui des personnages de la cour les plus méritants, tels que M. le comte *du Muy*, M. le marquis de *Caseries*, M. le comte de *Périgord*, M. le duc de *Noailles*, M. le comte d'*Aranda*, ambassadeur extraordinaire d'Espagne, y est aussi, M. le comte de *Mercy-Argenteau*, ambassadeur de l'empereur, M. le comte de *Lascy*, &c.

12 *Mai.* M. le prince de *Conti* étoit aux prieres de quarante heures, lorsqu'un courier est venu lui annoncer la mort du roi. Ce prince, dans l'excès de sa douleur, a tout de suite donné ordre de renfermer le Saint Sacrement au fond du tabernacle, comme pour reprocher à Dieu l'inutilité des prieres qu'on lui faisoit. Le peuple qui n'a pas saisi le sens de cette vivacité de son altesse sérénissime, a été fort scandalisé de sortir sans bénédiction.

13 *Mai.* Le chapelier de madame la comtesse *Dubarri*, dans ce moment-ci, avoit cent chapeaux de commandés & cent bords pour ses gens; ce qui annonce qu'elle avoit cent hommes

de livrée, & donne une légere idée de sa dépense.

13 *Mai.* L'*Espagne littéraire* est un journal commençant qui pourroit être neuf, curieux & instructif. Malheureusement les entrepreneurs ne paroissent pas assez en fonds, & l'on juge qu'ils sont absolument dénués de correspondance dans ce royaume étranger. On voit qu'ils ont entre les mains cinq ou six livres anciens de cette nation, qu'ils dépecent alternativement, & dont ils remplissent leurs feuilles. D'ailleurs il résulte de cette disette qu'il n'y a dans leur ouvrage aucune critique; & l'on sait qu'elle est l'ame de ces sortes d'écrits qu'elle aiguise par son sel. C'est M. de *la Dixmerie* qui tient la plume en chef, quoiqu'il ne sache pas un mot espagnol.

13 *Mai.* Non-seulement les spectacles, le wauxhall, le colisée & autres lieux se trouvent fermés en ce moment; mais avant-hier on a intimé aux jeux publics ordre de suspendre. Ce vuide oblige les oisifs de se livrer au seul amusement qui leur reste, la promenade. St. Denis forme un point de repos qui excite aujourd'hui le concours général: le corps de sa majesté n'a point passé par Paris, mais par le chemin de la Révolte; quoiqu'il ne fît pas beau, & que cette marche se soit prolongée fort avant dans la nuit, une multitude de curieux s'est répandue sur la route: elle étoit bordée des plus brillants équipages.

14 *Mai.* Le sieur de *la Borde*, un des premiers valets-de-chambre du feu roi, homme de mœurs fort dissolues, & le complaisant de madame *Dubarri*, a été renvoyé, ou plutôt chassé; c'est

le terme dont se servent les courtisans pour marquer le mépris du roi envers lui ; ce qui est assez vraisemblable d'après une anecdote rapportée anciennement de M.. *le dauphin* à son égard.

14 Mai. Le transport du cadavre royal a en effet eu lieu au jour indiqué, & s'est fait avec une promptitude indécente & un dénuement presque absolu de cérémonial. Les cabarets sur la route étoient remplis d'ivrognes qui chantoient. On parle entr'autres d'un très-coupable qu'on vouloit expulser, & à qui l'on refusoit de donner encore du vin : pour s'en débarrasser, on lui disoit que le convoi de *Louis XV* alloit passer : *Comment*, s'est-il écrié dans un délire punissable, *ce B*****-là nous a fait mourir de faim pendant sa vie, & à sa mort il nous fera mourir encore de soif ?*

15 Mai. Ce qui rend la comtesse *Dubarri* plus odieuse à la cour, c'est une anecdote qui passe pour certaine, & la fait regarder comme cause de la mort du roi. On prétend que dans une partie de Trianon, où il étoit question de dissiper sa majesté toujours frappée de la mort subite du marquis de *Chauvelin*, de celle du maréchal d'*Armentieres*, & bourrelée par les remords qu'avoit excités dans son cœur l'évêque de Senez, lors de son sermon du jeudi-saint, on s'apperçut que le monarque avoit jeté des yeux de concupiscence sur la fille d'un menuisier des environs ; qu'on avoit fait venir cette enfant encore novice, qu'on l'avoit décrassée, parfumée & introduite dans le lit de sa majesté, pour qui ce morceau friand auroit été de dure digestion, si l'on ne l'eût aidé avec des confortatifs violents ; ce qui lui avoit effectivement été d'un grand secours, & procuré plus de plaisir qu'on en éprouve ordinairement à cet âge. On ajoute que cette enfant se sentant déjà malade avoit eu beaucoup de peine à se prêter à ce qu'on en exigeoit, & ne s'étoit rendue qu'intimidée par les menaces, & aiguillonnée par l'espoir d'une fortune. On ignoroit qu'elle eût le germe de la petite vérole, qu'elle a communiquée au roi, & dont elle est morte avant lui.

16 *Mai.* On assure que la lettre de cachet adressée à madame la comtesse *Dubarri*, n'est point dure; que sa majesté y dit que des raisons d'état l'obligent de lui ordonner de se rendre en couvent; qu'il n'oubliera point qu'elle étoit honorée de la protection de son aïeul; & qu'au premier conseil on pourvoira à lui donner une pension convenable, si sa situation pouvoit en avoir besoin.

Cette générosité de *Louis XVI* est d'autant plus grande, que tous les courtisans savent que la favorite s'exprimoit très-indécemment sur son compte: on en peut dire autant de la reine qui auroit à la faire punir de propos encore plus outrageants: ces deux majestés, à l'exemple de *Louis XII*, ne veulent point se ressouvenir sur le trône des injures qui leur ont été faites avant d'y monter.

17 *Mai.* Depuis plusieurs années il n'y avoit point de premier médecin du roi. Sa majesté auroit voulu y nommer le docteur *le Monnier*, qu'elle aimoit & qui avoit le plus d'ancienneté; la comtesse *Dubarri* y portoit le docteur *Bordeu*, son médecin, qui même avoit l'honneur de tâter toutes les semaines le pouls de *Louis XV*. Suivant son usage, pour ne point faire d'injus-

tice, & ne pas occasionner de mécontentement à sa maîtresse, sa majesté avoit laissé la place vacante. Par cette fatalité d'événements qui regle ce monde, les deux concurrents ont été frustrés, & le docteur *Lieutaud*, médecin de M. le *dauphin*, est devenu de droit premier médecin du roi, & le monarque actuel l'a déclaré tel.

18 *Mai*. On fait un quolibet sur la comtesse *Dubarri*, qui rassemble les différentes époques de sa vie, en la faisant passer sur plusieurs ponts. On la fait partir du Pont-aux-choux (sa naissance d'une cuisiniere) pour aller au Pont-neuf, (son premier métier de racrocheuse); du Pont-neuf au Pont-au-double (sa grossesse); de-là au Pont-au-change (son amélioration de fortune); ensuite au Pont-marie (son mariage); de-là au Pont-royal (son élévation); enfin au Pont-aux-dames (son exil.)

18 *Mai*. Extrait d'une lettre de Choisy, du 15 mai 1774. Sa majesté aime beaucoup à marcher: elle a fait une promenade à pied hors du château dans la campagne; elle a parlé de choses intéressantes, & a déployé des connoissances étendues en fortifications, en génie: elle s'est entretenue sur-tout de guerre; ce qui fait craindre que des projets belliqueux ne fermentent dans sa tête; mais ils seront toujours dirigés par la sagesse & l'équité dont elle fait profession.

En revenant dans le parc, sa majesté a trouvé la reine & les autres princesses qui mangeoient du lait avec des fraises sur un banc; elle n'avoit voulu ni fauteuil ni chaise; tout le monde s'est réuni de bonne amitié. Rien de si ravissant que le spectacle de cette union, bien préférable à tout le faste d'une pompe asiatique.

19 *Mai*. On a fait une épitaphe abominable sur le feu roi, qu'on conserve dans les anecdotes comme historique, elle peint la dissolution des mœurs sur la fin de son regne, & l'austérité de celles qu'on espere voir renaître sous le regne actuel, d'après l'exemple du maître :

<blockquote>
Quittez la cour; partez c.....;
Partez, m.... & p.....;
Ci gît *Louis*, quinze du nom,
Dit *le Bien-aimé* par surnom,
Et de ce titre le deuxieme,
Dieu nous préserve du troisieme !
</blockquote>

Pour l'intelligence de cette épitaphe, il faut se ressouvenir que *Charles* avoit aussi été surnommé *le Bien-aimé* avant sa démence.

20 *Mai*. On a retrouvé, dit on, que l'enterrement de *Louis XV* avoit coûté trois millions ; cette dépense auroit été aujourd'hui beaucoup plus considérable.

20 *Mai*. Sa majesté a dû recevoir hier les princes de son sang, les ministres, les ambassadeurs de sa famille, les grands officiers de la couronne.

21 *Mai*. Actuellement que par les rapports de plusieurs témoins oculaires, on peut constater la conduite du feu roi dans ses derniers instants, il paroît que c'est de son propre mouvement que le mercredi 4, sa majesté a dit à ceux qui l'entouroient : « Je n'ai point envie qu'on me fasse renouveller ici la scene de

» Metz; qu'on dise à madame la duchesse d'Ai-
» guillon qu'elle me fera plaisir d'emmener mada-
» me la comtesse Dubarri. » Que dans la nuit du
vendredi au samedi, sentant que sa langue s'em-
barrassoit, il dit qu'on fît venir M. l'abbé
Maudoux son confesseur : ce qu'ayant entendu
le duc de Duras, ce seigneur dit au duc d'Orléans, & aux autres spectateurs : « Monseigneur
» & Messieurs, je vous prends à témoins que
» le roi demande son confesseur. » Que sur le
matin, sa majesté demanda le viatique, fit
arranger elle-même tout ce qui étoit nécessaire
pour cette cérémonie, & parut s'en occuper
avec beaucoup de présence d'esprit & avec indifférence, ou au moins tranquillité.

Il paroît constant encore qu'avant sa mort,
le roi a demandé M. le dauphin, qu'on lui a
représenté que son genre de maladie avoit obligé
sa majesté de défendre elle-même à ce prince
d'entrer dans son appartement ; ce qui avoit
arrêté sa volonté, & excité de sa part des regrets de ne pouvoir embrasser ses enfants avant
de mourir, & l'avoit engagé à envoyer au dauphin les porte-feuilles dont on a parlé.

21 *Mai.* Sa majesté avoit désiré que le deuil
fût de huit mois, par vénération pour le feu
roi ; mais sur les représentations des députés du
commerce, & sur-tout du sieur *Pernon*, député
de la ville de Lyon, à qui cette prolongation
feroit le plus de tort, le roi a décidé qu'il ne
seroit que de sept ; ce qui le termine au 15 décembre, & ne fait pas perdre aux marchands
la saison précieuse de l'hiver.

22 *Mai.* Avant la mort du feu roi, Mad. la
dauphine sollicitoit le régiment Royal-Cham-

pagne pour M. de Roucy, auquel elle s'intéressoit fort, & M. le dauphin appuyoit. Depuis la reine a engagé le roi à donner à cet officier le régiment de la Reine cavalerie, qu'avoit le marquis Dubarri : en conséquence sa majesté lui a écrit que, comme courtisan, il n'avoit plus rien à espérer; mais que, comme son officier, il seroit susceptible de toutes les graces que ses services lui mériteroient, & qu'en conséquence il lui donnoit le régiment Royal-Champagne, la reine désirant que de Roucy eût son régiment de cavalerie. Ce marquis Dubarri passe pour un assez bon sujet, & n'est point chargé, comme les autres, de la haine générale.

23 *Mai.* On écrit de Toulouse que, dès qu'on y a reçu la nouvelle du renvoi de Mad. Dubarri de la cour, & même avant la mort du roi, la populace s'est vengée des insolences du comte Guillaume, mari de cette dame, l'a hué, lui a jeté de la boue; & l'on ne doute pas que ces avanies n'aient augmenté depuis la mort du roi, si ce malheureux n'a eu la précaution de s'enfuir.

24 *Mai.* Le comité des inspecteurs-généraux de l'infanterie, nommé par la rédaction des principes de tactique du baron de Pirch, suspendu par la maladie & par la mort du roi, a repris son travail: il y a eu le jour de la Pentecôte assemblée chez M. le maréchal duc de Biron, & il y a espérance qu'on ne tardera pas à avoir la publication du code militaire, que le public attend avec impatience.

24 *Mai.* M. le marquis de Letoriere, un des plus beaux hommes de Paris, la coqueluche des femmes, & renommé par ses bonnes fortunes,

ayant été trop fréquemment à Versailles pendant la maladie du feu roi, y a vraisemblablement gagné la petite vérole & en est très-mal. C'est une grande désolation parmi les femmes galantes de Paris; car il y au moins à parier qu'il y perdra sa charmante figure.

15 Mai. Il étoit d'usage, lorsque le feu roi étoit au château de la Muette, que les portes du bois de Boulogne dans lequel il est, fussent fermées: le jeune monarque s'étant apperçu de cette clôture, en a demandé la raison. Il a ordonné qu'elles fussent ouvertes & que chacun pût en liberté se promener dans le bois. La reine s'y montre sans garde, à pied, quelquefois à cheval: elle parle à tout le monde avec une affabilité qui la fait aimer de plus en plus, & reçoit elle-même les placets qu'on lui présente. Le voisinage de cour, le désœuvrement où l'on est dans la capitale, & l'empressement de voir leur auguste maître, engagent les Parisiens à se rendre en foule à la Muette. C'est une procession continuelle de voitures.

17 Mai. L'affaire du secretaire de M. de *Guines*, notre ambassadeur à Londres, dont il a été rendu compte dans le temps, va s'éclaircir: on attend incessamment des mémoires.

17 Mai. On a parlé du médecin anglois, nommé *Sutton*, qui s'étoit offert pour traiter le roi dans sa petite vérole, & qui prétend avoir un spécifique contre cette maladie. Ils sont deux freres ici. Sur le rapport fait au roi de mauvais propos de leur part, il leur avoit été ordonné de sortir de France. M. le duc d'Orléans, témoin oculaire de tout ce qui s'est passé, les a justifiés auprès de S. M., & la lettre de cachet a été révoquée, au grand contentement de quantité de particuliers qui se sont mis entre leurs mains, pour se faire inoculer.

27 *Mai.* M. de *Redmont*, lieutenant-général, vient d'obtenir le cordon rouge. On crie beaucoup contre cette nomination arrangée du temps du feu roi, à cause du passe-droit. M. de *Redmont* est fort attaché à M. le duc d'*Aiguillon* : il étoit avec lui à Saint-Cast, dans le moulin qui a donné lieu au bon mot de M. de la *Chalotais*, source de toutes les persécutions qu'il a essuyées depuis.

28 *Mai.* La reine, étant dauphine, avoit témoigné son désir d'avoir une maison de plaisance à elle, où elle pût faire ce qu'elle voudroit. Sa majesté qui en étoit instruite, lui a dit, il y a quelques jours : « Madame, je suis » en état de satisfaire à présent votre goût. Je » vous prie d'accepter pour votre usage parti- » culier le grand & le petit Trianon. Ces beaux » lieux ont toujours été le séjour des favorites » des rois, conséquemment ce doit être le » vôtre. » La reine a été très-sensible à ce cadeau, & sur-tout au compliment galant par où l'offre en été terminée. Elle a répondue au roi, en riant, qu'elle acceptoit le petit, à condition qu'il n'y viendroit que lorsqu'il y seroit invité.

28 *Mai.* Le sieur *Marin*, dans la gazette du 13 mai, fait un pompeux éloge de *Louis XV*: il prétend que son regne sera célebre à jamais par nombre de victoires, par *l'acquisition de la Lorraine*. On a trouvé qu'il étoit fort imprudent à ce gazetier de rappeller un pareil événement, & l'on craint que cette gaucherie ne

fasse une sensation fâcheuse sur l'empereur qui n'avoit pas besoin qu'on lui remît sous les yeux cette perte du patrimoine de ses ancêtres, & qui la regrette chaque jour.

28 *Mai*. Le marquis de *Letoriere* est mort, & toutes les filles gémissent sur la perte de ce *miroir à putains*; c'est ainsi qu'elles l'appelloient.

29 *Mai*. Malgré les projets de réforme dans les dépenses dont on se berce, on parle de retraites accordées à deux écuyers (MM. de *Saint-Angel* & de *Montagnac*) qui ne semblent rien moins qu'économiques, puisqu'on conserve à l'un 12,000 livres, & à l'autre 5,000 livres de pension, avec quantité de valets & de cheveaux entretenus.

29 *Mai*. M. de *Pontécoulans*, major des gardes-du-corps, du vivant de *Louis* XV, avoit eu le malheur de déplaire à madame la dauphine; & quoique l'objet fût léger, cette princesse avoit paru en recevoir beaucoup de mécontentement, au point d'avoir dit qu'elle ne l'oublieroit jamais. Lorsqu'elle est devenue reine, cet officier a craint que sa majesté ne tînt parole; & afin de prévenir tout désagrément, il a pris le parti d'offrir sa démission. Il est allé trouver le prince de *Beauveau*, a versé sa douleur au sein de ce capitaine des gardes, & lui a avoué le seul motif de son étrange démarche. Il lui a témoigné qu'il étoit au désespoir de quitter le service du roi, qu'il s'estimeroit trop heureux que sa majesté daignât lui donner un autre emploi, puisqu'il ne pouvoit jouir du bonheur d'approcher de sa personne. Ce seigneur s'est chargé de la démission de M. de *Pontécoulans*; mais avant de la remettre au roi, il s'est

rendu chez la reine, & lui a exposé l'embarras de ce major par l'appréhension de déplaire à sa majesté dans l'exercice de ses fonctions. Cette princesse a répondu avec la magnanimité si connue de *Louis* XII, qu'elle ne se ressouvenoit point étant reine, des injures faites à madame la dauphine, & qu'elle prioit M. de *Pontécoulans* de l'imiter. L'ayant vu depuis, sa majesté lui a répété la même chose, & cet officier enchanté publie par-tout ce trait de grandeur d'ame.

30 *Mai*. Il paroît que la nomination du comte de *Roucy* à la place de Mestre-de-camp, lieutenant du régiment de la reine, qu'a le marquis *Dubarri*, & que la reine vouloit faire passer au premier par un revirement, ne s'est point effectuée, puisque M. de *Roucy* est nommé au régiment Royal-Champagne. C'est sans doute pour ne point donner un désagrément trop marqué à M. *Dubarri*, bon officier qui mérite des égards, mais qui doit quitter son nom & porter celui de comte d'*Hargicourt*. L'échange, à ce qu'on assure, aura pourtant lieu, mais seulement dans un an ou deux.

30 *Mai*. Une rixe survenue entre le marquis de *Langeac*, fils de madame *Sabbatin*, & monsieur d'*Egreville*, est la matiere des conversations & des plaisanteries de la cour & de la ville. Le premier voudroit épouser la sœur du second. Quelqu'un en parloit à M. d'*Egreville*, & lui témoignoit sa surprise qu'il ne détournât pas la veuve de son frere d'un pareil hymen. M. d'*Egreville* s'est défendu sur ce qu'il n'avoit aucune autorité sur sa belle-sœur; en avouant cependant que si la chose dépendoit de lui, il n'y consentiroit pas, & se lâchant en propos désavantageux

sur le compte du futur beau-frere. Celui-ci, instruit du propos, étant à souper chez sa mere avec M. d'*Egreville*, le provoqua de maniere à lui faire sentir qu'il n'ignoroit pas ce qu'il avoit dit; la conversation s'est échauffée là-dessus entre eux, & ils sont sortis pour se battre; mais il s'est trouvé des gardes des maréchaux de France qui, comme apostés-là, les ont arrêtés. L'affaire portée au tribunal, M. de *Langeac*, en qualité d'agresseur, a été condamné à six mois de prison.

En général, on regarde cette aventure comme un complot formé entre la mere & le fils. Madame de *Langeac* vouloit que celui-ci eût l'air d'un brave, qui ne souffre point de mauvais propos, & cependant, graces aux précautions qu'elle avoit prises, ne courût aucun risque.

31 *Mai*. On a fait un calembour sur la position où la cour se trouve, ou, pour mieux dire, sur celle des personnages les plus puissants de la vieille cour; le voici :

<blockquote>
Les barils s'enfuient,
L'aiguillon ne pique plus,
La vrille est usée,
Le pouls est lent.
</blockquote>

1 *Juin* 1774. On cite le préambule de l'édit portant remise du droit de joyeux avénement, comme un morceau d'éloquence remarquable.

« Assis sur le trône où il a plu à Dieu de
» nous élever, nous espérons que sa bonté sou-
» tiendra notre jeunesse, & nous guidera dans
» les moyens qui pourront rendre nos peuples

» heureux. C'est notre premier désir ; &, con-
» noissant que cette félicité dépend principale-
» ment d'une sage administration des finances,
» parce que c'est elle qui détermine un des
» rapports les plus essentiels entre le souverain
» & ses sujets. C'est vers cette administration
» que se tourneront nos premiers soins & notre
» première étude. Nous étant fait rendre compte
» de l'état actuel des recettes & dépenses, nous
» avons vu avec plaisir qu'il y avoit des fonds
» certains pour le paiement exact des arrérages
» & intérêts promis, & des remboursements
» annoncés, & considérant cet engagement
» comme une dette de l'état, & les créances
» qui les représentent comme une propriété au
» rang de toutes celles qui sont confiées à notre
» protection, nous croyons que notre premier
» devoir est d'en assurer le paiement exact. Après
» avoir ainsi pourvu à la sureté des créanciers
» de l'état, & consacré les principes de justice
» qui feront la base de notre regne, nous de-
» vons nous occuper de soulager nos peuples
» du poids des impositions ; mais nous ne
» pouvons y parvenir que par l'ordre & l'éco-
« nomie. Les fruits qui doivent en résulter ne
» sont pas l'ouvrage d'un moment, & nous
» aimons mieux jouir plus tard de la satisfac-
» tion de nos sujets, que de les éblouir par des
» soulagements dont nous n'aurions pas assuré
» la stabilité. Il est des dépenses nécessaires
» qu'il faut concilier avec l'ordre & la sureté
» de nos états. Il en est qui dérivent de libé-
» ralités, susceptibles *peut-être* de modération,
» mais qui ont acquis des droits dans l'ordre
» de la justice par une longue possession, &

» qui, dès-lors, ne présentent que des écono-
» mies graduelles ; il est enfin des dépenses qui
» tiennent à notre personne & au *faste* de notre
» cour : sur celles-là nous pouvons suivre plus
» promptement les mouvements de notre cœur,
» & nous nous occupons déjà des moyens de
» les réduire à des bornes convenables. De tels
» sacrifices ne nous coûteront rien, dès qu'ils
» pourront tourner au soulagement de nos su-
» jets ; leur bonheur fera notre gloire, & le
» bien que nous pourrons leur procurer, sera
» la plus douce récompense de nos soins & de
» nos travaux. Voulant que cet édit, le premier
» émané de notre autorité, porte l'empreinte
« de ces dispositions, & soit comme le gage de
» nos intentions, nous nous proposons de
» dispenser nos sujets du droit qui nous est dû
» à cause de notre avénement à la couronne;
» c'est assez pour eux d'avoir à regretter un
» roi plein de bonté, éclairé par l'expérience
» d'un long regne, respecté dans l'Europe par
» sa modération, son amour pour la paix, &
» sa fidélité envers les traités, &c. »

2 Juin. Il s'est élevé une contestation à la Muette entre les gardes-du corps & les chefs de brigade : ces derniers ont prétendu qu'un garde-du-corps en sentinelle devoit se mettre sous les armes à leur passage, & sur le refus fait par un de ces messieurs, il a été envoyé aux arrêts, puis successivement les autres qui l'ont remplacé, prétendant ne devoir rendre cet honneur qu'au capitaine. Comme l'on a jugé que c'étoit un parti pris par tout le corps, l'affaire a été portée au roi, qui y statuera. Il paroît que jusqu'à présent l'usage a été pour MM. les gardes-du-corps, & que la demande des chefs de brigade est une innovation dans ce service.

- 3 *Juin*. Extrait d'une lettre de Londres, du 25 mai 1774. Les Anglois sont très-fâchés du changement de regne. Plusieurs seigneurs d'entre eux ont entendu le jeune prince se plaindre du peu de considération que notre nation avoit pour la nation françoise, & promettre de la relever de son avilissement. Votre monarque passe ici pour entier dans ses résolutions, pour économe, pour opiniâtre; il pourroit lui prendre envie de guerroyer, & nous ne nous en soucions nullement; d'ailleurs du train dont il y va, le désordre de vos finances sera bientôt moindre que celui des nôtres; en un mot, nous sommes fort inquiets; & nous observons avec attention ses premieres démarches....

5 *Juin*. Depuis l'avénement du roi au trône, & l'expulsion de madame *Dubarri*, on avoit parlé de l'exil de madame de *Langeac*, maîtresse de M. le duc de *la Vrilliere*, à laquelle ce dernier avoit paru renoncer, pour se conformer à la décence des mœurs de la nouvelle cour; mais la vérité de ce premier bruit ne s'est pas réalisée, & pour mieux le démentir, cette dame avoit affecté de se promener sur les boulevards, & de se faire voir autant qu'elle avoit pu. On a su depuis l'aventure du comte de *Langeac*: elle en a été si piquée qu'elle a envoyé un cartel à monsieur d'*Egreville*, où elle lui offre de prendre la querelle de son fils en prison, & de se battre au pistolet. L'adversaire a ri du défi, & a présenté la lettre aux maréchaux de France. La marquise de *Langeac* ne s'est pas contentée d'une pareille folie, elle a eu l'insolence d'écrire au tri-

bunal d'une maniere très-impertinente. Le tribunal a envoyé la lettre au roi, & madame de Langeac a reçu ordre de se tenir à une certaine distance de la cour, que la lettre de cachet fixe, dit-on, à cinquante lieues. On assure que cette dame est près de Caen. Le duc de la *Vrilliere* depuis ce temps ne cesse de pleurer comme un enfant; & l'on ne doute pas que cette imbécilité ne mette le comble à sa disgrace. On prétend que s'il ne donne promptement sa démission, il aura l'ordre de le faire.

5 *Juin*. C'est demain que sa majesté reçoit ce qu'on appelle *les révérences*. Elle se met sous son dais, & toutes les femmes présentées, ainsi que les hommes, se rendent à la cour: les premieres en grand voile, les autres en long manteau; & l'on passe ainsi devant le monarque avec le cérémonial usité. Mardi sa majesté reçoit les ambassadeurs.

7 *Juin*. M. le maréchal duc de *Broglio*, & le maréchal duc de *Brissac* étoient avec le roi, lorsque le comte de *Noailles* est venu faire sa cour au roi; & comme ce seigneur est fort empiétant, il avoit insensiblement pris le pas sur les maréchaux, & s'étoit insinué très-près de sa majesté, sur quoi elle lui a dit: « Monsieur » de Noailles, prenez garde, vous laissez derriere » vous vos anciens. »

8 *Juin*. Le sieur *Pierre Rousseau* de Toulouse, auteur du *journal encyclopédique*, avoit entrepris depuis quelques années à Bouillon, une *gazette des gazettes*, qui se publioit de quinzaine en quinzaine, & embrassoit le résumé de toutes les nouvelles de l'Europe. Dans cet intervalle les auteurs du *journal historique & politique*, entre-

pris sur le même plan & sous les auspices du ministre des affaires étrangeres, ont jalousé le premier : on a profité de l'imprudence qu'il a eu de parler avec trop de complaisance de l'évêque de Rennes, de son procès avec M. de *Verdun*, de ses discussions avec le parlement de Bretagne ; on a fait valoir aux yeux du duc d'*Aiguillon* les louanges qu'il prodiguoit au premier, comme injurieuses à ce ministre, ennemi personnel de l'abbé de *Girac*, le prélat en question, ainsi qu'au parlement maltraité dans ses mémoires. On a échauffé l'animosité de cette compagnie : en conséquence, arrêt condamnant le cahier du journal du *sieur Rousseau*, où il rend compte de cette affaire, à être lacéré & brûlé par la main du bourreau. L'arrêt exécuté à Rennes, au mois de janvier, par suite, l'introduction de son ouvrage étoit défendue en France. Cet auteur s'est remué de son mieux, est venu s'établir à Paris pour solliciter la liberté de son journal ; enfin ne pouvant rien gagner, il a menacé le duc d'*Aiguillon* de donner à son affaire la plus grande publicité, de dévoiler les menées sourdes qu'on avoit employées, & toutes les passions qu'on y mettoit en jeu. Le ministre, loin de sévir contre ce malheureux auteur, s'est rendu à ces dernieres réquisitions ; il venoit de permettre de nouveau l'introduction du *journal encyclopédique*, lorsqu'il a été disgracié

8 *Juin*. S. M. est allée avant-hier passer quelques heures à Versailles, pour assister à la levée des scellés : on a été fort surpris de ne trouver que dix-sept mille louis en or, faisant 408,000 liv. On compte pour vingt-deux millions d'effets en papier.

Il s'est trouvé un testament daté de 1766, qui contient des dispositions pieuses, entre autres, une recommandation d'être enterré simplement. Sa majesté donne ses entrailles au chapitre de Notre-Dame.

Du reste, elle legue 200,000 livres de rentes à chacune de ses filles, outre leur maison entretenue. Les 200,000 livres de la premiere qui mourra, se partageront par égale portion entre les deux autres pour en jouir chacune leur vie durant sans aucun accroissement.

Sa majesté legue ses joyaux, diamants, bijoux propres à elle & à son usage, à ses enfants nationaux & étrangers, à partager par égale portion.

On ne dit point que sa majesté donne aucune marque de souvenir aux différents seigneurs qui étoient dans son intimité.

On ajoute qu'elle legue 500,000 livres une fois payées à chacun de ses bâtards, dont le nombre est considérable.

Du reste, il s'est trouvé beaucoup de papiers, même des lettres encore cachetées que sa majesté a fait serrer, n'ayant pas le temps de visiter le tout.

On comptoit que M. le duc de la *Vrilliere* donneroit sa démission après la levée du scellé; mais il ne veut pas y entendre, & pleure comme un enfant.

8 *Juin*. Ce n'est que le petit Trianon que le roi a donné à la reine pour en jouir. Le premier usage que sa majesté en a fait, a été d'y recevoir son auguste époux. Le jour de la levée des scellés, elle lui a donné à dîner en ce charmant séjour,

ainsi

ainsi qu'à la famille royale. Il a changé de nom & se nomme aujourd'hui *le petit Vienne*.

11 *Juin.* Extrait d'une lettre de Nantes, du 6 juin 1774. La nouvelle de la retraite de M. le duc d'*Aiguillon* se répand dans cette province, & cause une grande sensation: il a beaucoup d'ennemis à Nantes, & quelques partisans, qui ne s'attendoient pas à l'événement; le comte de *Maurepas* ayant aujourd'hui la confiance du roi, & une si grande influence dans les affaires.

Les grands changements qu'on m'avoit annoncé faits dans cette ville par l'ancien commandant, & qui ont si fort fait crier, ne me semblent pas l'avoir embellie, au point de me la faire méconnoître depuis vingt-cinq ans que je ne l'avois vue. A l'exception de quelques quais encore imparfaits, qui ne se prolongent même pas tout le long de la riviere du côté de la ville; à l'exception de quelques belles maisons répandues sur ces quais & dans l'isle Feydeau; à l'exception d'une place commencée, & qui n'est décorée qu'en partie de bâtiments devant en former le pourtour, j'ai retrouvé la même ville qui n'approche pas, à beaucoup près, de Bordeaux.

12 *Juin.* C'est aux Bergeries qu'est reléguée madame la marquise de *Langeac*. M. le duc de la *Vrilliere* continue à pleurer sur cette cruelle séparation.

12 *Juin.* Il paroît une piece infame contre le feu roi. C'est une *oraison funebre de Louis le Blâtier*. Sous ce mot de *Blâtier*, on entend un facteur de bleds ou revendeur, qui transporte cette denrée sur des chevaux d'un marché à l'autre, suivant l'endroit où il compte gagner le plus.

On sent tout ce qu'a de diabolique cette dénomination méprisante. Quant à la piece, il y a des vérités sans doute, mais énoncées d'une façon trop hardie pour le moment. Il faut laisser à l'histoire le soin de les dire sur le ton & de la maniere qui lui convient.

12 *Juin*. M. de *Voltaire* a vu le monarque défunt sous un coup d'œil plus favorable que tant de satiriques. Il fait vendre son éloge. Il avoit autrefois composé un panégyrique de *Louis XV*; il l'étend & le complete aujourd'hui. M. le chancelier n'est pas oublié dans cette brochure, & le philosophe de Ferney ne peut se lasser d'admirer ce génie destructeur & réparateur.

13 *Juin*. Le roi a singuliérement bien profité des leçons de marine que lui a données M. le comte d'*Oisy*, capitaine des vaisseaux de sa majesté, & il désole M. de *Boynes* toutes les fois que celui-ci travaille avec le monarque. Il lui fait sans cesse des questions auxquelles ce ministre, qui de sa vie n'avoit rien connu à la marine avant son ministere, ne peut répondre. On présume qu'il ne tardera pas à donner sa démission : en général, il sera peu regretté.

14 *Juin*. Depuis plusieurs années des architectes ont profité des moyens offerts par des artistes de soutenir & même d'enlever des parties de bâtiments que l'on a transférées à des distances de plusieurs toises, sans qu'elles aient été endommagées. La ville vient d'employer ce moyen pour relever la masse d'une fontaine publique proche les petits Peres de la place des Victoires, qui étoit baissée de treize pouces, & qui a été remise dans son à-plomb.

13 Juin. On parle beaucoup du discours du pere de *Nogueres*, barnabite, curé de Passy, adressé au roi le 2 juin, jour de la Fête-Dieu, lorsque ce prince est venu à la paroisse. Le religieux a profité de la circonstance pour déployer son art oratoire. Il prétend que la religion seule fait les grands monarques. Cette assertion placée naturellement dans sa bouche, est trop hautement démentie par des exemples anciens & modernes, pour n'être pas regardée comme outrée à l'excès.

15 Juin. Il avoit d'abord été question d'inoculer les freres du roi seulement; sa majesté a voulu être de la partie, & depuis le 10 de ce mois ils sont tous trois dans le régime préparatoire de l'opération. C'est le sieur *Richard*, surnommé en ce moment, *Richard sans peur*, qui fera l'insertion; mais il a mis pour condition que sa majesté n'admettroit à sa suite aucun autre médecin, & suivroit exactement tout ce qu'il lui prescriroit. Ainsi tout se dispose pour l'événement. Il alarme les bons citoyens, peu éclairés sur la méthode en question. A la seule nouvelle de l'inoculation future du roi, les effets royaux sont tombés extraordinairement.

15 Juin. L'enthousiasme au sujet du nouveau regne continue à se manifester, soit par la satire du regne précédent, soit par des acclamations sur l'actuel. C'est ainsi qu'à Saint-Denis, au pied du cercueil de *Louis XV*, on a trouvé l'inscription *hic jacet, Deo gratias*; & à la statue de *Henri IV* sur le Pont-neuf, ce mot *Resurrexit*.

16 Juin. M. le duc de *la Vrilliere* persiste à ne point vouloir quitter; il se rassure même &

prétend que sa majesté lui a dit qu'il resteroit tant que sa santé lui permettroit de lui rendre des services. Cette obstination a donné lieu à un vaudeville très-malin & fort bien fait sur un air des *Vieillards*, tiré du ballet de l'*Union de l'Amour & des Arts*. Il fait fortune ; & comme ce ministre est détesté, il est couru avec beaucoup d'empressement.

17 *Juin.* Il court une lettre du comte *Jean* (*Dubarri*), qu'on suppose écrite de Suisse, où il s'est réfugié. Il y rend compte de son désastre, de sa fuite, de sa retraite ; il fait un parallele piquant des mœurs du pays où il vit, avec celles de Paris ; il regrette cette derniere ville, pleine de ressources pour les gens industrieux comme lui ; au lieu qu'il n'en voit aucune où il est. Il fait quelques réflexions sur sa belle-sœur, & finit par philosopher sur les vanités de ce monde. Cet écrit qu'on ne peut raisonnablement croire authentique, n'en est pas moins agréable, & contient des anecdotes curieuses : il est encore rare.

17 *Juin.* Madame la marquise de *Langeac* est décidément aux Bergeries chez madame de *Souvré* : un de ses fils, chevalier de Malte, a la petite vérole, & l'on ne voit pas qu'elle s'empresse de venir à son secours ; ce qui fait présumer qu'elle n'ose pas reparoître à Paris.

19 *Juin.* Le sieur *Desportes*, peintre de fleurs, de fruits, d'animaux & d'autres objets de la nature muette, est mort il y a quelques jours. Il étoit de l'académie, & exposoit régulièrement au salon.

19 *Juin.* Le roi a été inoculé hier à Marly, ainsi que les princes ses freres. Cet événement

occafionne de nouvelles difcuffions fur cette méthode, qui trouve encore nombre de contradicteurs en France; mais rien n'a ébranlé le monarque.

20 *Juin*. M. de *la Harpe* n'a pas voulu refter muet dans une auffi belle occafion de déployer fes talents : il a embouché la trompette, & adreffé une épître héroïque à Louis XVI fur fon édit de mai, enrégiftré le 30 dudit mois.

20 *Juin*. Le projet avoit été d'inoculer auffi madame *Clotilde* & madame *Elifabeth*; mais la premiere ayant montré de la répugnance à l'être, le roi s'eft rendu à fes inftances. Madame la comteffe d'*Artois* l'a été à Marly.

21 *Juin*. A préfent que les *Dubarri* font rentrés dans la claffe ordinaire des autres fujets de fa majefté, toutes les langues fe délient fur leur compte. On voit une généalogie d'eux fort exacte, qui ne remonte pas loin, & fixe les opinions diverfes qu'on avoit à cet égard. Il en réfulte que ce font des gens de rien, qui, profitant de quelque reffemblance de nom, ont voulu s'enter fur une meilleure famille d'abord, & enfin fur une beaucoup plus ancienne & plus illuftre.

21 *Juin*. M. le comte *du Muy* femble prendre beaucoup auprès du jeune roi, & l'on parle de le faire bientôt miniftre, c'eft-à-dire, de lui donner entrée au confeil. Comme les bureaux font toujours reftés à Verfailles depuis les divers voyages de fa majefté, il s'y tient principalement. On affure qu'il s'occupe à mettre la derniere main aux ordonnances que faifoit rédiger M. le duc d'*Aiguillon*, d'après le fyftême du baron de *Pirch*.

21 *Juin*. Les comédiens françois fe difpofoient

à jouer le *vindicatif*, espece de tragédie bourgeoise, ou drame en cinq actes, par M. *Gastil Dudoyer*. Une maladie survenue au sieur *Montvel*, un des principaux acteurs de cette piece, en retarde la premiere représentation.

Les Italiens annoncent aussi une nouveauté pour samedi : c'est une petite comédie en deux actes mêlée d'ariettes, intitulée *Perrin & Lucette*. Elle est du sieur d'*Avesne*, quant aux paroles.

22 *Juin*. La réception de l'abbé *de Lille* est encore retardée. L'académie veut attendre à présent l'événement de l'inoculation. C'est toujours une petite perte pour le nouvel élu, qui ne recueille pas de jetons jusqu'à ce qu'il ait été installé solemnellement dans le fauteuil. Il y a apparence que M. *Suard*, à force de délais, sera reçu le même jour, étant déjà élu depuis près d'un mois.

23 *Juin*. L'opéra se dispose aussi à donner une nouveauté, le *Carnaval du Parnasse* étant extrêmement usé & peu suivi. On parle de jouer l'*Orphée*, du chevalier *Gluck*.

24 *Juin*. M. de *Voltaire*, qui se joue de la vérité depuis si long-temps, nie aujourd'hui l'*Eloge de Louis XV*, comme lui étant faussement attribué : il dit qu'il a été prononcé dans l'académie de Valence par M. *Chambon*, qu'il en a trouvé par hasard deux exemplaires à Geneve, où *Louis XV* est fort regretté, & *Louis XVI* adoré ; & qu'il les envoie à son ami. Ce ne sera pas une petite peine pour les *Saumaises* futurs de débrouiller le chaos de mensonges & de contradictions que ce singulier philosophe a répandu dans l'histoire de notre littérature moderne.

25 *Juin. L'Agriculture*, poëme en six chants par le président de *Rosset*, dont on a annoncé, il y a quelques mois, l'impression exécutée au Louvre, paroît depuis peu de temps, & ne répond pas à la magnificence de cet appareil typographique. Tout en est beau, papier, dorure, caractere, hormis les vers. Cet ouvrage est en six chants: c'est une énumération longue, minutieuse & seche de tous les travaux de la campagne, sans aucune fiction, sans aucun épisode agréable. L'auteur s'est piqué de n'omettre aucun détail, de nommer tous les instruments; & de prouver qu'on pouvoit faire entrer dans la poésie ce qu'on vouloit. C'est réellement un amas de préceptes fort bons à pratiquer; mais c'est un détestable poëme qui ne sera lu de personne, parce que les agriculteurs savent tout ce qu'il contient, & les amateurs de la belle poésie ont quelque chose de mieux à faire. Il y a aussi des notes instructives. On peut le regarder comme le pendant du poëme de la peinture de M. *Watelet*, pour le scientifique & l'ennui.

25 *Juin*. On commence à distribuer depuis hier des bulletins concernant l'inoculation du roi, des princes ses freres, & de madame la comtesse d'*Artois*: on ne peut traiter la chose plus gaiement.

On assure que pendant ce temps, les ministres viendront travailler chez M. le comte de *Maurepas*, & que celui-ci seul rendra compte au roi: ce qui ne plaît pas à messeigneurs.

26 *Juin*. Avant-hier, pour la premiere fois de l'année, on a ouvert le *colisée*. Afin d'attirer mieux le public, outre les places de trente sous, on en annonce de douze sous pour ceux qui

feront seulement curieux de voir les petits spectacles qu'on y montrera dans le cirque, comme joûtes, feux d'artifice, &c. Dans les affiches, on publie qu'il sera ouvert toutes les fêtes & dimanches ; ce qui fait présumer une seconde fois la suspension du Wauxhall de *Torré*, ou sa réunion avec les directeurs du colisée.

27 *Juin*. Depuis long-temps on savoit qu'il y avoit une nouvelle édition de la correspondance, imprimée sous le titre de *Maupeouana, ou Correspondance secrete & familiere du chancelier Maupeou, avec son cœur Sorhouet, membre inamovible de la cour des pairs de France, en deux parties, imprimées à la chancellerie* ; mais on n'osoit la répandre, soit à cause du nouveau tribunal alors occupé à sévir contre les auteurs, colporteurs & distributeurs de cet ouvrage, soit pour ne pas aigrir les esprits, dans l'espoir d'un raccommodement.

Cette brochure paroît aujourd'hui en deux volumes in-12. Chacun est précédé d'un frontispice ou d'une estampe représentant un assassinat différent, prétendu commis par un *Maupeou*.

27 *Juin*. M. le comte *du Muy*, le nouveau ministre de la guerre, est en général très-peu agréable à l'infanterie depuis le jugement du conseil de guerre de Lille, auquel il présidoit, & où l'on prétend que les formes ont été violées. D'ailleurs son excessive & minutieuse dévotion ne peut guere lui laisser supposer l'étendue de génie nécessaire pour occuper avec distinction une semblable place.

28 *Juin*. On voit une estampe qui représente le sieur *Linguet*, gravée dans la maniere du

Sr. *Cochin*. Il tient en main un livre ouvert, intitulé *Plaidoyer de Morangiès*. A ſes pieds ſont *Platon*, *Démoſthene*, &c.; au bas eſt cette légende: *Patrono ſuo dicat Morangiès*. On aſſure que ce n'eſt point une caricature, que c'eſt un monument élevé de bonne foi par le maréchal-de-camp à ſon défenſeur, & que l'ouvrage a été commandé au ſieur de *Saint-Aubin*, peintre, auteur de ce deſſin. Les partiſans même du comte trouvent ce genre de reconnoiſſance bien bas & bien fou.

29 *Juin*. Meſdames ont eu la petite vérole depuis le feu roi leur pere, & s'en ſont mieux tirées qu'on ne comptoit; la plupart de ceux qui l'ont gagné de ce monarque en étant morts. Elles ſont ſi bien aujourd'hui, qu'elles ſe ſont rendues dimanche à Marly; la faculté a décidé qu'il n'y avoit plus aucun mouvement à ce qu'elles ſe réuniſſent à la cour.

30 *Juin*. Ce qu'on avoit prévu eſt arrivé, madame de *Giac*, ci-devant ducheſſe de *Chaulnes*, eſt déjà ſéparée de ſon nouvel époux.

30 *Juin*. Le duc de *Chartres* n'a point quitté leurs majeſtés depuis l'inoculation du roi: le duc d'*Orléans* s'eſt tenu à *Saint-Cloud*, d'où il eſt allé fréquemment à Marly. Il paroît que les auguſtes inoculés ont été très-ménagés, qu'il y a eu peu de boutons; ce qui fournit nouvelle matiere à la critique. On dit que cette petite vérole artificielle eſt trop légere.

1 *Juillet* 1774. On peut ſe rappeller que dans le quatrieme mémoire du ſieur de *Beaumarchais*, il y a un épiſode concernant ſes aventures d'*Eſpagne*, que tout le monde a jugé très-romaneſque. Un auteur l'a trouvé propre à en

composer un drame en trois actes : il a exécuté ce projet, & a eu peu de chose à y mettre du sien. Il l'a fait jouer sur un théâtre particulier à la barriere du Temple. La piece a paru intéressante, & l'on en a été si content qu'on en a donné une seconde représentation. Le sieur de *Beaumarchais* y assistoit, & a fixé tous les regards.

2 *Juillet.* On attribuoit la lettre du comte *Dubarri* au chevalier de *Boufflers*. Il y a apparence que ce seigneur eût imaginé quelque chose de plus plaisant sur un sujet qui prêtoit autant. Il est plus à présumer qu'elle est de l'avocat *Marchand*, dont le pinceau naturellement lourd & grossier doit être encore affoibli par l'âge.

2 *Juillet.* L'histoire de l'inoculation du roi & des princes ses freres est absolument finie. On a donné le 30 juin le dernier bulletin; mais en général on est peu content du succès, en ce qu'il n'y a eu qu'une petite quantité de boutons, & l'on veut que sa majesté en ait elle-même beaucoup d'humeur, parce qu'elle n'est pas pleinement rassurée, comme elle l'eût été dans le cas contraire. Le sieur *Jauberthon*, qui a fait la piquure comme chirurgien, ne s'est prêté qu'à regret à être un instrument aveugle dans une opération où il a coutume d'être en chef, qu'il ne fait qu'après les plus grandes précautions, & un exmen complet du sujet qu'il inocule.

3 *Juillet.* On a donné hier la premiere représentation du *Vindicatif*, drame en cinq actes & en vers. On est si accoutumé à voir aujourd'hui des monstres sur la scene, que celui-ci n'a pas produit la même horreur qu'il auroit causée autrefois. Mais ce qu'on n'auroit jamais imaginé, & ce qui a

émerveillé tout le monde, ç'a été de voir ce premier rôle entre les mains & de qui?.... du sieur *Préville*. Un valet dont le masque seul est risible, faire le *Vindicatif* ! On n'en pouvoit revenir. Aussi a-t-il été très-souvent hué; du reste, le caractere est bas, vil, atroce, & l'un des plus détestables qu'il y ait dans aucune piece. Nulle intelligence de la scene dans celle-ci. Quelques beautés au quatrieme acte d'un genre très-ordinaire, mais fortement prononcées par le sieur *Molé*, ont favorisé les exclamations & les battements de mains de la cabale protectrice, & ont subjugué un moment quelques enthousiastes; mais le cinquieme les a rétablis dans leur premiere tranquillité.

Lorsque le sieur *Molé* est venu pour annoncer la seconde représentation, on a beaucoup applaudi avant qu'il parlât: mais on a crié du parterre, *pour Molé!* & l'on a eu grand soin de faire entendre que c'étoit à l'acteur qu'on en vouloit. Cependant le *Vindicatif* est affiché pour lundi.

4 *Juillet*. On s'entretient d'une autre plaisanterie imprimée sous le nom du comte *Dubarri*. Ce sont des lettres écrites par ce personnage obligeant aux différents souverains de l'Europe, où il leur offre ses services, & les réponses qu'il en reçoit. On dit que cela est gai, malin, & que le génie de l'homme, ainsi que celui de chaque potentat, auquel on le fait s'adresser, y est bien peint.

4 *Juillet*. M. *Dudoyer* pour se donner plus de temps de faire à loisir les corrections très-grandes qu'on exige à son drame, l'a fait remettre jusqu'à mercredi.

L 6

4 *Juillet*. M. le comte de *Broglio* est rappellé de son exil.

5 *Juillet*. Le réglement qu'on avoit fait pour la librairie, suivant lequel, outre la permission donnée sur le manuscrit, il en falloit une seconde d'après le premier exemplaire imprimé, n'a point lieu : on y a trouvé de si grands inconvéniens qu'il n'a pu s'exécuter, & qu'il a fallu y renoncer au grand contentement des auteurs & des libraires.

5 *Juillet*. La jeune cour s'amuse beaucoup à Marly & de choses très-simples & peu dispendieuses : par exemple, la reine a voulu essayer du cabriolet & le conduire elle-même : on l'a vu s'exercer avec beaucoup de graces aux diverses évolutions de cette voiture légere qui, pour ne pas perdre son à-plomb, exige une adresse singuliere. Sa majesté étoit précédée d'un simple officier des gardes-du-corps. Ce spectacle étonnoit les vieux courtisans qui n'avoient point encore vu une reine en cabriolet. En général, qu'aujourd'hui souveraine & maîtresse de ses actions, celle-ci peut suivre son aversion pour les longueurs & l'ennui de la gêne ; elle s'asservira peu à l'étiquette qu'elle avoit déjà secouée étant dauphine. Du reste, S. M. aimera les spectacles, les fêtes, les plaisirs de son âge, à mesure que les diverses nuances du deuil s'éclairciront. Quant au roi, ce prince d'un caractere austere, déjà d'une raison mûre, ne prendra que les divertissemens propres à conserver sa santé, à la fortifier & à la délasser des fatigues du trône. Voilà ce que jugent ceux qui ont l'honneur d'approcher de leurs majestés.

7 *Juillet*. Suivant l'usage moderne, le *Vin-*

dicatif s'est relevé fortement hier, & est monté jusqu'aux nues, au moyen des forces confédérées que l'auteur a mises sur pied & dont il a gourmandé le parterre; ce qui n'empêchera point cette piece, dont on n'a retranché que des longueurs, d'être constamment détestable.

7 Juillet. Depuis long-temps on trouve mauvais que l'académie d'architecture soit séparée de celle de peinture & de sculpture. Un architecte ne differe du maçon qu'en ce qui le rapproche du dessinateur, du peintre & du sculpteur. C'est par la partie de la décoration qu'il peut prétendre au génie & conséquemment à la gloire. De cette désunion il naissoit un inconvénient très-grand; c'est que les chefs de l'académie de peinture ne laissoient exposer au salon que les architectes qui étoient membres de leur académie; ce qui ne produisoit aucune émulation dans celle d'architecture. On assure que monsieur l'abbé *Terrai*, depuis qu'il est ministre de toutes ces parties, par la place de directeur-général des bâtiments qu'il occupe, songe sérieusement à ne faire qu'une seule & même académie des deux.

On veut encore que par une sévérité très-louable, il ordonne que les artistes qui n'auront point exposé pendant un ou deux salons, sans cause légitime, seront rayés du tableau.

Il arriveroit de la réunion de l'académie d'architecture, que désormais les monuments publics seroient soumis à la censure des connoisseurs, amateurs & autres, par un concours dont il ne pourroit résulter que des monuments plus parfaits.

9 Juillet. On a cité le distique supposé trouvé

à la statue de *Henri* IV, à l'occasion du mot *resurrexit* qu'on y avoit mis précédemment. C'est un M. *du Mersans* qui en est l'auteur: comme il a été fort altéré par la tradition, le voici tel qu'il a été enfanté.

O *Henri* ressuscité j'approuve le bon mot !
Mais, pour m'en assurer, j'attends la poule au pot.

Il ne faut pas oublier de faire aussi mention d'un genre de tabatiere qui, dans l'histoire de nos modes, doit faire époque, & caractérise le génie du siecle, & la façon générale de penser sur la mort du feu roi. On les appelle *une consolation dans le chagrin*, parce qu'elles sont de chagrin noir, à raison du deuil, & qu'on y incruste le portrait du roi & de la reine.

9 *Juillet*. On a oublié de parler de l'affaire de M. le comte de *Menou*: elle a été jugée au présidial de Nantes, & il a gagné, il y a plus d'un mois, son procès contre M. le chevalier de *Foucault*.

10 *Juillet*. Madame la comtesse de *Valentinois*, dame d'honneur de Madame, qui vient de mourir, a été remplacée par madame la duchesse de *la Vauguyon*, dame d'atours. Le testament de la premiere fait bruit, à cause de sa singularité. Elle semble avoir voulu exclure toute sa famille de sa succession: elle a institué sa légataire universelle madame la marquise de *Fitzjames*: elle fait don de sa belle maison de Passy à M. le comte de *Stainville*, & charge de son exécution testamentaire Me. *Baudot*, célebre procureur & son homme de confiance, auquel

elle laisse 10,000 livres de rentes viageres, dont 3,000 livres reversibles sur la tête de qui il voudra. Elle laisse 2,000 écus de rentes à son notaire, & beaucoup d'autres legs.

10 *Juillet.* La contestation élevée au château de la Muette, a provoqué une ordonnance concernant les gardes-du-corps du roi, qui va paroître. On y fixe un traitement aux chefs de brigade & plusieurs points relatifs à la confection de ce corps, ainsi qu'au service.

10 *Juillet.* M. le comte de *Broglio* est arrivé cette nuit, & se dispose sans doute à beaucoup intriguer suivant son génie tourné fort de ce côté-là.

10 *Juillet.* L'instruction provisoire pour l'infanterie françoise, rédigée d'après les principes du baron de *Pirch*, est publique depuis quelques jours. M. le maréchal duc de *Biron*, & messieurs les inspecteurs, après la confection de cet ouvrage, ont écrit une lettre au ministre pour qu'il soit accordé des graces au baron de *Pirch* qui en est l'auteur, & aux différentes personnes qui y ont concouru.

12 *Juillet.* L'estampe dont on a parlé, est ainsi composée. Elle a d'abord pour titre *le retour du parlement*. On y voit la justice prête à rendre ses jugements, assise sur un cube, sous un palmier, symbole de stabilité & de paix, tenant sur son bras droit le buste du roi couronné d'olivier. Au haut est cette inscription : *Regi pacificatori: au roi pacificateur*. Appuyé sur un bouclier, le faisceau à côté, elle porte de l'autre main la balance & l'épée enlacées d'un rameau d'olivier : auprès d'elle, la couronne royale est posée sur le globe de la France, &

le flambeau du schisme sous ses pieds. On lit sur le bouclier où est gravé un calice: *ob leges & S. S. Can. serv. Pour la conservation des loix & des saints canons.* Enfin au bas de la gravure est cette autre inscription: *justitia redux*. IV. Sept. M. DCC. LIV. *Le retour du parlement, le 4 septembre 1754.*

Ensuite est un petit médaillon représentant le duc de *Berry* dans ses langes, né à Versailles le 13 août 1754. Il est entouré de lauriers qu'enlacent les couleuvres qui semblent respecter son berceau. Au-dessus de sa tête on lit: *pignus pacis: gage de la paix.*

C'est sur tout ce médaillon-ci dont on a voulu rapprocher les circonstances avec celle actuelle, & M. le duc d'*Orléans* s'imaginant que peut-être le monarque seroit flatté de se trouver à son avénement au trône dans le cas de rétablir une paix dont il avoit été le gage à sa naissance, est allé à Marly montrer au roi l'estampe en question que, pour cette raison, on recherche aujourd'hui avec empressement.

13 *Juillet*. On a commencé sur le théâtre de la rue Saint-Nicaise, les premieres représentations de l'opéra d'*Orphée* du chevalier *Gluck*, & déjà quantité d'amateurs ont voulu en avoir les prémices. Ils en disent beaucoup de bien ; ils l'annoncent comme dans un genre plus agréable, plus léger qu'*Iphigénie*; en sorte qu'on se dispose à suivre les grandes répétitions avec la même fureur que celles de ce dernier opéra. On prétend que les directeurs ont résolu de ne point donner de billets pour éviter les importuns : ce qui doit les augmenter. D'ailleurs comment faire des répétitions sans auditeurs ? A quoi serviroient-elles ?

14 *Juillet.* M. de *Voltaire*, dans une lettre à l'un de ses amis, ne semble pas approuver le titre même du nouveau drame intitulé le *Vindicatif*. Il dit à cette occasion que ce n'étoit point assez d'avoir fait dégénérer la comédie de son véritable but, en introduisant le comique larmoyant; que nous allons avoir la comédie horrible. Quelle exclamation ne feroit-il pas en voyant le monstre dramatique en question?

15 *Juillet.* La nouvelle cour n'a pas encore une assiette bien fixée; les voyages, les cérémonies, les changements annoncés, rien ne se décide; ce qui fait murmurer les vieux commensaux habitués aux marches périodiques de *Louis* XV, qui n'avoit de stabilité que dans ces petites choses. On craint que M. de *Maurepas*, par caractere,& par son âge, enclin à l'inaction, ne laisse également languir les affaires politiques; mais la nécessité d'occuper le jeune monarque n'ayant point de distraction étrangeres, le forcera d'y vaquer & de donner un aliment à son désir de bien faire, & de rendre ses peuples heureux.

15 *Juillet.* Le sieur de *Beaumarchais* se regardant déjà comme un homme célèbre, s'est fait graver, & son portrait se vend publiquement. On trouve que c'est une grande impudence de la part de cet accusé, blâmé par un tribunal quelconque, & non encore lavé.

16 *Juillet.* La façon de restaurer la fontaine des petits Peres, devient de plus en plus dispendieuse par les traveaux survenus à l'occasion de l'éboulement des terres & des excavations. On ne peut regarder cette méthode, si l'on ne l'améliore, que comme de spéculation.

16 Juillet. MM. de *Wailly* & *Peyre* sont deux architectes qui depuis long-temps avoient imaginé un plan de salle de comédie à établir à l'hôtel de *Condé*, qui en avoient rédigé les desseins, & avoient même obtenu des lettres-patentes pour l'édification de la susdite salle. De nouvelles vues à cet égard les avoient obligé de remettre ces plans dans leurs porte-feuilles. Depuis qu'il est question du même lieu d'emplacement, ils ont trouvé fort mauvais que le sieur *Moreau*, chargé de la besogne, comme architecte de la ville qui doit faire les frais du nouvel hôtel, se fût approprié leur ouvrage connu, & dont il n'a pas eu peine d'avoir communication. Ils attaquent aujourd'hui le sieur *Moreau*, & les obstacles qui s'opposoient à ce qu'ils fissent valoir leurs lettres-patentes étant levés, puisque l'emplacement redevient le même, & que l'énormité de la dépense n'effraie plus, ils demandent à avoir la direction de ce monument. C'est ce qui les a déterminés à mettre leur travail sous les yeux de leurs majestés, ainsi qu'on l'a vu annoncé dans la gazette de France. Ces tracasseries réveillent l'espoir du sieur *Liegeon*, qui a pardevers lui l'avantage d'un plan plus commode pour le local, & infiniment moins dispendieux.

17 Juillet. Indépendamment de l'estampe dont on a parlé, frappée en 1754, pour fixer l'époque du retour du parlement, il en fut imaginé une autre plus flatteuse pour le nouveauné qui en fait l'objet principal, à laquelle on joignit des vers. C'est celle-ci que M. le duc d'*Orléans* & M. le duc de *Chartres* ont présentée à sa majesté. En voici le détail, sur lequel les vers qu'on va citer d'abord, jetteront un grand jour ; ils en font comme l'explication :

   Aftre náiffant, dont la lumiere
Doit aujourd'hui des loix éclairer le retour,
Pour te voir commencer ta brillante carriere,
Quel moment plus heureux eût choifi notre amour?
    Le ciel eft pur & fans nuage,
    Les vents fe taifent dans les airs,
    Tranquille après un long orage
Le timide Alcion s'éleve fur les mers.
Thémis arrive au port ; elle voit fur la rive
Cet aftre dont l'aurore amene les beaux jours.
Sur un berceau de fleurs qu'entourent les Amours
Louis fixoit encore une vue attentive,
Et du héros naiffant confultoit les deftins.
Il apperçoit Thémis, l'enfant lui tend les mains ;
Le monarque fourit à cet heureux préfage ;
    Peuple, ce fourire eft le gage
Qui répond à vos vœux du bonheur des humains.

Au milieu de l'eftampe on voit *Louis* XV tenant la maffue d'*Hercule*, emblême du fanatifme qu'il vient de détruire. La fcene eft fort éclairée ; des rayons de lumiere dardent de toutes parts, & caractérifent la vérité qui vient de deffiller les yeux du monarque : dans les airs vole l'Alcion, cet oifeau fymbole du calme après l'orage. Thémis, fa balance fous fon bras, fon glaive à la main, eft repréfentée comme échappée à la tempête & débarquant. Elle porte fes premiers regards fur un enfant qui eft présenté au roi par une femme ailée. Une aigrette de feu sort de sa tête; on suppose que c'est l'Aurore mentionnée dans les vers. Le jeune prince tend les bras vers la déesse de la justice. Au devant du tableau est son berceau de fleurs, autour duquel voltigent les amours. Au bas est l'inscription ci-jointe : *naissance de monseigneur le duc de Berry, né à Versailles, le 23 août 1754, qui sert d'époque au retour du parlement.*

18 *Juillet.* Il y a un grand schisme dans la faculté de droit relativement à la cure de Saint-André-des-Arts, dont les docteurs & les agrégés se contestent réciproquement la nomination, ou pour mieux dire, de la nomination de laquelle les premiers voudroient exclure les seconds. Cette nomination est attribuée successivement aux différentes facultés de l'université, étant dévolue à ce corps. Les agrégés autrefois ne faisoient pas corps avec elle; depuis le commencement du siecle environ, ils ont été déclarés en être membres, & c'est sur cette décision qu'ils s'appuient pour obtenir un concours de suffrages avec les docteurs : c'est la matiere du procès.

18 *Juillet.* C'est le 29 de ce mois que M. l'abbé de *Boismont* doit prononcer devant l'académie françoise, l'oraison funebre de *Louis* XV.

18 *Juillet.* On a fait mention du mot *resurrexit*, trouvé à la statue de *Henri* IV. On dit qu'à Saint-Denis on a trouvé aussi ce terme expressif auprès de *Louis* XV. On a attribué la pasquinade à quelque parlementaire, fâché de voir le chancelier toujours en regne. Elle prouve au surplus combien aisément le François

passe de l'éloge outré à la satire la plus injuste.

19 *Juillet.* M. de *Vergennes*, nommé au département des affaires étrangeres, qui tardoit à se rendre ici de Stockholm, où il étoit & où il a appris avec bien de la surprise le choix du roi tombé sur sa personne, est arrivé dimanche en fort bonne santé, quoiqu'on l'eût fait mort. Il dit qu'il a été instruit de la nouvelle de son trépas à Hambourg, qu'il s'est tâté, & que se trouvant très en vie, il a continué sa route. Il se dispose à prêter serment incessamment, afin d'entrer tout de suite au conseil.

19 *Juillet.* Extrait d'une lettre Rennes, du 12 juillet 1774... Nous ignorons pourquoi l'arrêt de Rennes concernant le sieur *Rousseau* & son journal qu'il imprime à Bouillon, n'a fait aucune sensation dans Paris. Il en a produit beaucoup ici ; il est du 14 janvier, & a été rendu sur la dénonciation faite par un de messieurs dudit journal : voici le dispositif.

« La cour, chambres assemblées, faisant
» droit sur les remontrances & conclusions du
» procureur-général du roi, ordonne que l'ou-
» vrage périodique ayant pour titre : *Supplément*
» *pour les Journaux politiques*, ou *Gazette des*
» *Gazettes des mois d'octobre, novembre & dé-*
» *cembre 1773, à Bouillon, avec approbation*
» *& privilege*, sera lacéré & brûlé au pied
» du grand escalier du palais, par *l'exécuteur*
» de la haute justice, comme contenant aux
» pages 49, 50 & 51 des faits faux & calom-
» nieux ; & un libelle séditieux sous le titre

» de *Requête des pauvres du diocese de Rennes*,
» fait pour continuer d'échauffer les esprits,
» & renouveller les troubles de la province,
» tendant à inculper le parlement aux yeux du
» peuple, à répandre des préjugés odieux sur
» la justice de ses arrêts & à flétrir l'honneur
» de ses membres, auxquels on suppose mé-
» chamment des vues & des intentions cri-
» minelles ; ordonne à tous ceux qui en ont
» des exemplaires de les apporter au greffe de
» la cour, pour y demeurer supprimés ; or-
» donne pareillement que les différentes copies
» manuscrites en écriture contrefaites de ladite
» requête des pauvres au diocese de Rennes
» (au nombre de trois) ensemble les lettres
» d'envoi qui les accompagnoient ; toutes mi-
» ses sur le bureau par plusieurs des membres
» de ladite cour, demeureront déposées à son
» greffe, pour servir de mémoire & de pieces
» de comparaison : a décerné commission au
» procureur-général du roi, pour informer
» contre les auteurs & copistes de ladite re-
» quête, par-devant M. *de Caradeuc de Keranroy*,
» conseiller, doyen de la cour, &c. »

20 *Juillet*. On continue à prétendre que les paroles de *la Fausse peur* sont de l'abbé de *Voisenon*, quoiqu'on ne retrouve nullement sa maniere dans cet ouvrage, où tous les rôles paroissent sacrifiés à celui de M. *Raille*, que fait le sieur *Trial*. Ce M. *Raille* est visiblement calqué sur un homme de société très-connu, & qu'on appelle par dérision *Milord Gois*. C'est un plaisant qui prend les allures de toutes les nations & sur-tout d'un Anglois. On peut se rappeller son histoire avec madame de *Crussol*,

lorsque se faisant passer dans un souper pour un médecin étranger, il capta la confiance de cette dame, qui désira d'avoir un tête-à-tête avec lui, & lui fit des aveux dont elle se repentit fort, lorsqu'elle apprit qu'elle étoit dupe.

Ce M. *Raille* possede aussi le talent inimitable de contrefaire au suprême degré ceux qu'il veut imiter & joue également un rôle de médecin. Le surplus de la piece ne ressemble en rien à la premiere aventure.

La musique est pleine de réminiscences, agréable, mais foible; il y a cependant l'ariette de M. *Raille*, où il annonce son savoir-faire, qui a été fort applaudie comme savante & très-diversifiée.

21 *Juillet*. On sait que depuis long-temps il avoit été question de jouer *la Partie de chasse de Henri IV*, du sieur *Collé*, mais qu'il avoit été précédemment décidé au conseil que ce drame ne seroit point représenté, comme dégradant un si grand roi; cependant par une inconséquence trop commune, exécutée sur quantité de théâtres particuliers, dans toutes les provinces, au théâtre de la ville de Versailles, & tout récemment, cet hiver, à la cour, devant madame la dauphine. Depuis qu'elle est reine, elle a fait lever l'exclusion: *la Partie de chasse* doit se jouer incessamment à la comédie françoise; mais l'auteur s'y oppose aujourd'hui; l'on croit que c'est à cause de la saison.

22 *Juillet*. Les *coëffures au temps présent*, sont des bonnets de femme très-historiés, qui sont surmontés de deux cornes d'abondance, &

garnis d'une quantité d'épis de bled qui retombent de toutes parts. Cet ajustement inventé, comme l'on juge, par l'adulation, ne sera pas long-temps de mode, si le bled continue à renchérir, comme il fait journellement.

23 Juillet. On connoît l'attachement de M. le prince de *Condé* pour madame la princesse de *Monaco*. On peut se rappeller qu'afin d'en jouir plus librement en 1771, il engagea le parlement à reprendre son service interrompu & à juger le procès en séparation de cette dame, malgré toutes les protestations & oppositions de M. le prince de *Monaco*. Depuis le prince de *Condé* a affiché scandaleusement son commerce d'adultere avec elle; il l'a logée auprès de son nouveau palais, où il lui fait construire un hôtel; mais le roi vient de rompre ces liens criminels par un ordre signifié à madame de *Monaco* de choisir un asyle dans un couvent. En vain son illustre amant s'est-il rendu sur le champ à Marly pour supplier sa majesté de retirer la lettre de cachet : elle est restée inflexible & a répondu qu'elle aimoit l'ordre, les bons ménages, la conservation des mœurs; & qu'une femme ne vivant point avec son mari, ne pouvoit rester dans le monde. Cette sévérité vis-à-vis du prince de *Condé*, dans un moment critique où, en se séparant des princes exilés, il obéissoit servilement aux volontés du monarque, prouve combien on fait peu de cas de lui à la cour.

24 Juillet. Le sieur *Boby*, notaire, vient d'afficher une banqueroute considérable, qu'on évalue à plus de huit cents mille francs. On étoit

étoit surpris qu'il ne l'eût pas déjà faite. On savoit que cet officier de justice faisoit beaucoup plus de dépense qu'il ne convenoit à son état & dans un genre ridicule : il se donnoit les airs d'entretenir des filles d'opéra & de leur offrir des cadeaux considérables. Il affichoit au surplus une élégance, un luxe proportionnés à ce goût ; en sorte que tout le monde crie contre lui.

25 *Juillet.* Du temps des Romains, l'Espagne avoit beaucoup de mines qu'ils faisoient exploiter, & dont ils tiroient une grande quantité d'or & d'argent. Depuis long-temps la cour de Madrid s'étoit peu occupée de cette exploitation. Plus jalouse de celle Pérou, elle y bornoit ses soins. Des particuliers François se sont réunis à des Espagnols & ont formé une compagnie pour extraire des montagnes des Asturies les sillons qu'on y avoit découverts. La mine est devenue si abondante, que les actions de cette compagnie ont plus que sextuplé. On y a fait passer des gens instruits pour faciliter par leurs lumieres l'extraction de la matiere & de sa décomposition.

Quoique par ce recours à notre nation, les Espagnols qui devroient être nos maîtres en ce genre, conviennent de la supériorité des François, on reproche à l'académie des sciences de ne s'être presque pas occupée de cet art, & il est question d'établir une chaire & des écoles *ad hoc.*

26 *Juillet.* La signora *Bastardella* est ici depuis quelque temps ; c'est la plus célebre cantatrice d'Italie ; elle est supérieure à la signora *Gabrielli* : elle eût voulu se montrer avec éclat dans

cette capitale : elle désiroit qu'on ouvrît une souscription en sa faveur ; on ne sait pourquoi l'on n'y songe pas ; elle a chanté dans quelques maisons particulieres seulement, & l'on craint que ne se voyant pas accueillie autant qu'elle le mérite, elle ne disparoisse bientôt, sans avoir été entendue du grand nombre de nos amateurs de musique.

26 *Juillet*. M. le cardinal de *Gesvres* vient de mourir assez avancé en âge, d'autant plus qu'il étoit contrefait & bossu. Il plaisantoit lui-même de ce dernier défaut naturel, & disoit en riant, qu'il n'aimoit pas qu'on l'appellât *son éminence*. Il avoit résigné depuis peu son évêché de Beauvais. Il laisse tous ses biens aux hôpitaux de cette ville ; ce qui déplaît fort à sa famille : elle veut travailler à faire casser le testament, fondé sur les ordonnances qui défendent de léguer aux gens de main-morte ; mais ce qui semble devoir souffrir exception de la part des gens d'église, tenus au contraire d'y faire retourner ce qu'ils en ont recueilli.

27 *Juillet*. L'oraison funebre du roi que M. l'abbé de *Boismont*, l'un des quarante, doit prononcer à la chapelle du Louvre, devant l'académie françoise, n'aura lieu que samedi 30. C'est M. l'archevêque de Lyon, membre de la compagnie, qui doit officier.

29 *Juillet*. La réception de M. *Suard* à l'académie françoise, est indiquée au 4 août prochain.

30 *Juillet*. Epître à HENRI IV *sur l'avénement de* LOUIS XVI, *par M. de V....* On auroit peine à croire que cette bagatelle fût du vieillard poëte, dont elle porte le nom, si son

avis au lecteur, & plusieurs passages de sa petite poésie, comme il l'appelle, n'arrestoient leur auteur. Elle n'est distinguée des autres que par une adulation encore plus basse; & en effet il a grand besoin de flatter le jeune monarque, fortement prévenu contre lui. Un trait très-connu prouve combien il le déteste. Un jour on demandoit à ce prince, devenu dauphin, quel spectacle il désiroit? « Tout ce que vous voudrez, répondit-il, pourvu que ce ne soit pas de Voltaire. »

31 *Juillet.* On va travailler incessamment à l'agrandissement de la place qui est devant le Palais-Royal; au moyen d'un rang de maisons qu'on abat du côté des Quinze-vingts, on dégage toute la partie du palais encore masquée; & en reculant le château d'eau, on procure à cet emplacement la proportion & l'étendue convenables.

Malgré tant de soins & de dépenses, ce palais sera toujours rempli d'imperfections & de défauts, & le plus grand sans doute sera celui de n'avoir point assez de grandeur & de noblesse du côté de la rue, & de ressembler à un simple hôtel particulier.

1 *Août* 1774. La restauration de la fontaine des petits Peres a très-bien réussi; elle est finie, mais non sans une dépense excessive, ainsi qu'on l'a précédemment observé.

1 *Août.* On n'a pu qu'en ce moment recueillir les pieces authentiques des deux suicides arrivés à Saint-Denis le jour de Noël dernier; l'attention du gouvernement à les soustraire dans le temps de la premiere fermentation, les avoit rendus rares alors, & depuis de nouveaux évé-

nements avoient fait perdre de vue celui-là. Toutefois il est trop unique pour n'en pas conserver les détails & les monuments en quelque sorte dans toute leur intégrité. Les pieces recouvrées sont au nombre de trois.

1. La lettre de M. de *Rulhieres*, lieutenant de la maréchaussée, où il rend compte à son supérieur de toute l'aventure, & en dresse une sorte de procès-verbal.

2. Un testament que les deux dragons ont dressé en commun avant de se tuer ; morceau très-singulier qui, bien loin d'annoncer de la folie, caractérise au contraire un très-grand sang froid, & un esprit de détail qu'on conserve difficilement en circonstance pareille.

3. La lettre de l'un d'eux à un officier qui l'honoroit de son amitié & de son estime ; lettre où l'on retrouve le même esprit philosophique que dans le testament, & en outre plus de liberté & de gaieté, telles qu'en comporte le genre épistolaire.

2 *Août*. Dans le premier acte, Orphée pleure sa compagne & l'appelle ; un *chœur* composé de bergers, de bergeres & de nymphes, suite des deux époux, rend au tombeau d'*Euridice* les honneurs funéraires ; ce qui amene un divertissement, tel qu'il se pratiquoit dans l'antiquité à de pareilles cérémonies ; des libations, des effusions de parfums, des offrandes de fleurs & de guirlandes. *Orphée* fatigué de cette multitude, la fait retirer pour se livrer à la solitude & à sa douleur : il forme le projet dangereux d'aller ravir aux enfers leur victime. L'Amour survient, il le console, il lui annonce qu'il peut descendre au Tartare ; qu'il ramenera sa femme, à

condition qu'il se contiendra & ne la regardera point. Il se retire ensuite ; après avoir gémi de cette loi rigoureuse, *Orphée* se résout à obéir ; il prend sa lyre, il met son casque, & marche vers le lac d'Averne.

Au second acte, le théâtre change ; on voit l'entrée des enfers ; les spectres & les furies, s'opposent au passage d'*Orphée*, & troublent ses accords par leurs danses. Il les charme insensiblement & pénetre. A ce spectacle effroyable succede le tableau des Champs-Elysées, que présente une décoration nouvelle. Plaisirs, jeux, danses des ombres heureuses : à leur tête est *Euridice*, qui se félicite de son bonheur nouveau ; elle va parcourir les bosquets écartés de ces beaux lieux : alors *Orphée* arrive & redemande aux ombres son épouse ; pendant qu'on la cherche, on charme l'ennui de l'époux par toutes sortes de divertissements : elle lui est rendue.

Le troisieme acte ne contient proprement qu'une scene entre *Orphée* & *Euridice*. Celle-ci s'apperçoit qu'il détourne d'elle ses regards ; elle croit qu'il se répent déjà de son action généreuse ; elle le presse de s'expliquer, de tourner les yeux vers elle ; après un combat de sentiments divers, il ne peut résister aux reproches de son épouse, il l'envisage ; elle meurt soudain. Mais l'Amour vient opérer son miracle ordinaire : il ranime & embellit la scene.

Telle est la marche du poëme charmant, tendre, onctueux en italien, & que le traducteur, M. *Moline*, pour avoir voulu le rendre trop littéralement, a fait insipide & plat : ce qui fait tort à la musique en plusieurs endroits, & l'empêche de produire tout son effet. On convient généralement cependant qu'elle réunit le simple, le naturel de la déclamation du récitatif françois, au savant, à la gentillesse, au pittoresque des ariettes italiennes ; & que le tout est renforcé par des symphonies dans le genre allemand, qu'on sait être le plus estimé aujourd'hui.

3 Août. Voici d'abord la lettre de M. de *Rulhieres*, en date du 26 décembre 1773.

« Mon cher inspecteur, deux dragons, l'un du régiment de *Belsunce*, & l'autre du régiment de *Mestre-de-camp-général*, se sont tués hier à cinq heures après midi dans une auberge dite l'*Albalêtre*, vis-à-vis la maison que j'habite à Saint-Denis. Averti de cet événement, j'y ai accouru. Le serrurier avoit ouvert la porte qu'on a trouvé fermée en dedans. Ils étoient assis chacun sur une chaise, de l'un & de l'autre côté de la cheminée ; un pistolet à leurs pieds, la mâchoire fracassée, & la cervelle emportée. Une femme qui logeoit au-dessus, a entendu deux coups très-distincts ; ce qui prouve que chacun d'eux s'est tué de son côté. Ils avoient une table entre eux deux, sur laquelle reposoient depuis le matin trois bouteilles de vin de Champagne. On a trouvé sur cette table un écrit, dont j'ai l'honneur de vous adresser copie dans la même forme, ainsi que la copie d'un brouillon de lettre écrite à M. de C. officier au régiment de *Belsunce*. Ils étoient arrivés d'avant-hier à l'auberge ; ils ont été occupés toute la journée à écrire quatorze lettres qu'ils ont mises à la poste, & dont on dit qu'une plus grande que les autres est adressée à M. de *Sartines*. La justice de Saint-Denis a fait faire la levée des deux cadavres, qu'elle m'a remis aujourd'hui pour être transportés à la basse geole du Châtelet. C'est de moi dont il est question dans cet écrit sous le nom de *Rh*. Le dragon de *Belsunce* passant à Saint-Denis, l'année derniere, allant au régiment, il étoit avec un de ses camarades qui, étant ivre, avoit fait quelque tapage dans cette même auberge, où je fus appellé, & j'eus lieu d'être content de la conduite du sieur *Bordeaux*. »

J'ai l'honneur, &c.

3 *Août*. On attend avec impatience le discours de M. l'évêque de Senez; mais il passe pour constant qu'il souffre beaucoup de difficultés à l'impression. On sollicite fortement le prélat d'y changer certaines choses, & l'on prétend qu'il s'obstine à le laisser tel qu'il l'a prononcé, ou à ne point le faire paroître. On veut que M. le comte d'*Aranda* soit celui qui s'oppose le plus fortement à sa publicité, à raison de la maniere injurieuse dont M. de *Beauvais* s'est exprimé à l'occasion de la destruction des jésuites, à laquelle on sait que la cour d'Espagne a principalement contribué.

4 *Août*. Par une suite de ce qu'on a dit, M. de *la Borde*, le premier valet-de-chambre du roi, sentant combien il seroit désagréable à leurs majestés, a pris le parti de profiter des insinuations qu'il a reçues à cet égard, & M. *Richard de Livry*, fermier-général, ayant eu l'agrément de traiter de cette charge, il a fait un arrangement avec M. de *la Borde*, par lequel il lui donne 50,000 écus d'argent comptant, le reçoit adjoint pour moitié de la place de fermier-général, dans la part qu'en a M. *Richard*, & celui-ci se trouve ainsi premier valet-de-chambre du roi.

4 Août. Testament de deux dragons, qui se sont tués à Saint-Denis, dans une chambre de l'auberge de l'Albalètre, le jour de noël 1773, à cinq heures & demie du soir.

« Un homme qui meurt avec connoissance, ne doit rien laisser à désirer à ceux qui lui survivent. Nous sommes dans ce cas plus qu'aucun autre. Notre intention est d'empêcher que nos hôtes ne soient inquiétés, & de faciliter la besogne à ceux que la curiosité, sous prétexte de formalités & de bon ordre, transportera ici pour nous rendre visite. *Humain* est le plus grand de nous deux, & moi *Bordeaux* je suis le plus petit. Il est tambour-major de Mestre-de-camp-général des *dragons*; & moi je suis simple dragon de *Belsunce*. La mort est un passage: je m'en rapporte au procureur-fiscal de Saint-Denis, & à son premier clerc qui va lui servir d'adjoint pour faire une descente de justice. Ce principe, joint à l'idée que tout doit finir, nous met le pistolet à la main. L'avenir ne nous offre rien que de très-agréable; mais cet avenir est court. *Humain* n'a que vingt-quatre ans; pour moi je n'ai pas encore quatre lustres (vingt ans) accomplis. Aucunes raisons pressantes ne nous forçoient d'interrompre notre carrière; mais le chagrin d'exister un moment, pour cesser d'être une éternité, est le point de réunion qui nous fait prévenir de concert cet acte despotique du sort. Enfin, le dégoût de la vie est le seul motif qui nous la fait quitter. Si tous les malheureux étoient sans préjugés, & pouvoient regarder leur destruction en face, ils verroient qu'il est

» aussi aisé de renoncer à l'existence, que de
» quitter un habit dont la couleur nous déplaît.
» On peut s'en rapporter à notre expérience.
» Nous avons éprouvé toutes les jouissances,
» même celle d'obliger nos semblables. Nous
» pourrions nous les procurer encore ; mais
» tous les plaisirs ont un terme, & ce terme en
» est le poison. Nous sommes dégoûtés de la
» scene universelle ; la toile est baissée pour
» nous ; & nous laissons nos rôles à ceux qui
» sont assez foibles pour vouloir en jouir encore
» quelques heures. Quelques grains de poudre
» vont briser les ressorts de cette masse de chair
» mouvante, que nos orgueilleux semblables
» appellent le *roi des êtres*. Messieurs de la justice,
» nos corps sont à votre discrétion ; nous les
» méprisons trop pour nous inquiéter de leur
» sort. Quant à ce qui nous reste, moi *Bordeaux*
» je laisse à M. de *Rh*. mon épée d'acier : il se
» souviendra que l'an passé, presque à pareil
» jour, il eut l'honnêteté de m'accorder de l'in-
» dulgence pour le nommé *Saint-Germain*, qui
» lui avoit manqué. La servante de cette au-
» berge prendra nos mouchoirs de poche & de
» cou, ainsi que les bas que j'ai sur moi, &
» autres linges quelconques. Le reste de nos
» effets sera suffisant pour payer les frais de l'in-
» formation & de procès-verbaux inutiles qu'on
» fera à notre sujet. L'écu de trois livres qui
» restera sur la table, paiera la derniere bou-
» teille que nous avons bu. »

A Saint-Denis, le jour de noël 1773. (Signés)
Bordeaux. Humain.

P. S. Il y a encore une bouteille de surplus qu'on
prendra sur nos effets. (Signé) *Bordeaux.*

M 5

5 *Aout.* On ne croit pas que M. de *Jouville* soit obligé de se défaire de sa charge de maître des requêtes ; on dit seulement qu'il est exilé à sa terre. La demoiselle *Granville* est déjà sortie de Sainte-Pélagie.

5 *Aout.* On ne peut rien voir de plus ridicule qu'un acrostiche imaginé par le sieur *Ducros*, secretaire de M. d'*Alembert*, pour mettre au bas du portrait de ce philosophe. Le voici :

Du meilleur des mortels reconnoissez l'image,
Son aspect heureux l'humanité sourit,
La vérité renaît, la vertu prend courage,
Et le germe des arts se ranime & produit.
Méprisant des grandeurs un vain titre emprunté ;
Bienfaiteur des humains est celui qu'il préfere.
Être à la fois leur guide, & leur servir de pere,
Régner sur les talens par la fécondité :
Tels sont ses justes droits à l'immortalité.

On ajoute cependant que le philosophe a trouvé ces vers trop mauvais pour les adopter par l'impression ou la gravure qu'il en permettroit ; mais il ne semble pas trouver mauvais que l'auteur les répande & en donne des copies.

5 *Aout.* Lettre écrite par le nommé *Bordeaux* à M. de C. officier de dragons à *Guise*, au régiment de *Belsunce*.

« Monsieur, pendant mon séjour à *Guise*,
» vous avez paru m'honorer de votre amitié. Il
» est temps que je vous en remercie. Je crois
» vous avoir dit plusieurs fois dans nos conver-
» sations que mon état actuel me déplaisoit :

» cet aveu étoit sincere ; mais peu exact. Je me
» suis examiné depuis plus sérieusement, & j'ai
» reconnu que ce dégoût s'étendoit sur tout,
» & que j'étois également rassasié de tous les
» états possibles, des hommes, de l'univers en-
» tier, & de moi-même. De ces découvertes, il
» m'a fallu tirer une conséquence. Lorsqu'on est
» las de tout, il faut renoncer à tout : ce calcul
» n'est pas long ; je l'ai établi sans le secours
» de la géométrie. Enfin, je suis sur le point
» de me défaire de mon existence, que je pos-
» sede depuis près de vingt ans, & qui m'a été
» à charge pendant quinze ans. Je ne dois des
» excuses à personne ; je déserte, c'est un crime ;
» mais je dois me punir, & la loi sera satisfaite.
» J'avois demandé à mes supérieurs un congé
» pour avoir l'agrément de mourir à tête repo-
» sée. Ils n'ont pas daigné me répondre : j'en
» serai quitte pour me dépêcher un peu plus
» vîte. Je mande à *Bar* de vous remettre quel-
» ques cahiers que je lui ai laissés à *Guise*, &
» que je vous prie d'accepter : vous y trouverez
» quelques morceaux de littérature assez bien
» choisis. Ils suppléeront au mérite personnel
» qu'il m'auroit fallu pour m'obtenir une place
» dans votre souvenir. Adieu, mon cher lieu-
» tenant, soyez constant dans votre amour pour
» *Saint-Lambert* & pour *Dorat* ; du reste, vol-
» tigez de fleurs en fleurs, & continuez d'en-
» lever le suc de toutes les connoissances, comme
» de tous les plaisirs.

Quant à moi, j'arrive au trou
Que n'échappe ni fou ni sage,
Pour aller je ne sais où. (*Vers de Piron.*)

» Si l'on existe après cette vie, & qu'il y ait
» du danger à la quitter, je tâcherai de m'ab-
» senter une minute pour venir vous l'apprendre:
» s'il n'y en a point, je conseille à tous les mal-
» heureux, c'est presque dire à tous les humains,
» de suivre mon exemple. Si vous écrivez quel-
» quefois à M. de C. saluez-le de ma part ; je
» lui dois à tous égards de la reconnoissance.
» Lorsque vous recevrez cette lettre, il y aura
» tout au plus vingt-quatre heures que j'aurai cessé
» d'être avec la plus sincere amitié, mon cher
» lieutenant, &c. *Bordeaux*, jadis éleve des
» pédants, puis de *Cujas*, puis aide de chicane,
» puis moine, puis dragon, puis rien. »

6 *Aout.* On avoit reproché au chevalier *Gluck*
d'avoir négligé dans *Iphigénie* les accessoires de
ce spectacle, c'est-à-dire, les danses & les divertissements : il a prouvé dans *Orphée & Euridice*
qu'il entendoit cette partie aussi bien que personne. Rien de plus agréable que les airs de
ballet. L'ouverture & la déclamation chantée
de celui-ci, sont inférieures sans doute à cette
partie du premier opéra, bien supérieur par
l'intérêt & par les passions tragiques. Il y a cependant encore beaucoup d'expressions dans *Orphée*, & le sieur *le Gros*, animé par le musicien,
continue à être acteur. Mlle. *Arnoux* fait le rôle
d'*Euridice*; mais l'organe de cette actrice qui se
perd absolument, est insuffisant pour certains
morceaux très-forts qui exigeroient beaucoup
plus de voix. Mlle. *Rosalie* remplit le troisieme
& dernier rôle de cette piece, celui de l'Amour :
c'est le plus foible.

Les ballets sont de la composition du sieur
Vestris ; celui des monstres & démons dans le

premier acte est vigoureux, chaud, pittoresque & plein d'énergie. On ne peut s'empêcher de rire cependant, en voyant dans le livre des paroles le poison personnifié & représenté par Mlle. *Vernier*. On ne peut excuser cette bêtise qu'en la regardant comme une plaisanterie sanglante, qu'on a voulu faire contre cette danseuse, à laquelle son rôle attire toutes sortes de mauvais quolibets. Les fêtes des Champs-Elysées sont charmantes pour les détails, l'ordre, le nombre & l'exécution ; mais on y trouve des contresens dans la pantomine, semblant exprimer la coquetterie & la rivalité, qui doivent être exclus du séjour des bienheureux. Enfin les fêtes du troisieme acte sont de la plus grande magnificence, sans avoir aucun caractere particulier ; ce qui est sans doute un défaut : elles sont merveilleusement bien terminées par un pas de trois de Mlle. *Heynel*, & des sieurs *Vestris* & *Gardel*, qui présente la perfection de l'art & un assemblage de graces majestueuses, comme on n'en peut voir nulle part ailleurs.

7 *Août*. Le marquis *du Muy* qui, fort instruit dans l'art de la guerre, désire former des officiers capables, se propose, dit-on, de mettre plus à portée des militaires & sur-tout des éleves destinés à ce métier, les moyens de leur faire prendre des connoissances relatives à leur état. Il y a dans une galerie immense des Tuileries qui regne depuis le jardin de l'Infante jusqu'au château, l'assemblage de tous les plans en relief des villes fortifiées & citadelles du royaume. Le ministre en question auroit voulu les faire transporter à l'Ecole militaire ; mais l'em-

placement ne le souffrant pas, il s'agit de les loger à l'hôtel des Invalides.

D'un autre côté, cette galerie étant ainsi dégagée, on pourra y développer une multitude de richesses en tableaux, estampes, vases précieux, &c. qui formeront le goût des artistes, & dont le spectacle servira d'amusement honnête aux oisifs.

9 Août. Les Italiens se proposent de remettre incessamment sur le théâtre les *Nymphes de Diane*, opéra comique en un acte, mêlé de vaudevilles. Cette piece du sieur *Favart* est de l'ancien théâtre. Le succès d'*Acajou* donne lieu d'espérer que cette production du même auteur aura le même succès: elle sera accompagnée de ses agréments, c'est-à-dire, de beaucoup de spectacle.

9 Août. On s'étoit flatté vainement, à ce qu'il paroît, que le sacre de sa majesté renvoyé à l'année prochaine, auroit lieu dans cette capitale du royaume, où la cérémonie auroit pu se faire avec un appareil vraiment digne de la royauté, où seroit accouru une multitude d'étrangers que la curiosité auroit amenés, qui auroient répandu beaucoup d'argent à Paris, & qui ne pourront aller à Rheims faute de logemens. Cette considération n'a pu balancer les égards qu'on a cru devoir à M. l'archevêque de Rheims, qui, malgré son grand âge, espere goûter encore ce bonheur, & n'attend que cet heureux moment pour comble à la faveur dont il jouit.

10 Août. Les ennemis du chevalier *Gluck*, ou plutôt les détracteurs de sa musique, ne cessent de lancer des brocards contre ce compo-

siteur. Comme au second acte d'*Orphée*, il y a des Champs Elysées qui, quoique traités très-différemment de ceux de l'opéra de *Castor & Pollux*, semblent devoir avoir quelque analogie, on dit qu'*Orphée* n'est qu'un *demi-Castor*.

On parle d'une caricature représentant le théâtre de l'opéra enrichi de magnifiques décorations, & rempli de dindons, que le chevalier *Gluck* semble conduire dans son costume allemand, c'est-à-dire, grossiérement vêtus, le chapeau sur la tête, un bâton à la main. Au bas on lit *glou*, *glou*, *glou*; cri ordinaire de cette volatile ignoble.

11 *Août*. La retraite de madame la princesse de *Monaco* ne s'est point effectuée jusqu'aujourd'hui. On présume que sa majesté dont le premier mouvement est très-dur, mais qui revient facilement ensuite, aura eu égard aux représentations de cette dame, que ses affaires obligent sans doute de rester dans le monde. Elle est actuellement à Chantilly, chez M. le prince de *Condé*.

11 *Août*. M. *Dorat*, dont la fécondité dans tous les genres, ne permet pas à ses talents de se reposer, fait annoncer déjà une nouvelle tragédie de sa façon, intitulée *Adélaïde de Hongrie*: elle doit se jouer après-demain.

13 *Août*. Louis XV aimoit singuliérement le jardinage & les différentes branches de cet art; il s'étoit créé des jardins en beaucoup d'endroits, entr'autres un à Auteuil, à la porte du bois de Boulogne: c'étoit un jardin à fleurs, qui n'étoit arrangé que depuis peu d'années; il avoit coûté beaucoup d'argent & exigeoit un

entretien considérable. C'est-là qu'étoit le jardinier sur lequel *Louis* XVI a exercé la justice sévère & bienfaisante qui a occupé un moment les conversations de Paris. Sa majesté a regardé ce jardin comme inutile, ou plutôt comme à charge, & quoiqu'elle ne soit pas ennemie d'un art auquel se livroient autrefois les Romains les plus illustres, elle a cru devoir se priver de cet agréable lieu : elle a donné ordre à M. le contrôleur-général de le vendre, & les particuliers vont le visiter comme en vente. C'est le but de promenade à la mode.

14 *Août.* Le héros principal d'*Adélaïde de Hongrie* est *Pepin*, fils de *Charles Martel*, & chef de la seconde race de nos rois, connue sous le nom de *Carlovingienne*. L'intrigue roule sur une supposition de femme qu'on lui a donnée, qui ne se reconnoît qu'au bout de quelque temps. Il aime celle qu'il a éprouvée & dont il a des enfants ; mais le devoir, l'honneur, la justice à rendre à l'innocence ne lui permettent pas de laisser triompher le crime ; de là des combats dans le cœur de *Pepin*, & le nœud de la tragédie dont il seroit impossible de rendre un compte exact par la complication & le nombre des incidents. Elle n'a point eu de succès ; mais on sait aujourd'hui que les pieces mêmes sifflées se relevent du second bond, & vont toujours aux nues.

14 *Août* M. de *Voltaire* vient de lâcher un nouveau pamphlet contre l'abbé *Sabbathier*, sous le titre de *Lettre d'un théologien à l'auteur des trois siecles*. Cet ouvrage est bien loin de la modération de l'autre intitulé : *Observations sur les trois siecles de la littérature françoise*, dont on a

parlé. Le nouveau mérite quelques détails, & l'on y reviendra.

15 *Août*. On n'a pas manqué de faire des épigrammes sur la réception de M. *Suard* à l'académie françoise : voici les deux meilleures. Pour entendre la premiere, il faut se rappeller qu'il a fait long-temps la gazette de France conjointement avec l'abbé *Arnaud*, déjà membre de la compagnie en question, & qu'il a épousé la demoiselle *Pankouke*, sœur du libraire, assez jolie femme. Cette épigramme est intitulée *les trois Exclamations* :

Auprès d'*Arnaud* le gazetier *Suard*
A pris hier place à l'académie :
Certain Anglois, s'y trouvant par hasard,
Dit à quelqu'un : Monsieur, je vous en prie,
Qu'a, s'il vous plaît, produit ce bel esprit !
Pendant quatre ans il a, Monsieur, écrit
Notre gazette... Ah, peste ! Et puis en outre
Il a traduit avec beaucoup de goût
Le *Robertson*... Ah, diable !... & ce n'est tout.
Tenez, voyez : c'est là sa femme... Ah ! f*****.

Autre, intitulée *dialogue*.

Sait-on quel écrivain succede par hasard
    A l'évêque de Triconie (*) !
C'est un froid traducteur sans esprit & sans art.
    Fort bien, j'en ai l'ame ravie.
    Vous aimez donc monsieur *Suard* !
    Non, mais je hais l'académie.

(*) L'abbé de *la Ville*.

15 *Août*. On se verroit avec peine obligé de transférer aux invalides les plans dont on a parlé. M. *Gabriel* en conséquence a toujours formé le dessin d'une nouvelle galerie à construire à l'Ecole militaire pour cet objet, & si les fonds le permettent, on la construira. Il est certain que cet établissement y conviendroit mieux. Il serviroit à tenir sans cesse sous les yeux des éleves, des objets d'instructions qu'ils seroient obligés de venir chercher ailleurs.

15 *Août*. On répand manuscrite une épître de M. de *Rulhieres*, sur le renversement de sa fortune: elle adressée à M. de *Chamfort*.

16 *Août*. Extrait d'une lettre de Beauvais, du 10 août 1774. Malgré la charité du cardinal de *Gêsvres*, qui donne son mobilier aux pauvres, aux hôpitaux de ce diocese, il est à craindre qu'elle ne soit éludée par les économats qui absorberont tout en réparations. La succession la plus claire qu'il laissera, ce seront quatre vingt-deux procès dont hérite son coadjuteur. Ce prélat cardinal, très-honnête, très-bon homme même, avoit l'esprit du clergé au suprême degré, & pour ne rien perdre de ses droits, il auroit plaidé contre son pere.

17 *Août*. Le pamphlet nouveau attribué à M. de *Voltaire* contre l'auteur *des trois siecles*, consiste dans deux lettres d'un théologien à l'abbé *Sabbathier*. Sous cette tournure, il dévoile les manœuvres du parti encyclopédique, dont il regarde cet abbé comme un suppôt, & releve en même temps des erreurs ou les faux jugements du critique. Il profite aussi du personnage emprunté pour se donner sans façon les louanges les plus outrées; elles semblent de-

voir être d'autant moins suspectes, qu'il les met dans la bouche d'un ennemi, c'est-à-dire, d'un défenseur zélé de la religion. Il dénigre par la même voie sans ménagement plusieurs grands hommes, depuis long-temps l'objet de sa jalousie & de ses atteintes indirectes. On reconnoît dans l'ouvrage la méchanceté du philosophe de Ferney, infatigable à vomir des libelles; mais on y trouve moins d'agrément & de légéreté, quoiqu'il soit impossible, au premier coup d'œil de l'ensemble de sa composition, de douter qu'elle soit de lui.

Quelques connoisseurs cependant attribuent cette diatribe au marquis de *Condorcet*, qui commence à s'exercer dans l'art du libelle, & est pourvu de la méchanceté suffisante pour y réussir, qui d'ailleurs ne manque pas des autres talents de l'écrivain.

18 *Août*. On ne peut rendre le ridicule qui rejaillit sur M. *Gresset*, de son dernier discours imprimé. Il est d'autant plus grand, que son retour ici avoit été une espece de triomphe, & que tout Paris s'étoit empressé d'aller voir cet homme célebre, dont la dévotion semble avoir affoibli la tête, & tombé dans une espece d'enfance.

20 *Août. Les Nymphes de Diane* n'ont pas, à beaucoup près, le succès d'*Acajou*. On trouve le premier opéra comique infiniment plus mal remis que celui-ci, en ce qu'on n'a rien changé du tout aux airs de Pont-neuf dont il abonde; qu'on ne les a point renforcés par l'accompagnement, & que d'ailleurs il n'est pas joué dans la perfection qu'il exigeroit. Du reste, il y a un spectacle charmant, des décorations galantes & beaucoup de piquant

dans les situations & de sel dans le dialogue. Madame *Trial* & le sieur *Nainville* se distinguent le plus parmi les acteurs dont il faut un nombre considérable pour l'exécution.

21 *Août. Mémoire pour le sieur Thair Muphta, de Tetouan au royaume de Maroc.* Tel est le titre d'un nouvel ouvrage de Me. *Falconnet*. Il roule sur un fait fort singulier, qui donne lieu à une question de politique vraiment intéressante.

Thair Muphta, sujet du roi de Maroc & d'une famille qui porte le titre de *Chérif*, c'est-à-dire d'une de celles qui passent pour descendre de *Mahomet*, avoit tourné ses vues vers le commerce, dans l'espoir de se ménager ainsi une occasion de quitter sa patrie, & de s'établir en Europe, dont il goûtoit fort l'état de sociabilité inconnue chez lui : en 1758 il avoit chargé sur le navire Anglois *le Baptiste*, capitaine *Antoine Montero*, des marchandises pour la somme de 142,345 livres, & il fit voile pour Alger. Le bâtiment ayant été assailli d'une tempête, fut obligé de relâcher à Oran, ville de la dépendance de sa majesté catholique. On en demanda préalablement permission au gouverneur. A peine y fut-il mouillé, qu'on força l'équipage de débarquer, qu'on saisit les papiers de *Thair Muphta*, qu'on confisqua sa garnison, & qu'il fut jeté dans un cachot infect, les fers aux pieds & aux mains. Il ne sortit de cette captivité qu'en payant une rançon de deux mille écus. Revenu à Tetouan, il se rendit à Maroc pour y porter ses plaintes au roi : sa majesté les trouva justes & le chargea d'une lettre pour le gouverneur de Gibraltar, auquel il demandoit justice des vexations & brigandages exercés contre son sujet. Celui-ci renvoya le plaignant à la cour de Londres ; milord d'*Egremont* venoit signer les préliminaires de la paix : soit crainte d'exciter une nouvelle querelle avec l'Espagne, soit indifférence, il eut peu d'égards aux réclamations de l'infidèle, & il le renvoya à son tour vers le même gouverneur. *Thair Muphta*, dans son retour à Gibraltar, ayant passé par Paris, s'y est fait catholique après plusieurs contre-temps ; & n'a fait aucun usage de la lettre du ministre Anglois. Il a cherché long-temps en vain quelqu'un qui voulût porter sa réclamation au pied du trône des Espagnes ; il espère cependant le trouver, mais, avant de faire aucune démarche, il veut s'assurer si les loix naturelles, civiles & politiques le protégeront.

Me. *Falconnet*, dans son avis du 31 mars dernier, estime que jamais droit ne fut plus constant ni moins sujet à discussion, & il entre à cette occasion dans des détails & des discussions qui attestent ses connoissances du droit public, ainsi que des divers traités de paix dont il tire ses principaux arguments.

21 *Août*. Les discussions concernant les inconvénients de laisser subsister le nouveau parlement ou de rétablir l'ancien, sont exposées dans l'épigramme suivante ; car chaque fait historique se trouve ainsi consigné dans une méchanceté du moment, bonne ou mauvaise. Voici celle annoncée :

De nos deux parlements l'extrême différence
Doit, pour les rapprocher, causer de l'embarras.
Thémis les a pesés dans sa juste balance ;
Et l'antique est trop haut, le moderne trop bas.

22 *Août*. L'épître de M. de *Rulhieres* à M. de *Chamfort* est fort estimée des connoisseurs : elle est remplie de poésie & de philosophie ; elle roule sur quelques anecdotes connues & qui la rendent plus intéressante, en la faisant distinguer de tant d'autres qui ne sont que des lieux communs. On lui reproche seulement trop de longueurs, & quelques détails exprimés trivialement ; ce qui les rend disparates d'avec le surplus de l'ouvrage, écrit noblement.

23 *Août*. C'est du fils de Mlle. *Romans* dont on s'entretient aujourd'hui. On assure qu'il doit être présenté incessamment au roi, sous le titre d'abbé de *Bourbon*, & pourvu en conséquence de grosses abbayes, entr'autres de celle provenant de la défroque du cardinal de *Gesvres*. On le dit au séminaire de St. Magloire, pour se préparer à être tonsuré par M. l'archevêque de Paris. Ceux qui le voient, assurent que c'est un très beau garçon, qui ressemble beaucoup au feu roi.

24 *Août*. On a encore fait un dernier changement au vers de la piece de M. *Dorat*, qui avoit excité tant de rumeur ; au lieu de *en laisse aux tribunaux*, on a mis *conserve aux tribunaux*, ce qui a absolment éloigné toute idée d'allusion.

24 *Août*. C'est l'abbé *Mercier* qui est à la Bastille, qui passe, dit-on, pour le colporteur de la piece atroce contre la reine, intitulée *la nouvelle Aurore*. Elle roule sur des promenades nocturnes de sa majesté, & tendroit à diffamer ses mœurs. Comme l'objet des exécrables auteurs d'un pareil libelle étoit d'allumer la jalousie du roi, on veut qu'on l'ait fait trouver adroitement dans le secretaire du monarque, mais les cou-

pables calomniateurs ont échoué dans leur dessein. On a peine à croire que l'abbé Mercier se fût rendu aussi criminel, & la prison ne seroit pas un supplice proportionné à son forfait.

16 Août. L'académie de Saint Luc est aussi ouverte d'hier, & à défaut de la grande école, fournira quelque matiere à la curiosité publique.

27 Août. Nos académies, nos théâtres, nos journaux ont retenti du nom de Salency, nom d'un village précieux par la *fête de la Rose*. On se souvient qu'elle fut fondée par *Saint-Médard*, évêque de Noyon & seigneur du lieu en question. Elle se célebre en l'honneur de la fille la plus sage du hameau. Ce prélat a voulu que tous les ans on donnât un chapeau de rose & une somme de vingt-cinq livres à la Rosiere; c'est ainsi qu'on appelle la paysanne élue. Il détacha de ses domaines plusieurs arpents de terre, qui forment ce que l'on nomme *le fief de la rose*, & en affecta le revenu au paiement de la dot & aux frais du couronnement. Il eut le bonheur d'entendre la voix publique proclamer Rosiere l'une de ses sœurs; on voit encore un tableau placé au-dessus de l'autel de la chapelle de *Saint-Médard*, où cet évêque est représenté en habits pontificaux, posant la couronne de rose sur la tête de sa sœur qui est à genoux & coëffée en cheveux. C'est à l'occasion de cette fête qu'il se publie aujourd'hui un *Mémoire pour les syndics & habitants de Salency, contre le sieur Danré, seigneur de Salency*. Il est de Me. de *la Croix*, & fournit matiere à ce jeune avocat de déployer son éloquence fleurie, tendre & touchante.

28 Août. Le sieur abbé Mercier est sorti de la Bastille; ce qui le rend innocent des infamies, atroces & sacrileges dont on l'accusoit dans le monde.

29 Août. On a rendu compte de la triple métamorphose qu'avoit subie le vers de la piece de M. Dorat, qui fit tant de bruit le premier jour. Avant-hier, on l'a récité suivant le vrai texte : *Et rend aux tribunaux leur auguste exercice*; ce qui a causé une sensation considérable, & va servir de véhicule à cette tragédie.

Ces variantes, si M. Dorat les rapporte dans l'impression de son ouvrage, fourniront matiere aux commentateurs; & toutes ordonnées ou autorisées par la police, prouveront combien le gouvernement lui-même étoit versatil à cette époque.

30 Août. On voit un discours imprimé, prononcé par le curé de Sainte-Marguerite, comme doyen au nom de tous les curés de Paris, le 21 juillet dernier, lors de leur visite à monseigneur l'archevêque, pour le féliciter de sa convalescence. Il est d'une emphase inconcevable; il est précieux par son ridicule : il roule sur la fermeté & la douceur avec lesquelles ce prélat remplit son ministere, & s'est conduit dans les temps les plus critiques.

30 Août. La contestation qu'éleve le seigneur contre les habitants de Salency, roule sur l'élection de la rosiere. Suivant Me. la Croix, voici comme elle doit se faire. Un mois avant le jour de la cérémonie qui est celui de Saint-Médard, ces habitants s'assemblent pour nommer, en présence des officiers de la justice, trois filles dignes de la rose, & vont ensuite les présenter

senter au seigneur qui choisit celle des trois qu'il lui plaît de faire couronner. Le dimanche suivant, le curé annonce à ses paroissiens quelle est la fille qui a été nommée *la Rosiere*. Dans cet intervalle ceux qui auroient à déposer contre cette élection peuvent le faire, d'autant qu'il ne suffit pas que la Rosiere soit la plus modeste, la plus attachée à ses devoirs, la plus respectueuse envers ses parents, & la plus douce avec ses compagnes; il faut encore que la famille soit sans reproche.

Le jour de la fête, *la Rosiere* est conduite à l'église par le seigneur, & y reçoit des mains de l'officiant le chapeau de rose, garni d'un large ruban bleu à bouts flottants, & orné d'un anneau d'argent, depuis que *Louis XIII* daigna, à la priere de M. de *Belloy*, seigneur de Salency, faire donner à la Rosiere la couronne en son nom, sa majesté y joignit ces derniers attributs, qu'elle fit apporter par le marquis de *Gordes*, son premier capitaine des gardes. Le curé fait un discours, & après l'office la Rosiere est conduite sur une piece de terre, où les vassaux lui offrent des présents champêtres.

En 1766, M. *le Pelletier de Morfontaine*, intendant de Soissons, ayant passé par Salency, fut invité de donner le chapeau à la Rosiere; il remplit cet emploi, & la dota de quarante écus de rentes, reversibles après la mort de celle-ci en faveur de toutes les Rosieres, qui en jouiront chacune pendant une année.

En 1773, le sieur *Danré*, voulant exclure les habitants du droit de nommer les trois filles dignes de la rose, & de les lui présenter, trouva un syndic assez vil pour entrer dans ses vues;

il refusa la convocation de l'assemblée, & le seigneur profitant de cette inaction, s'arrogea le droit de nommer la Rosiere de son chef: il fit placer des cavaliers de maréchaussée à la porte de la chapelle de Saint-Médard, qui en interdirent l'entrée, & priverent les spectateurs de la vue de la cérémonie.

Les habitants ont réclamé contre l'usurpation du seigneur, qui a perdu au bailliage de Chaulny. Le 19 mai dernier, le seigneur a interjeté appel de la sentence, & par une vilenie affreuse, prétend que la dépense du chapeau de rose, du ruban & de la bague d'argent, doit être prise sur les 25 livres dues par le seigneur. Il ne veut pas que ce soit l'officiant qui mette le chapeau sur la tête de la Rosiere, & s'arroge aussi cette fonction; enfin, il soutient que la Rosiere ne peut être conduite que par celui qu'il nommera à sa place.

31 *Aout*. M. *Colardeau* avoit fait insérer dans le *Mercure* d'août, dans les feuilles de *Freron*, & autres ouvrages périodiques, le désaveu d'un libelle manuscrit qui couroit dans les sociétés, & qu'on lui attribuoit. Cette démarche a réveillé la curiosité des amateurs, dont le grand nombre ignoroit absolument ce dont il s'agissoit. On a découvert que c'étoit une satire en vers contre une Dlle. *Verriere*, fameuse & antique courtisane, avec laquelle ce poëte a vécu. Mais on a été confirmé dans la certitude que l'ouvrage étoit de lui. On y reconnoît absolument sa touche. On croit qu'impatient de voir percer un pareil ouvrage dans le public, & voulant le faire rechercher, il a pris cette tournure usitée depuis long-temps par M. de *Voltaire*, &

que ce philosophe met encore tous les jours en pratique. La charlatanerie est devenue fort à la mode dans notre monde littéraire.

1 *Septembre* 1774. Le cadre dans lequel M. *Colardeau* a enchâssé sa satire contre Mlle. *Verriere*, est d'une tournure piquante. Il suppose que cette courtisane, déjà vieille en effet, a eu un songe qui l'effraie, qu'elle a prévu par anticipation l'état d'abandon, de décrépitude, de laideur où l'âge l'a réduite; que pour prévenir cette époque fatale, elle veut se retirer au couvent: en conséquence, il lui fait écrire à l'abbesse de Saint-Cyr pour lui demander de la recevoir parmi ses ouailles, & à cette occasion elle fait une confession générale de sa vie, où l'épisode de ses amours, de ses infidélités, de ses perfidies envers le sieur *Colardeau* n'est point oublié. Dans cet ouvrage, quoique long, il y a beaucoup d'anecdotes indiquées, de très-beaux vers, des morceaux de poésie & de sentiment, qui le rendent recommandable & fort recherché; mais il faudroit des notes qui, en éclaircissant certains passages, les rendroient plus intéressants.

4 *Septembre*. Les directeurs du colisée continuent à laisser leurs créanciers dans un état de souffrance: on permet à ceux-ci de se venger sur la chose, c'est-à-dire, de demander de temps en temps des représentations extraordinaires à leur profit. On cherche par toutes sortes d'affiches insidieuses, à séduire le public, qui, toujours attrapé, y retourne toujours par oisiveté, & dans l'espoir de voir quelque chose de mieux.

5 *Septembre*. L'exposition de l'académie de Saint-Luc attire beaucoup de spectateurs, qui la

souvent curieuse à bien des égards ; il y a peu de tableaux d'histoire ; mais dans les tableaux de genre & dans le portrait très-multipliés, on rencontre des morceaux estimables : la sculpture est ce qu'il y a de mieux, ainsi qu'au salon dernier ; M. *Sigisbert Michel*, ancien sculpteur du roi de Prusse, s'y distingue sur-tout par l'abondance, la variété & le goût de ses productions. Son temple des graces, modele fait pour servir de milieu à un sur-tout, est une des choses les plus agréables qu'on puisse voir.

7 Septembre. **Monsieur** a toujours passé pour un prince très-instruit, ami des arts & des lettres. Lorsqu'on agitoit quelque question devant le dauphin, aujourd'hui *Louis XVI*, & qu'on ne pouvoit la résoudre, il disoit : Il faut demander cela à mon frere de Provence. Son altesse royale justifie aujourd'hui cette bonne opinion. On cite un impromptu en vers attribué à ce prince. Il fait honneur à la facilité & aux graces de son esprit, sur-tout si c'est le fruit en effet d'un premier moment de veine.

Monsieur avoit cassé un éventail à la reine : il veut réparer ce petit tort envers sa majesté ; il lui en envoie un autre avec les vers suivans :

>   Doux instrument de vos plaisirs,
>   Heureux d'amuser vos loisirs,
>   Au temps des chaleurs trop extrêmes,
> De pouvoir près de vous ramener les zéphirs ;
>   Les Amours y viendront d'eux-mêmes.

10 Septembre. Voici une autre leçon des ver

attribués à *Monsieur*; elle paroît la véritable: c'est toujours l'éventail qu'on fait parler:

 Au milieu des chaleurs extrêmes,
  Heureux d'amuser vos loisirs,
J'aurai soin près de vous d'amener les zéphirs;
 Les Amours y viendront d'eux-mêmes.

11 *Septembre*. Le Béarn éprouve depuis quelques années périodiquement une épidémie dans ses bêtes à cornes, contre laquelle on n'a pu trouver encore aucun remede efficace; on espere que M. *Turgot*, aujourd'hui contrôleur-général & chargé de cette partie, dont les vues ont été toujours spécialement dirigées vers l'administration économique, & renommé pour des expériences en tout genre d'utilité patriotique, viendra au secours de cette province, & engagera des médecins habiles à chercher la cause de cette dévastation, pour y mieux appliquer le spécifique.

13 *Septembre*. M. *Necker*, dont la maison est renommée comme bureau de bel esprit, qui accueille fort bien le sieur de la Harpe, & a une haute opinion de ses talents, avoit engagé celui-ci à composer pour le prix de Marseille, dont l'académie avoit proposé pour sujet, *l'éloge de la Fontaine*. M. de *la Harpe* s'en étoit défendu en faisant entendre qu'il regardoit ce prix comme trop modique. Sur quoi son protecteur l'avoit plus fortement excité, en lui pronostiquant avec confiance qu'il se trouveroit quelque Mécene généreux qui le grossiroit. En effet, on a su depuis qu'un anonyme avoit prié l'académie

en question d'accepter une somme de 2000 liv. à joindre au prix. Cet anonyme étoit M. *Necker*, qui a profité du crédit que lui devoit donner sa magnificence pour solliciter fortement les juges en faveur de M. de *la Harpe*; mais leur équité ne leur a pas permis de dégrader à ce point leur jugement. C'est M. de *Chamfort* qui a eu le prix, & a empoché les 2000 livres; ce qui mortifie étrangement l'amour-propre du premier.

14 Septembre. On ne sauroit croire l'importance qu'on a mise au vers de la piece du sieur *Dorat*, déjà changé tant de fois, & qui, le samedi 27 août, avoit été rétabli dans le vrai texte : depuis il a encore été altéré, sur les plaintes sans doute du nouveau tribunal, & lorsqu'on a sérieusement songé à arrêter la fermentation trop grande qu'excitoit la nouvelle de l'exil du chancelier.

16 Septembre. Le madrigal sur l'éventail qu'on a attribué à *Monsieur*, a bien été envoyé par ce prince à la reine avec un éventail; mais les vers sont du sieur *le Mierre*. On les dit même imprimés : son altesse royale n'y a d'autre part que de les avoir adoptés & appliqués à la circonstance. Ce choix fait toujours honneur à son goût.

17 Septembre. Ce qui a déterminé le roi à reconnoître l'abbé de *Bourbon*, c'est l'adresse qu'a eue madame de *Caveinac* (ci-devant Mlle. *Romans*) d'envoyer à sa majesté l'extrait baptistaire de son fils, baptisé sous le nom du feu roi, avec la lettre y jointe, par laquelle ce monarque promet à la mere d'avoir soin de l'enfant comme le sien, & de le reconnoître. C'est cet écrit qui a occasionné les persécutions suscitées à la mere, & qu'on vouloit retirer. Celle-ci l'a toujours regardé comme son patrimoine le plus précieux; elle a élevé son fils en conséquence; elle le mettoit toujours dans le fond de son carrosse; elle se tenoit sur le devant; elle l'appelloit monseigneur, & sembloit se regarder plutôt comme sa nourrice, que comme sa mere. La grande école qu'a fait Mlle. *Romans*, ç'a été de se marier. Il est à noter qu'elle a nourri elle-même son fils.

17 *Septembre*. De l'*Encyclopédie*. Tel est le titre d'une légere brochure en six pages attribuée encore à M. de *Voltaire*. L'honneur que la secte lui a fait de le choisir pour son coryphée, l'oblige d'en prendre la défense. Aussi ce pamphlet roule-t-il sur l'énorme dictionnaire en question, dont il fait l'éloge, & fustige les détracteurs.

18 *Septembre*. Quelques idées bizarres caractérisent principalement les ouvrages que le sieur *Montpetit* a exposés au salon de Saint-Luc. Dans l'un est un bouquet négligemment entremêlé de lauriers, de lys, d'immortelles; du milieu desquels s'éleve une rose, où est enchâssé le portrait de la reine. Dans l'autre du même genre, se voient enchâssés les portraits de *Henri IV*, de M. le duc, de madame la duchesse de *Chartres* & de M. le duc de *Valois*. Son portrait de madame *Louise* en habit de carmélite présente d'autres singularités: elle tient en main le portrait du roi son pere, & paroît méditer dessus; sentiment filial, sans doute très-respectable: mais une religieuse entourée de tous les instruments de la pénitence, sur-

tout ayant un crucifix à côté d'elle, semble devoir s'occuper principalement de ces exercices ascétiques: à ses pieds est, d'une part, un manteau royal surmonté d'une couronne; attributs faux, puisqu'en France la fille d'un roi ne peut aspirer à la royauté : de l'autre est un char avec un collier de perles, petite image, & qui exprime trop légérement, d'un autre côté, les grands sacrifices de cette princesse.

19 *Septembre.* Une brochure *in-8°.* de quatre-vingts pages d'impression, ayant pour titre *le Partage de la Pologne*, perce dans ce pays-ci, & occupe les politiques. Ce sont sept dialogues en forme de drames, dans lesquels on fait parler les princes intéressés conformément à leurs principes & à la conduite qu'ils tiennent en Pologne, avec quelques interlocuteurs subalternes. Cette conversation entre des personnages aussi distingués, pouvoit être très-piquante, si elle eût été maniée par un homme d'esprit qui eût la légéreté françoise. Mais les plaisanteries en sont dans le goût allemand, c'est-à-dire, lourdes. Cet écrit a été imprimé à Londres, & se ressent de la liberté angloise. Les puissances y sont peu respectées, & le roi de France y joue un piètre rôle.

21 *Septembre.* La plaisanterie du vieillard de Ferney contre l'évêque de Senez, est dans le genre de toutes celles qu'il fait depuis quelque temps, c'est-à-dire, souvent injuste & amere. Il reproche au prélat de se citer, d'employer des comparaisons qui ne sont pas exactes dans tous leurs points; de parler trop durement des défauts du feu roi ; de s'être expliqué trop ouvertement en faveur des jésuites : il va jusqu'à

lui faire un crime d'approuver les coups d'autorité frappés sur le parlement, & de lui supposer des torts : & c'est M. de *Voltaire* qui dit cela ; il trouve aussi très-mauvais qu'il injurie notre siecle, le meilleur des siecles, le plus rempli d'exemples de grandeur d'ame. On voit que par une réticence adroite, il cherche à faire sa cour au saint du jour, au comte de *Maurepas*, & à réparer son ingratitude envers le duc de *Choiseul*, qu'il désigne aussi indirectement, & dont il vante la fermeté dans sa disgrace. Rien de plus puéril que ce pamphlet, où l'on découvre cependant l'adresse ordinaire du philosophe à saisir l'à-propos, & à se prévaloir de tout ce qui peut le soutenir auprès des grands. Depuis long-temps il suit la maxime d'Horace : *Principibus placuisse viris, non ultima laus est.*

22 *Septembre.* M. l'abbé *Terrai*, disgracié comme M. de *Maupeou*, & non moins que ce chancelier l'exécration du public, est aussi chansonné par un vaudeville assez plat, & digne de la canaille qui le chante. Pour mieux associer ces deux personnages, on a mis le couplet concernant le dernier sur le même air que celui relatif au premier : il ne mériteroit pas plus d'être conservé, s'il ne servoit à constater la filiation des anecdotes du jour :

Chacun le pense, le pense,
L'abbé *Terrai* est en transe,
L'abbé *Terrai* est aux abois :
Chacun le pense, le pense,

Il ne peut plus en France
Piller comme autrefois.
Chacun le pen.... le pen.... se.
L'abbé *Terrai* est en transe, &c.

24 Septembre. On sait que l'archevêque de Cambray, frere du duc de *Choiseul*, vient de passer subitement en revenant des eaux. Ce prélat, peu digne d'être regretté, est un scandale de moins pour le monde & pour l'église ; en outre il meurt en digne prélat, c'est-à-dire, banqueroutier d'une somme assez forte. On en parloit dernièrement devant le roi, & l'on s'en étonnoit d'autant plus qu'il étoit fort riche. *Oui, mais,* s'écria sa majesté, *tout ce qui est Choiseul, est mangeur.* Réflexion qui fait baisser les actions du ministre, & ne semble pas présager son retour à la faveur, comme s'en flattoient & l'annonçoient ses partisans.

25 Septembre. Le sieur *le Kain*, dont le retour fait toujours époque au théâtre françois, & y attire un monde prodigieux, a reparu, pour la premiere fois, samedi dernier, dans l'*Orphelin de la Chine*. Cet acteur admirable continue à exciter la plus vive sensation au moyen de son attention à ne se montrer que rarement & dans de certains temps ; ce qui est très-abusif.

26 Septembre. Les lapins sont une engeance qui pullule prodigieusement, & dévaste les campagnes de la maniere la plus cruelle. Les cantons des princes, gardés pour la chasse, comme l'on sait, avec une exactitude rigoureuse, sont par-là très-incommodes pour les voisins qui ne peuvent exterminer ce fléau. Sur les représentations faites par le sieur *Michel*, dans le conseil du prince de *Condé*, son altesse sérénissime a donné l'ordre qu'on détruisît tous les lapins de ses domaines: bel exemple d'humanité & de bienfaisance à suivre par les autres princes: d'ailleurs le sieur *Michel* a travaillé en cela pour le prince même, puisque ses propres domaines étoient ainsi devenus d'un revenu presque nul en certaines parties. Les dains, dont la dent ronge & flétrit les bois, est encore une autre espece de gibier très-malfaisante.

28 *Septembre.* On travaille, ainsi qu'on l'a rapporté, à la destruction des lapins sur les terres du prince de *Condé.* Suivant le calcul de M. *Michel*, cet animal qu'on vend tout au plus douze à quinze sous, avant d'être mangé revient au moins à un louis.

1 *Octobre* 1774. *Voyage d'une Françoise à Londres, ou la Calomnie détruite par la vérité des faits*: tel est le titre d'une brochure venue de Londres qui, sous cette annonce piquante, ne contient qu'un bavardage de femme très-long & très-insipide. Cette Françoise est madame de *Godeville*, dont on avoit annoncé depuis long-temps les *Mémoires*; on les attendoit avec impatience, comptant y rencontrer des anecdotes curieuses, & du moins beaucoup d'esprit. On est tout surpris, quand on a lu cette rapsodie de se trouver la tête, le cœur & la mémoire également vuides. Tout ce qui en résulte, c'est que l'héroïne est sortie de France pour se soustraire aux poursuites de ses créanciers, & qu'en ayant fait de nouveaux à Londres, elle quitte ce pays-là encore pour la même raison: du reste, aucuns détails sur les libelles qu'on l'accusoit

d'avoir composés, sur les liaisons avec les libellistes, sur les exempts envoyés, &c. Il y a quelque facilité dans le style, quelque tournure heureuse; du reste, rien, mais rien du tout, c'est une véritable attrape.

1 *Octobre*. Un bon mot du comte d'*Aranda*, mérite, quoiqu'ancien, d'être recueilli, d'autant qu'il est peu connu, & ne se cite que dans le moment. Il remonte à la fin d'août, où le chancelier & l'abbé *Terrai* ont été disgraciés: quelqu'un disoit devant ce seigneur, *voilà une belle Saint Barthelemy de Ministres*, par illusion au jour de *Saint Barthelemy*, que leur a été signifiée la lettre de cachet: *oui*, répondit en souriant malignement la flegmatique excellence, *ce n'est pas le massacre des innocents*.

2 *Octobre*. Les comédiens italiens ont donné hier la premiere représentation d'une piece nouvelle intitulée: *le Retour de tendresse*, en un acte & en vers, mêlée d'ariettes. Quant au drame, c'est moins que rien; il roule sur des tracasseries domestiques d'une espece très-commune. La musique a eu quelque succès: elle est du sieur *Mero*, organiste. A la fin on a demandé l'auteur; un acteur a dit que celui des paroles étoit feu *Poinsinet*; ensuite celui de la musique s'est montré, & par geste de modestie, a paru renvoyer à l'orchestre les applaudissements dont on le combloit; ce qui lui en a valu de nouveaux.

2 *Octobre*. M. l'évêque de Vannes, frere de M. *Bertin* le ministre, vient de mourir. On a trouvé chez ce prélat une grande quantité d'or; mais en même temps il a laissé un testament, contenant beaucoup de legs & de fondations

qui font honneur à sa piété & à son humanité: c'étoit un prélat très-attaché aux jésuites ; il leur devoit son élévation, & en avoit conservé une grande reconnoissance.

3 *Octobre.* Les François annoncent une comédie nouvelle en cinq actes, en prose, imitée de l'Allemand. Elle a pour titre *les Amants généreux.* Elle est de M. *Rochon de Chabannes*, qui, après s'être fait connoître par plusieurs petites pieces restées au théâtre, s'étoit jeté dans la politique, avoit passé plusieurs années à Dresde, chargé des affaires du roi, & revient aujourd'hui aux muses qu'il n'avoit jamais quittées qu'à regret.

4 *Octobre.* Un courier arrivé de Rome avant-hier, a apporté la nouvelle de la mort du Pape. Depuis quelque temps, sa sainteté éprouvoit des accidents qui indiquoient un grand délabrement dans la machine; elle avoit des ulceres aux jambes, qui lui avoient fait annoncer à son exaltation, qu'elle n'avoit pas plus de six ans à vivre : la pierre lui étoit survenue, & l'on prétend que le frere *Côme* devoit partir pour aller tailler le saint Pere. Malgré toutes ces causes connues de mort, ou du moins que font connoître les partisans des jésuites, des jansénistes charitables assurent que ces derniers ont accéléré les jours du pontife.

Si les prétentions du cardinal de *Bernis* pouvoient se réaliser, ce seroit dans ce moment-ci, où devenu noble Vénitien, il ne semble plus susceptible d'exclusion, & où il pourroit réunir le vœu du plus grand nombre des cours pour son exaltation au trône pontifical ; les gens de lettres, les philosophes le désirent ;

mais les plus fins politiques ne regardent cette belle spéculation que comme une chimere. Il seroit trop plaisant de voir l'auteur de *l'acte d'Anacréon*, & d'autres poésies galantes, nous donner des *agnus* & des bénédictions.

5 *Octobre*. Quoique *le Retour de tendresse* ne roule effectivement que sur une pure tracasserie de ménage, il y a cependant quelque art dans la maniere dont l'intrigue est soutenue & conduite jusqu'au bout, le fond semblant ne pouvoir y fournir. Un mari & une femme ouvrent la scene d'abord pour marier leur fille à un amoureux qui lui convient, ainsi qu'à tout le monde; on est d'accord, lorsque peu-à-peu l'aigreur se met entre les deux époux à raison de l'autorité que chacun voudroit avoir, & il en résulte une brouillerie complete qui, poussée à l'extrême, s'affoiblit à son tour, & laisse le temps de renaître aux vrais sentiments que les deux époux ont l'un pour l'autre. Cette image naturelle de ce qui se passe tous les jours dans la vie, a un point de vue très-philosophique. La musique est pittoresque & brillante en beaucoup d'endroits. Le rôle de *Nainville*, faisant le pere, est sur-tout d'une grande énergie pour les effets de l'harmonie & donne lieu à cet acteur de déployer son organe beau & volumineux.

6 *Octobre*. On avoit mis sur les almanachs une imposition médiocre, mais qui étoit fort gênante pour les auteurs & les libraires. Sur les représentations de M. *le Noir*, M. le garde-des-sceaux vient de la supprimer. Ce lieutenant de police commence ainsi à déployer sa bonne volonté pour les gens de lettres, & l'on espere qu'il étendra sa protection à des objets plus essentiels.

7 Octobre. On a parlé du discours de monsieur *Gresset* à l'académie, & de l'étrange sensation qu'y avoit causé cet orateur qu'on n'avoit pas vu depuis quinze ans à Paris. On sait que certains membres de la secte encyclopédique avoient réunis leurs efforts pour l'empêcher de faire imprimer son discours. Il se plaint aujourd'hui lui-même de cette impression, & il en fait faire une autre à Amiens où il est de retour. Ce discours doit être précédé d'une lettre, en date du 10 septembre, à M. ***, où il rend compte de son ouvrage, de ce qui s'est passé le jour qu'il l'a prononcé, & des raisons qui l'engagent à en publier une seconde édition. On voit que non-seulement il ne se repent pas de l'avoir fait, mais qu'il y a ajouté plus de choses, & lui donne un supplément par cette lettre, roulant principalement sur la même matiere. Il y a joint des vers qui contiennent une critique surabondante du persifflage, du néologisme, & d'autres ridicules du langage moderne. Il faut convenir que le tout est bien inférieur aux poésies de cet auteur dans son printemps.

8 Octobre. Ces jours derniers, le roi est allé passer cinq jours à Choisy. M. le Duc d'*Aumont*, gentilhomme de la chambre de service, lui a demandé, suivant l'étiquette, quels seigneurs sa majesté désiroit nommer pour être du voyage ? « Mettez sur la liste ceux qu'il vous plaira, » a répondu le monarque : « tous me sont égaux, » pourvu qu'ils soient au-dessus de trente ans ; » je suis las de voir de jeunes gens. » Ce qui annonce une singuliere maturité de raison dans un prince qui n'a que vingt ans lui-même.

8 Octobre. Il n'est point de moyens que n'invente la cupidité pour s'assouvir. Depuis quelque temps il s'étoit établi plusieurs tripots où l'on jouoit *la Belle*, nouveau jeu très-propre à excroquer les dupes : par les calculs faits & démontrés, les seuls gains du banquier devoient être énormes. Cette *Belle* vient, par cette raison, d'être défendue dans toutes les maisons de jeu. C'est un des premiers actes de police de M. *le Noir*. Mais il est bien à craindre que des créatures protégées n'éludent encore sa vigilance & son zele.

10 Octobre. Quoiqu'il n'y ait pas encore de spectacles à la cour, à cause du deuil, leurs majestés semblent n'en avoir pas perdu le goût. Elles ont établi une regle qui annonce combien elles veillent à cette partie des plaisirs publics. Il est ordonné aux comédiens d'envoyer chaque semaine à la cour le répertoire des pieces qu'ils se proposent de jouer dans cet espace de temps. On présume que, lorsque le temps le permettra, la reine viendra souvent au spectacle *incognito* ; c'est-à-dire sans cérémonial.

11 Octobre. Les filles du haut style de cette capitale sont très-partagées sur le genre de leurs plaisirs, & se divisent en deux sectes. Mlle. *Arnoux* est à la tête de l'une, & Mlle. *Raucourt* est à la tête de l'autre. On sait le goût que celle-ci a introduit. Ce vice est ancien sans doute, mais restoit enveloppé jusqu'à présent des ombres du mystere. Celles qui en étoient infectées, le cachoient avec soin, du moins n'osoient l'avouer. Mlle. *Raucourt* a encore raffiné ; elle admet des hommes à sa couche, & par une imagination qui lui concilie le sexe mâle, le plus opposé aux femmes, elle ne tolére que l'introduction qu'aime celui-ci. C'est cet accord que proscrit Mlle. *Arnoux*, elle veut qu'on soit putain ou tribade parfaitement, & qu'on ne fasse aucune treve avec les non-conformistes. Le marquis de *Villette*, très-renommé entre ceux-ci, a trouvé l'expédient de l'actrice françoise délicieux; il s'est réuni à elle, & tous deux prêchent la nouvelle doctrine, avec un zele qui fait quantité de prosélytes. Les partisans de la chanteuse se sont rassemblés de leur côté, hommes & femmes: il s'en est suivi un schisme ouvert entre les deux sectes; de-là des vers, des épigrammes, &c. ce qui amuse singuliérement les coulisses & la multitude de gens frivoles pour qui ces querelles sont des objets très-importants.

12 *Octobre*. Le marquis de *Poyanne*, commandant en second les carabiniers, ayant une maison de plaisance appellée *Petit-bourg*, sur la route de Fontainebleau, a imaginé d'y faire camper son régiment, & d'en proposer la revue à *Monsieur*, qui le commande en chef, comme l'on sait, ainsi que sa majesté, lors de leur passage pour le voyage ordinaire d'automne: en sorte qu'il y a eu plusieurs fêtes à ce sujet. La revue du roi s'est passé sur-tout avec un concours de monde prodigieux: *Monsieur* a commandé le corps avec beaucoup de justesse, de grace & de noblesse. Il a fait faire les évolutions & les manœuvres, soit à pied, soit à cheval, d'une maniere à recevoir les applaudissements de tous les connoisseurs. Sa majesté a dîné ensuite chez M. *Poyanne*. Mais c'est *Monsieur* qui a fait les frais du repas; le roi ne mangeant chez

personne par étiquette. Ce spectacle avoit attiré beaucoup de gens de Paris.

16 Octobre. Le bruit assez vague jusqu'à présent de l'empoisonnement du pape, se soutient & acquiert plus de créance. Il paroît que sa sainteté n'avoit ni la pierre, ni les ulceres aux jambes dont on a parlé. Il n'est nullement question de ces accidents dans les lettres détaillées, venues de Rome, & l'on a remarqué même que c'étoient des jésuites ou leur partisans qui semoient ces bruits : on assure encore que la maladie du pontife a été très-violente, qu'il est mort dans des douleurs aiguës & tellement enragé, que dans son désespoir, ne se souciant plus de rien, il n'a pas même voulu nommer des cardinaux *in petto*, qu'il avoit réservés. On ajoute que le cardinal de *Bernis* ayant désiré visiter le souverain pontife dans ces derniers moments, avoit été forcé de parler haut, & avoit trouvé le pape agonisant entre les bras de ses ennemis.

On s'apperçoit déjà combien étoit chimérique le projet du cardinal de *Bernis* de devenir pape, d'autant que la faction françoise dans le conclave sera très-foible, puisque tous nos cardinaux sont hypothéqués, hors d'état de s'y rendre, & que le seul cardinal de *Luynes* pourra entreprendre le voyage. D'ailleurs, l'exemple de *Ganganelli*, l'effraie & il craint, dit-on, le boucon : il aime mieux vivre en particulier avec sa maîtresse dans une douce quiétude, que de se voir environné sur la chaire de Saint-Pierre, de soupçons & d'alarmes.

17 *Octobre*. Le sieur *Pankoucke*, libraire très-avide, avoit établi un *Journal de politique*, commencé il y a environ deux ans, sous les auspices du duc d'*Aiguillon*: il se flattoit de faire tomber celui de Bouillon, ce qui n'a pas réussi. Il avoit travesti un autre ouvrage périodique, intitulé *l'Avant-coureur* sous le nouveau titre de *Gazette de littérature*, & cette métamorphose exécutée depuis peu n'a pas eu plus de succès. Il fait une troisieme refonte aujourd'hui & réunit ensemble ces deux ouvrages périodiques sous la dénomination de *Journal de politique & de littérature*. C'est le 25 de ce mois que l'ouvrage commencera, & c'est Me. *Linguet* qui doit principalement tenir la plume. On annonce avec affectation ce journaliste dans l'espoir qu'il attirera des souscripteurs: on en conclut plus douloureusement pour lui qu'il se regarde comme anéanti au bureau, & qu'il n'a pas plus d'espoir d'y reparoître sous l'ancien parlement que sous le nouveau, par le secret qu'il a eu de se brouiller avec tous les partis.

17 *Octobre*. L'opéra se dispose à donner après *Orphée & Euricide*, un opéra nouveau du sieur *Floquet*.

19 *Octobre*. Il est question de régénérer le *Journal étranger*, que l'abbé *Arnaud*, après avoir transformé en *Gazette de littérature*, avoit absolument anéanti. C'est aujourd'hui le sieur *Mathon de la Cour* qui en a le privilege, & la demoiselle *Matné de Morville*, fameuse par sa connoissance de différentes langues, a l'entreprise. Le journal doit reprendre au mois de janvier 1775.

21 *Octobre*. On peut se rappeller *les principes du droit public* en deux gros volumes, qui ont paru entre les brochures répandues par le patriotisme. On y trouvoit d'excellentes choses, mais quelques propositions erronées. On a supprimé les endroits de cette espece, on en a développé d'autres; on y a fait sans doute beaucoup d'additions, puisqu'il se publie aujourd'hui en *Hollande* une édition de cet ouvrage en six volumes. Il étoit déjà d'une longueur très-ennuyeuse; il est bien à craindre qu'elle n'aille qu'en augmentant.

23 *Octobre*. On doit se rappeller les ordonnances rendues en 1765 & 1772, concernant l'artillerie. Cette derniere n'ayant pas répondu à son attente, on a institué des conférences tenues sur cette partie par les militaires les plus distingués, que présidoient les maréchaux de France. C'est d'après leurs observations & les discussions les plus motivées sur cet objet important, mis par le ministere sous les yeux du roi, que S. M. vient de signer une nouvelle ordonnance en date du 3 de ce mois, concernant le corps royal de l'artillerie. Elle statue dans le plus grand détail sur toutes les parties de ce service essentiel, & forme un code immuable sur la composition & le service de l'artillerie. Suivant un examen réfléchi des membres de ce corps, il paroît que le systême de M. de *Valiere* est rejeté en très-grande partie, & que celui de M. de *Gribeauval* prévaut. Cette ordonnance a 149 pages in-4°.

23 *Octobre*. On apprend de Rome que le conclave est commencé du 6 de ce mois, que les jésuites font des menées extraordinaires, contre

lesquelles le cardinal de *Bernis* eſt obligé d'employer toute ſon adreſſe, & que le Saint-Eſprit aura bien de la peine à ſe faire entendre au milieu de cette aſſemblée tumultueuſe. Que du reſte on n'y doute pas que le pape n'ait été empoiſonné, & que ſon ſort intimide beaucoup d'aſpirants du parti contraire aux Ignaciens.

23 *Octobre.* Apparemment qu'on a fait regarder à M. *Linguet* comme peu noble de s'être fait annoncer avec emphaſe pour être à la tête du *Journal de politique & de littérature.* En conſéquence dans la ſeconde édition, ſon nom eſt ſupprimé.

Fin du vingt-ſeptieme volume.

www.ingramcontent.com/pod-product-compliance
Lightning Source LLC
Chambersburg PA
CBHW071527160426
43196CB00010B/1693